Creating Turbo C++® Games

Clayton Walnum

Creating Turbo C++ Games

Library of Congress Catalog Number: 94-65886

ISBN: 1-56529-472-6

96 95 94 6 5 4 3 2 1

Interpretation of the printing code: The rightmost double-digit number is the year of the book's printing; the rightmost single-digit number, the number of the book's printing. For example, a printing code of 94-1 shows that the first printing of the book occurred in 1994.

Publisher: David P. Ewing

Associate Publisher: Michael Miller

Managing Editor: Michael Cunningham

Product Marketing Manager: Greg Wiegand

Dedication

To Anne Kichar, the new Poker Squares champion.

Credits

Publishing Director
Joseph B. Wikert

Acquisitions Coordinator
Patricia J. Brooks

Acquisitions Editors
Nancy Stevenson
Angela J. Lee

Product Development Specialists
Robin Drake
C. Kazim Haidri

Production Editors
Lori Cates
Andy Saff

Technical Editor
Bruce R. Copeland

Book Designers
Amy Peppler-Adams
Paula Carroll

Cover Designer
Jay Corpus

Indexer
Jeanne Clark
Jennifer Eberhardt

Production Team
Angela D. Bannan
Joelynn Gifford
Bob LaRoche
Joy Dean Lee
Tim Montgomery
G. Alan Palmore
Caroline Roop
Dennis Sheehan
Susan VandeWalle
Mary Beth Wakefield

Editorial Assistant
Michelle Williams

Composed in *Stone Serif* and *MCPdigital*
by Que Corporation

About the Author

Clayton Walnum, who has a degree in Computer Science, has been writing about computers for more than a decade and has published hundreds of articles in major computer publications. He is also the author of 15 books, which cover such diverse topics as programming, computer gaming, and application programs. His most recent book is *Turbo C++ for Rookies*, also published by Que. His other titles include *Borland C++ Power Programming* (Que), *PC Picasso: A Child's Computer Drawing Kit* (Sams), *Powermonger: The Official Strategy Guide* (Prima), *DataMania: A Child's Computer Organizer* (Alpha Kids), *Adventures in Artificial Life* (Que), and *C-manship Complete* (Taylor Ridge Books). Mr. Walnum lives in Connecticut with his wife Lynn and their three children, Christopher, Justin, and Stephen.

Acknowledgments

The following people deserve a gigantic "thank you" for their efforts in the production of this book: Joe Wikert, whose flexibility and good nature make him a joy to work with; Chris Haidri and Andy Saff, who made my words read the way that I intended them to; and Bruce Copeland, for ensuring this book's technical accuracy. Thanks also to Maurice Molyneaux for the wonderful graphics that he contributed to the games herein, as well as for the material on which most of Chapter 2 is based. (Must be nice to have talent, Maurice!) As always, thanks also go to my family—Lynn, Christopher, Justin and Stephen—for putting up with me.

Trademarks

Screen Reproductions in this book were created using Collage Plus from Inner Media, Inc., Hollis, New Hampshire.

We'd Like To Hear from You!

As part of our continuing effort to produce books of the highest possible quality, Que would like to hear your comments. To stay competitive, we *really* want you, as a computer book reader and user, to let us know what you like or dislike most about this book or other Que products.

You can mail comments, ideas, or suggestions for improving future editions to the address below, or send us a fax at (317) 581-4663. For the on-line inclined, Prentice Hall Computer Publishing now has a forum on CompuServe (enter **GO QUEBOOKS** at any prompt) through which our staff and authors are available for questions and comments. In addition to exploring our forum, please feel free to contact me personally on CompuServe at 74143,1574 to discuss your opinions of this book.

Thanks in advance. Your comments will help us to continue publishing the best books available on computer topics in today's market.

Christopher Haidri
Product Development Specialist
Que Corporation
201 W. 103rd Street
Indianapolis, Indiana 46290
USA

Contents at a Glance

Contents

Introduction

If you don't count the huge number of business packages bought by major corporations, more game software is sold than any other kind of software. This fact is not surprising when you consider that a good computer game is almost as effective as a good novel at drawing you into a fantasy world and making the matters of our mundane existence seem as far away as the next galaxy. Whether you're a fan of quick-reflex games like Tetris, brain-numbing puzzles like Lemmings, or spooky treks into magical realms like those found in the Ultima line of role-playing adventures, you know that once you sit down to play a good game, nothing short of nuclear war is going to tear you away until you're good and ready to turn off the computer.

As you played your latest computer game late into the night, it may have crossed your mind that it might be even more fun to write computer games than to play them. After all, then it would be you who determined how the computer game's world worked. You would be the wizard who constructed that dungeon and populated it with all manner of creepy-crawly creatures. You would be the one with all the answers, watching smugly as your friends struggle to defeat that final evil demon.

And, believe it or not, it's a blast to sit down at a computer and play a few rounds of your own computer-game creation. Along with the fun of playing a good game, you also get that glowing feeling that comes from producing a significant piece of work. No matter how many days, weeks, or months you spend honing your game program to perfection, it'll still be fun for you to play when you're done.

What Should You Already Know about Programming?

This book is not an introductory text for programmers interested in learning C++ programming. To understand the lessons included here, you must have a working knowledge of C++ and be comfortable with the Turbo C++ development system. In addition, you should have at least a nodding acquaintance with object-oriented programming concepts. If you're a little rusty with Turbo C++, you'll find special note boxes scattered throughout the text that give you a quick review of important Turbo C++ topics. If you've worked a little with object-oriented programming before, but could use a quick refresher, Appendix A of this book is about as concise an introduction to this new programming paradigm as you're likely to find anywhere.

What Hardware and Software Do You Need?

To compile and run the programs that are included on this book's companion disk, and to get the most out of the upcoming lessons, you must have the following:

- An IBM-compatible 80286 with 640K of base memory and at least one megabyte of extended memory
- MS-DOS 3.31 or better
- A hard drive
- A Microsoft-compatible mouse
- VGA graphics
- Turbo C++ 3.1

As always, the faster your processor, the better. Fast processors mean fast compiles and "zippy" programs. This is especially true for many game programs, which tend to push your hardware to the limit.

An Overview of the Book

This book contains a wealth of programming tips and techniques that will help you produce all types of computer games. The following is a brief outline of what you will find.

Chapter 1, "An Introduction to Game Programming," introduces some of the skills that you need to develop and write computer games. You learn about designing games, creating user interfaces, handling graphics and animation, and writing simple artificial-intelligence routines.

Chapter 2, "Designing Computer Game Graphics," presents techniques that you can use to create your own computer graphics with a paint program. Drawing simulated 3-D graphics, painting metal and glass objects, adding shadows and reflections, creating game icons, and much more are covered here. Most of the techniques described require very little artistic skill.

Chapter 3, "Event-Driven Programming," explains how to design and write programs under DOS that are driven by events rather than only the user's keyboard input. Both keyboard and mouse events are covered. The chapter discusses event handlers and dispatchers, and presents a basic class for handling a mouse in your game programs.

Chapter 4, "Graphical Controls and Windows," adds some graphical enhancements to the event-driven programming concepts that you learn in Chapter 3. You use object-oriented programming techniques to develop a basic library of windows, dialog boxes, and button controls.

Chapter 5, "The Game of Life," shows you how to use the window library developed in Chapter 4 to create a full-featured game program. The program, based on Conway's Game of Life, one of the first artificial life programs ever designed, gives you a chance to experiment with colonies of one-celled computer creatures.

Chapter 6, "Loading and Displaying Pictures," presents a C++ class that handles PCX-format picture files. You learn about the PCX file format, as well as some of the things that you should watch out for when dealing with these types of picture files. The chapter explores special considerations for 16-color pictures, especially the handling of multiple bit-plane images.

Chapter 7, "Creating Game Images," continues the discussions of computer graphics started in Chapters 5 and 6, showing you how to create images for your game programs. You learn to "cut" images from the screen and save them in disk files. In addition, the chapter presents a graphics utility program, called The Image Machine, that helps you create image files for your games.

Chapter 8, "Dragonlord," presents a commercial-quality dungeon-exploration game. As you program Dragonlord, you use all the skills that you learned in the previous chapters, and develop some new ones. You handle game images, use the object-oriented window routines, use object-oriented programming to keep track of a player's statistics, and more.

Chapter 9, "Card Games," introduces techniques for programming various types of computer card games. This chapter includes not only images for all the cards in a deck, but also a C++ class for manipulating those cards on-screen and in memory. Two demonstration programs, including a simple blackjack game, show you how to use the C++ class in your own programs.

Chapter 10, "Poker Squares," takes the card routines created in the previous chapter and uses them to develop an addicting card game based on poker. In Poker Squares, you must attempt to build the best possible poker hands, both horizontally and vertically, in a five-by-five grid. Besides discovering how to analyze poker hands, you also learn how to create high-score files and displays.

Chapter 11, "Battle Bricks," steps up the pace a bit by jumping into the problems that you face when trying to use Turbo C++ to program action games. As you develop a Breakout-type game called Battle Bricks, you learn how to keep objects moving on the screen and create sound effects that don't bog down program execution.

Chapter 12, "Crystals," offers a quick look into techniques of programming a computer player. The strategy game Crystals, based on an ancient Egyptian pastime, gives you a chance to play against your computer as you try to capture the greatest number of crystals from the playing board.

Compiling the Programs in This Book

The programs in this book were written with Turbo C++ 3.1. This book assumes that you installed your copy of Turbo C++ using the default settings and directories. If you've changed any of the default settings or directories, and are not sure how to fix errors that may result from these changes, you should reinstall Turbo C++.

The programs are organized on your disk by chapter. You'll find each chapter's programs in their own directory on the disk. The programs in Chapter 2 are in the CHAP02 directory, the programs in Chapter 3 are in the CHAP03 directory, and so on. To compile the programs for a specific chapter, copy the chapter's entire directory to your main Turbo C++ directory. Then start Turbo C++ and load the project file for the program that you want to compile. For example, to compile the programs in Chapter 6, copy the CHAP06 directory to your Turbo C++ directory, and then load the appropriate project file found in the new CHAP06 directory. (You must first decompress the program files. Please refer to the disk installation instructions at the back of this book.)

A Word to the Wise

As every programmer knows, a good program is virtually crash-proof. For every action that may fail, you must check for errors and display appropriate error messages to the user. Unfortunately, good error-checking requires a lot of extra program code. For the programmer working on his next magnum opus, this is all just part of the game. But for an author writing a programming book, this extra code has different implications.

A programming book should present its subject as clearly as possible. This means that the source code for the featured programs must not be obscured by a lot of details that don't apply directly to the subject at hand. For this reason, the programs in this book do not always employ proper error-checking. User input may sometimes go unverified, dynamic construction of objects is assumed to be successful, and (horror of horrors) pointers are not always checked for validity.

In short, if you use any of the code in this book in your own programs, you should add whatever error-checking may have been left out. Never assume anything in your programs. If at any place in your code you are not

100-percent sure of your program's state, you must add error-checking to ensure that the program doesn't crash on your user. Just because this book's author may have been lax in his error-checking (for good reasons), you're not off the hook.

Also, to keep the source code as clear as possible, the programs that follow often avoid common C++ shortcuts, especially the nesting of function calls.

Let the Games Begin

Now that you have some idea of what's ahead, it's time to start programming games with Turbo C++. You'll soon discover that not only is game programming fun, it's also a great way to learn about getting the most out of both your computer and Turbo C++.

Clayton Walnum

March, 1994

Chapter 1

An Introduction to Game Programming

In my wild-and-wooly youth, I was a guitarist in a semiprofessional rock group. I'll never forget the first time I walked into a recording studio to record a demo song with my band. In the control room was a huge mixing board with more buttons and switches than there are teeth in a great white shark. To the right was a patch bay from which snaked dozens of patch cords, each connecting some vital piece of equipment to another. Lights blinked. Reels spun. Sound processing equipment with fancy names like phase shifter, digital delay, and multiband equalizer clicked on and off.

When I looked at all that complex machinery and considered that I was paying $60 an hour (the equivalent of about $150 an hour today) for the privilege of being there, I almost turned around and walked out the door. It seemed to me that just learning my way around this complicated studio would cost me my life savings. I could see myself being ejected penniless from the premises without having recorded even a note.

Luckily, I'd had some studio training, so I at least knew in a general way how a studio worked. In addition, like everything else in life (well, almost everything), a recording studio is not really as complicated as it looks.

The same thing can be said about computer games. When you sit down at your computer and play the latest arcade hit or plunge into the newest state-of-the-art adventure game, you may be in awe of the talent and work that went into the glowing pixels that you see before your eyes. (And you should be.) But, just like recording a song in a studio, writing games is not as difficult as you may think.

If you've had some programming experience, you already have much of the knowledge and skills that you need to program a computer game. You need only to refine those skills with an eye toward games. In this chapter, you get a quick look at some of the skills required to develop and write computer games.

Why Program Games?

You probably bought this book because you wanted to have a little fun with your computer. There you were in the bookstore, digging through all those very serious programming manuals, when this volume leaped out at you from the stack. "Hey, this looks way cool!" you thought. But when you were walking to the cash register with this book in hand, you might have felt a little guilty. After all, games aren't serious computing, are they? You should be learning to write spreadsheet programs, databases, and word processors, right?

Let me tell you a quick story.

Way back in the dark ages of home computing (1981, to be exact), I got my first computer. It was an Atari 400, and like everything Atari at that time, this powerful little computer was best known for its game-playing capabilities. The year 1981 was, after all, the beginning of the golden age of video games, and Atari was the reigning king.

Unfortunately, after a few phenomenally successful years, video games spiraled into rapid decline, taking many companies in the industry down with them. Computers became serious again. Although Atari managed to survive (barely), it would never be regarded as the designer and manufacturer of serious computers, thanks to its status as a game-computer maker. This is a shame, because the Atari ST computer (the Atari 400/800's successor) was—along with the Macintosh and the Amiga—way ahead of its time. Certainly these products were light years more advanced than the "serious" IBM clones that gained popularity at that time.

The problem was that darn gaming image with which Atari had been saddled. Who wanted to use a game computer to manage a spreadsheet, balance a bank account, or track an investment portfolio? That would be kind of dumb, wouldn't it?

Not really. The irony is that a computer capable of playing sophisticated games is a computer that's capable of just about anything. A good computer game taxes your computer to the maximum, including its capability to process data quickly, to generate graphics and animation, and to create realistic sound effects. Only a state-of-the-art computer can keep up with today's high-powered games, like Microsoft's Flight Simulator 5.0. In fact, there are few business applications in existence that require more computing power than a sophisticated computer game.

Similarly, a programmer who can write commercial-quality computer games can write just about any other type of software as well, especially considering today's focus on graphics and sound in applications. You may have purchased this book to have a little fun with your computer, but before you're done, you will learn valuable lessons in software design and programming—lessons that you can apply to many different kinds of software.

So, why program computer games? Mostly because it's fun! But remember that your game-programming experience will help you with every other program that you ever write. Gee, learning *and* fun. What a great combination!

The Elements of Game Programming

As you've already discovered, good computer games push your computer to its limits. In fact, a good computer game must excel in many areas. To write computer games that people will want to play, then, you must gain some expertise in the related areas of programming. These areas represent the elements of game programming:

- Game design
- Graphic design
- Sound generation
- Controls and interfaces
- Image handling
- Animation
- Algorithms

- Artificial intelligence
- Game testing

These game-programming elements overlap to an extent. For example, to learn graphic design for computer games, you need to know how a computer handles graphic images. Moreover, game design draws on all the other elements in the list. After all, you can't design a game unless you know how the graphics, sound, controls, and computer algorithms fit together to form the final product.

In the rest of this chapter, you learn more about each of these game elements.

Game Design

Whether your game is a standard shoot-'em-up, in which the player's only goal is to blast everything on the screen, or a sophisticated war game, requiring sharp wits and clever moves, first and foremost your game must be fun. If a game isn't fun, it doesn't matter how great the graphics are, how realistic the sound effects are, or how well you designed the computer player's algorithms. A boring game will almost certainly get filed away in a closet to gather dust. (Ever seen a floppy disk being used as a coaster? Chances are the disk contained a bad computer game!)

Many things determine whether a game is fun. The most important thing, of course, is the game's concept. Often, a game concept is based on some real-world event or circumstance. For example, chess—probably one of the most popular board games of all time—is really a war game. Monopoly, on the other hand, is a financial simulation in which players try to bankrupt their competition.

Computer games are no different from their real-world cousins. They too must have some logical goal for the player and—with rare exceptions—be set in some sort of believable "world." This world can be as simple as an on-screen maze or as complex as an entire planet with continents, countries, and cities. In the insanely addictive computer game Tetris, the player's world is simply a narrow on-screen channel in which the player must stack variously shaped objects. On the other hand, in the fabulous Ultima series of graphic adventures, the player's world is filled with forests, swamps, cities, monsters, and the other elements that make up a complete fantasy scenario.

Whatever type of computer world you envision for your game, it's imperative that the world have consistent rules that the player can master. For a game to be fun, the player must be able to figure out how to surmount the various obstacles that you place in his path. When a player loses a computer game, it should be only because he has not yet mastered the subtleties of the rules, not because some random bolt out of the blue blasted him into digital bits and pieces.

Of course, to build a logical, fair, and effective gaming world, you must draw on all your skills as a programmer. All the other areas of programming in the previous list come into play here. Graphics, sound, interface design, computer algorithms, and more all help determine whether a game is ultimately fun or just another dime-a-dozen hack job whose disk will be used as a Frisbee at the next family picnic.

Graphic Design

There's a good reason why so many computer game packages are covered with exciting illustrations and awe-inspiring screen shots. In spite of how hard people try to make intelligent buying decisions, everyone is swayed by clever packaging. Although your smart side may tell you to ignore that fabulous wizard on the box cover, your impulsive side sees that wizard as just a hint of the excitement that you'll find in the box. Of course, reality usually falls far short of packaging. Buyer beware.

The lesson here is not that you should make your games look better than they play, but rather that how a game looks is often as important as how well it performs. You want your gaming screens to be neat and uncluttered, logically laid out, and, above all, exciting to look at. Your screens should scream "Play me!" to anyone who comes into viewing distance. (If they scream "Your mother makes lousy potato salad!" you better get a new computer.)

Like anything else, graphic design is a professional skill that takes many years of study and practice to master. Luckily, you don't have to be a graphic-design whiz to create attractive game screens. You can look at other games to get design ideas. You can also experiment with different screen designs to see which are the most attractive and which work best with your game world. Use your favorite paint program to draw different layouts and compare them. Trial and error is not only a powerful technique for devising improved designs, but it's also a great learning tool. The more you experiment, the more you'll learn about what looks good on a computer screen and what doesn't.

Sound Generation

The word we live in is a noisy place, indeed. There's hardly a moment in our lives when we're not assaulted by hundreds of sounds simultaneously. If your game world is to seem realistic to the player, it too must provide sound. That's not to say that you must recreate the full spectrum of sounds that a player hears in the real world. With today's computers, that task would be impossible. Anyway, who wants to hear a dog bark or a phone ring in the middle of a game of Commander Dweeb and the Nasty Neptunium Ninjas?

Although you shouldn't fill your player's ears with unnecessary noise, you should provide as many sound cues as appropriate. When the player selects an on-screen button, she should hear the button click. Similarly, when the player slams a home run, she should hear the crack of the bat and the roar of the crowd. (That's so much better than the roar of the bat and the crack of the crowd.)

There's not a computer game on the planet (or, I'd venture to say, in the universe) that could not be improved by better sound effects. Luckily, with powerful sound cards like the Sound Blaster, many of today's games include fabulous digitized sound effects. Unfortunately, for the game-programming novice, handling a sound card is a difficult proposition, requiring not only knowledge of the many sound cards on the market, but also of assembly language programming (shudder!).

The games in this book create sound effects through your PC's speaker. Although these sound effects are not as effective as digitized sound, they have a couple of advantages: They work with every IBM-compatible computer and they're easy to program. Once you get the hang of creating this type of sound effect, you can pick up a sound-programming book that will help you program sound cards.

Music, although less important than sound effects, can also add much to a computer game. The most obvious place for music is at the beginning of the game, usually accompanying a title screen. You might also want to use music when the player advances to the next level, or when he accomplishes some other important goal in the game.

Adding music to a computer game, however, requires that you have some knowledge of music composition. Bad music in a game is worse than none at all. If you have no musical training, chances are that you have a friend who does. You can work together to compose the music for your computer game magnum opus. If you're lucky, she won't even ask for a share of the royalties!

Controls and Interfaces

Everything that happens in a computer game happens inside the computer. Unlike a conventional board game in the real world, the player can't use his hands to pick up pieces and move them around. To enable the player to control the game, the programmer must provide some sort of interface that the player can use to manipulate the data that exists inside the computer. In a computer game, menus and on-screen buttons enable the user to select options and commands. In addition, the keyboard or mouse acts as the player's hands, enabling him to move and otherwise manipulate objects on the screen.

A good game interface makes playing the game as easy as possible. The commands that the player needs to control the game should be logical and readily available. Also, the more you can make your game work like a real-world game, the easier it will be for the player to learn its controls. For example, in a computer chess game, you should enable the player to move a game piece with her mouse pointer instead of forcing her to use her keyboard to type the location of the square to which she wants to move the piece.

Image Handling

Every computer game must deal with various types of images. These images may be full-screen background graphics, icons that represent game commands or game pieces, or tiles that you use to create a map or other complex game screen. When you design your game, you must decide which types of images you need. Should you draw your program's background screen at run time? Or should you create the screen with a paint program and just load it in your program? If you need to conserve memory, maybe you should create your game screens from small tiles?

You must consider questions like these as you design your computer game's graphics. You want your game to use enough quality graphics to look as professional as possible (which means that you may need to find an artist), but you also must consider the amount of memory the graphics will consume and how long it takes to move graphic images from the disk to the computer's memory. Most gamers hate to wait for files to load from a disk, and keeping too much data in memory may make your game incompatible with computers that have smaller amounts of free memory.

Another important issue is the amount of time it takes to create your game's graphics. You can't spend the next 10 years drawing detailed graphics for every aspect of your game. You need to use shortcuts (such as tiling, which is using small graphical images to piece together a game screen) to speed up the graphic design process. In other words, although every tree in the real world looks different, every tree in a computer game usually looks identical.

Animation

Once you've learned to design and manipulate computer graphic images, you're ready to take the next step: animation. Animation is the process of making objects appear to come to life and to move around the computer screen. By using a series of images, you can make a chicken waddle across a road, a rock tumble from a cliff side, or a spaceship blast off from a launch pad.

Because animation consumes much of your computer's power and requires that you design two or more images of each object you want to animate, you don't want to go overboard with this programming technique. However, a few clever animation sequences can add a lot to an otherwise static game screen.

For example, when a player moves a game piece, instead of having the piece simply disappear from its current location and reappear at its new one, you might make the piece seem to dissolve and then reform itself. Or, if the playing piece represents a human being or an animal, you could have the piece saunter over to its new location.

Such simple animation effects can make your game much more interesting and even more fun to play. Although animation requires a lot of work on the programmer's part, it's well worth the effort.

Algorithms

Although the term *algorithm* sounds like the most horrid techno-babble, it's really a simple word. An algorithm is nothing more than a series of steps that solves a problem. You use algorithms every day of your life. When you make pancakes for breakfast, you must follow an algorithm. When you drive to work, you must follow another algorithm. Algorithms enable you to solve all of life's simple (and sometimes not-so-simple) tasks.

Computer algorithms enable you to solve computing problems. In other words, to write computer games, you need to be able to figure out how to get your computer to do things—things that you may not have tried to do on a computer before. How, for example, can you determine who has the best hand in a poker game, or create a smart computer player? You must write an algorithm. Once you know how to solve a problem with your computer, you can write the specific code in whatever programming language you're using. Throughout this book, you'll see many algorithms for solving game problems.

Artificial Intelligence

Artificial intelligence routines are algorithms that make computers seem smart. (By *smart*, I don't mean the capability to calculate the player's score or process a player's input, but instead the computer's capability to act as an opponent.) If you want to write a computer game that features computer players, you must create algorithms that enable the computer to compete with human players. How involved this algorithm turns out to be depends on how complex the game is and how well you want the computer to play.

For example, good algorithms for creating a computer chess player can be difficult to write, because winning a game of chess requires a great deal of strategy. On the other hand, an algorithm for a computer chess player can also be easy to write. For example, you can simply have the computer choose a random move each turn, although such an algorithm yields a computer player that's easy to beat. As you can see, the algorithm that you write can determine the difficulty of your game.

Game Testing

After you read this book and learn everything you need to know to design and program your computer game, you'll get to work (I hope) on your own masterpiece. However, after you write your game, you're far from finished, because you then must test it extensively to ensure that it works properly.

The best way to test a game is to give it to a few trusted friends and watch as they play, taking notes about things that don't work quite the way you expect. Remember to watch not only for program bugs (things that make the program do unexpected things or even crash the computer) but also interface bugs, which may make your program confusing to use.

After your friends have played the game for a while, ask them what they liked or didn't like. Find out how they think the game could be improved. You don't have to agree with everything they say, but always be polite, taking their suggestions seriously and writing them down so that you can review them later. Don't be defensive. Your friends aren't criticizing your work so much as helping you to make it better. Remember: There's no such thing as a perfect computer program. There's always room for improvement. After the testing is complete, implement those suggestions that you think are valuable.

The only way to test a game is to have several people play it repeatedly. Of course, before you pass the game on to a few close friends, you should have already played the game so much that you would rather read a phone book from cover to cover than see your opening screen again!

Summary

Writing a computer game requires that you bring into play the best of your programming skills. To create a successful game, you must first design it. This means that you must think about, experiment with, and finally implement the game's graphic design and interface. As you design your game, you need to consider the types of images and sounds that will bring the game to life. Animation and smart algorithms will also help your game be the next best-seller.

In Chapter 2, you start to learn more about the topics previewed in this chapter. Specifically, you learn how to design and create effective computer graphics. With a few basic techniques and tools at your disposal, you may be surprised at how easy it is to create competent computer graphics for games—or for any other computer application.

Chapter 2

Designing Computer Game Graphics

2

Probably the most important element of a computer game, aside from its playability, is its graphics. The better the graphics, the more the player will enjoy the game. In fact, graphics are so important that many mediocre games (sorry, no names) become popular solely because of their visual appeal.

Unfortunately, most programmers are about as artistically gifted as chimpanzees with cans of spray paint. To create a visually appealing game, many programmers resort to hiring artists. Many gifted programmers—those who are capable of writing sensational games—simply give up on the idea of game programming when they discover their artistic limitations.

If this sounds familiar, here's good news: The graphics often used in computer games are not particularly hard to draw. Learning to draw simple computer graphics is a lot like learning to make a cake from a mix. Once you know how, it's easy. Much of computer graphic design is a matter of technique rather than skill. Of course, a few lessons in computer graphics will not make you an artist. If your game requires a lot of detailed graphics, such as people, monsters, and buildings, you'll probably still need to find an artist. But read on. You'll be amazed at how far you can get with just a few graphics lessons.

3-D Made Simple

Games often boast of "realistic 3-D graphics," but in fact everything on your computer screen is flat and therefore two-dimensional. Although the images may seem to be three-dimensional, that effect is an illusion. What this book refers to as 3-D graphics, then, are simply 2-D images that, like a photograph, give the illusion of depth. The best possible technical term for many of the graphics in this book's games is "three-quarters view" or "pseudo-isometric view" graphics. In other words, for some objects, the viewing angle is such that three sides are displayed: front, side, and top. But before you get into three-quarters view graphics, you'll get a quick lesson in basic 3-D computer drawing techniques. You'll use these techniques in Chapter 4, "Graphical Controls and Windows."

Some approaches to using graphics to create a sense of depth are very simple—so simple, in fact, that they require only a few lines. For example, one of the most common and useful 3-D drawing techniques is based on the idea that all light comes from above. After all, on Earth, sunlight never comes from below, and even artificial light sources are usually placed at or above eye level. Therefore, people automatically associate brightly illuminated surfaces with the tops of objects and deeply shaded surfaces with the bottoms.

Figure 2.1 illustrates this principle. Only three colors are used in the drawing: white, gray, and black. Gray is the neutral background color, neither highlighted nor shadowed. In the first image, the artist has drawn on the background a reversed black "L," representing two sides of a rectangle. To create a 3-D illusion for the rectangle in the middle of the figure, the artist completes the rectangle with white lines, so that the rectangle seems to protrude from the background. To create the last rectangle in the figure, the artist makes a similar drawing, but uses white for the base "L" and black to complete the rectangle. This rectangle appears to be indented.

Fig. 2.1
A simple 3-D drawing technique.

If you stack the elements (drawing one within the confines of another), you can create an illusion of multiple layers and varying depth. As figure 2.2 demonstrates, you can even use this technique to draw buttons that seem to be indented when they are selected.

Fig. 2.2
Stacking 3-D objects.

Using light this way is a useful technique for several reasons. First, it's easy to do. Second, it takes advantage of a universal human sense or perception. Third, it's so simple that you can easily accomplish it through programming, just by plotting a few lines on the screen, instead of drawing the images in a paint application and then loading the image into your program. Listing 2.1 is a short program that demonstrates how you can use Turbo C++ to draw such 3-D graphics.

Listing 2.1 3DDEMO.CPP—a Program That Demonstrates Simple 3-D Drawing Techniques

```
///////////////////////////////////////////////////////////
// 3DDEMO.CPP: Simple 3-D graphics drawing demonstration.
//             Make sure that Borland's EGAVGA.BGI
//             graphics driver is in the same directory
//             as the program.
///////////////////////////////////////////////////////////

#include <stdlib.h>
#include <conio.h>
#include <conio.h>
#include <iostream.h>
#include <graphics.h>

// Function prototypes.
void StartGraphics(void);
void DrawGraphics(void);

///////////////////////////////////////////////////////////
// main()
///////////////////////////////////////////////////////////
int main(void)
{
   // Initialize VGA graphics.
   StartGraphics();

   // Draw the 3-D graphics.
   DrawGraphics();

   // Wait for a key press.
   getch();
   return 1;
}

///////////////////////////////////////////////////////////
// DrawGraphics()
///////////////////////////////////////////////////////////
void DrawGraphics(void)
```

(continues)

Listing 2.1 Continued

```
{
  // Set the fill style and color.
   setfillstyle(SOLID_FILL, LIGHTGRAY);

   // Draw a gray background rectangle.
   bar(100, 100, 300, 240);

   // Draw the top, protruding 3-D rectangle.
   setcolor(WHITE);
   moveto(120, 160);
   lineto(120, 120);
   lineto(279, 120);
   setcolor(BLACK);
   moveto(120, 160);
   lineto(279, 160);
   lineto(279, 120);

   // Draw the bottom, indented 3-D rectangle.
   moveto(120, 220);
   lineto(120, 180);
   lineto(279, 180);
   setcolor(WHITE);
   moveto(120, 220);
   lineto(279, 220);
   lineto(279, 180);
}

////////////////////////////////////////////////////////////
// StartGraphics()
//
// This function initializes Borland's graphics driver
// for the high-resolution VGA screen.
////////////////////////////////////////////////////////////
void StartGraphics(void)
{

   int gdriver = VGA, gmode = VGAHI, errorcode;

   initgraph(&gdriver, &gmode, "");
   if ( (errorcode = graphresult()) != grOk)
   {
      cout << "Graphics error: " << errorcode << '\n';
      getch();
      abort();
   }
}
```

When you run this program, you see the screen shown in figure 2.3. The two rectangles drawn on the gray background are made up of only four lines each, yet the top rectangle seems to protrude from the background, whereas the bottom rectangle appears indented.

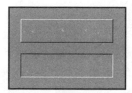

Fig. 2.3
3DDEMO's screen display.

Note

Before you can use graphics in a Turbo C++ program, you must first load and initialize the appropriate Borland graphics driver. To do this, you must call `initgraph()`, as shown in the `StartGraphics()` function in listing 2.1. To use Borland's graphics library, you must also have the line `#include <graphics.h>` at the top of your program, and have the graphics library selected in your linker options. To select this library, choose the **L**inker command in the **O**ptions menu. Then choose **L**ibraries. In the dialog box that appears, turn on the **G**raphics Library check box.

How To Make a 2-D Square into a 3-D Box

As you can see from listing 2.1, it's easy to create simple 3-D graphics with Borland's graphics functions like `moveto()` and `lineto()`. However, to create more detailed graphics, you must use a paint program. Images drawn with a paint program are called *bit-mapped graphics* or just *bitmaps*. Bitmaps can't be drawn (at least, not very easily) with graphics function calls. Instead, you must transfer them to the screen as one complete image. You learn to do this type of transfer in Chapter 7, "Creating Game Images." For now, though, this chapter teaches you some simple, yet effective, bitmap-drawing techniques. (There's no point in trying to win the race before you know how to start the car!)

There are a lot of techniques for making flat computer graphics seem three-dimensional. The most sophisticated require either a lot of artistic skill or some very specialized graphics tools (such as a 3-D modeling and rendering package). These sophisticated methods are beyond the scope of this book. There are, however, some simple yet effective techniques that even non-artists can use to create good-looking graphics with even the most rudimentary graphics editors or paint programs.

One basic trick for creating a 3-D illusion is to add a simple shadow. This shadow is a dark silhouette, identical in shape to the primary object, placed so that it appears to be behind the object. You create the illusion of depth by offsetting the shadow away from the primary object. You can see this effect by drawing a solid white square on top of a solid black square, as shown in figure 2.4.

Fig. 2.4
Creating a shadow effect.

Many computer paint programs enable you to create this shadow effect simply by copying the object that you're drawing, coloring the copy darker than the original object so that the copy looks like a shadow, and then placing a copy of the original object over the new shadow object, as was done with the two squares in figure 2.4. The original object seems to be closer to you than its shadow.

You can get an even more realistic effect if you scale the shadow down slightly to simulate a perspective shift, as in figure 2.5. The farther away something is, the smaller it looks; consequently, the smaller a shadow is in relation to the object casting it, the farther away the shadow appears.

Fig. 2.5
Adding greater depth to a shadow.

Although the preceding technique is a good way to create a 3-D effect between an object and its background, it is not a good method for making the object itself look three-dimensional. You can, however, use a variation of the shadow technique to draw three-dimensional objects. This variation is similar to the pencil-and-paper drawing technique in which you change two overlapping squares into a cube by adding lines between the corners.

The images in figure 2.6 illustrate the principle. First, the artist draws two overlapping squares slightly diagonal to each other. Next, the artist draws lines connecting the equivalent corners on each square. This results in a wireframe cube, which gives the illusion of three dimensions but not of solidity. To make the cube look solid, the artist must select the square that she wants to be in front, and then erase any lines that show through that front square and the top and facing squares. (The third cube in the figure shows the lines that the artist is going to remove to form a solid cube.) Presto! A solid cube.

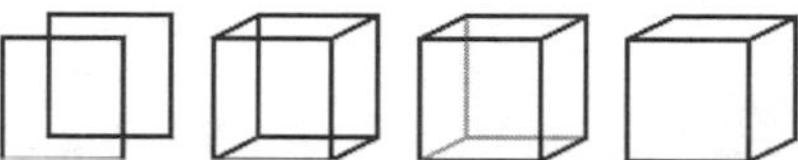

Fig. 2.6 Creating a 3-D cube.

The less the squares overlap, the longer the object appears to be. (If the starting squares don't overlap at all, your drawing won't look much like a square cube, but rather more like a railroad tie.) This drawing technique is not limited to squares. You can do the same thing with any shapes, from triangles to nonagons and more. The technique works for virtually all geometric shapes—except circles and ellipsoids. Because circles and ellipsoids have no corners to connect, the technique for making these objects look three dimensional is a little different (see fig. 2.7).

Fig. 2.7 Three-dimensional ellipsoids and circles.

> **Caution**
>
> If you don't want your 3-D object to look like it just came out of hyperspace, make sure to keep the two source objects properly aligned. In other words, don't rotate one object relative to the other, or you may end up with such bizarre results as shown in figure 2.8. The last time I saw a cube like that, my wife had to drive me home from the party!

Fig. 2.8 An improperly drawn 3-D cube.

Now that you understand a few general principles, you can use them to create more sophisticated computer graphics, including the aforementioned three-quarters-view graphics. In the examples that follow, you continue to use the technique of creating a new three-dimensional object by connecting two copies of the same object. However, instead of using paper-and-pencil drawing techniques, you use the graphics power built into computer paint programs.

Offset Stamping for 3-D Results

Dragonlord, one of the games in this book, requires a dungeon map made up of a matrix of individual rooms, shown at three-quarters-view perspective. The creation of such a room object is a good subject for demonstrating a graphics technique known as *offset stamping*.

Note

The offset stamping technique described here assumes that you have a graphics editor or paint program that enables you to copy a graphics element and stamp down copies without disturbing the original. Furthermore, it also assumes that you can create "transparent" copies of objects. Such an object has a transparent background that does not erase images over which you place it.

To try offset stamping, first start your paint program and draw a square frame (not a filled square). Next, make a small opening in one of the sides to represent a door. Now, use your paint program's clip function to copy the square, and then stamp a copy somewhere else on the screen. Pick a different color than you used for the first square and make the copy this new color. You use these two squares as source elements when you create a simulated 3-D room as shown in figure 2.9.

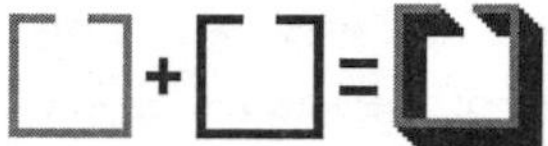

Fig. 2.9 Using offset stamping to create a room.

To use offset stamping to create the room, copy the square that you recolored, move to a blank area of the screen, and stamp a copy of the square there. Then stamp another copy over the first, just one pixel above and to the left of the first, as shown in figure 2.10. Do this several times, each time offsetting the stamp the same amount. Next, copy the first square that you drew and stamp it onto the stack that you just made, offsetting it as you did the other squares. When you're done, you should have a 3-D room similar to that shown in figure 2.9.

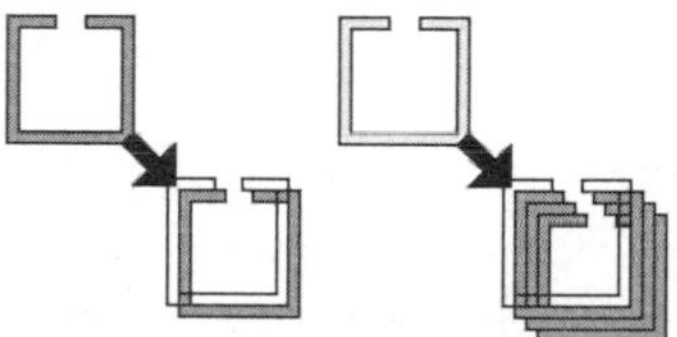

Fig. 2.10 The offset stamping technique.

You can make your 3-D objects look more realistic by adding more complex shading. One good method is to shade the faces of your starting shape with different colors and hues before you use the offset stamping technique. Figure 2.11 shows an example of this shading. In this example, the source of the light on the object is above and to the right (as indicated by the sun symbol). You use the angle of the light source to determine how bright each object surface should be. To make the effect realistic, treat each face like a wall. If one side faces the light, make it brighter so that the other side is clearly in shadow.

Fig. 2.11 Shading an object before offset stamping.

After you finish the shading, use the offset stamping technique to create a room. First stack several copies of the shaded object, offsetting each copy by one pixel both horizontally and vertically. Then fill the original shaded object with a single color and use that new object to "cap" the stack. If you start with the object shown in figure 2.11, you end up with objects like those shown in figure 2.12. As you can see, altering the direction of the offset stamping changes the appearance of the object.

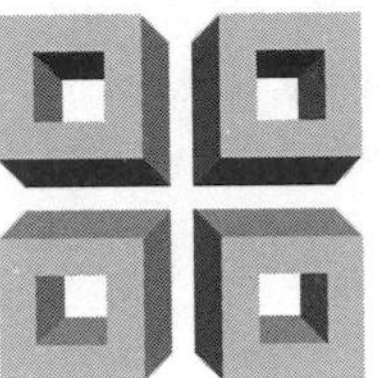

Fig. 2.12
Shaded objects created by offset stamping.

You can apply the offset stamping technique to virtually any shape. As the examples in figure 2.13 show, you can even use offset stamping to create round objects (although they require more subtle shading).

Fig. 2.13
Shaded round objects created by offset stamping.

Special Tips and Tricks

Beyond 3-D rooms and objects, you'll undoubtedly need many other graphical objects for your games. Some objects, such as bricks, are fairly simple to create. Others, such as teleport squares or glass spheres, require a bit more skill. To help you get started, the rest of this chapter is devoted to basic tips, techniques, and tricks that enable you to avoid or solve difficult graphics problems.

Choosing Identifiable Objects

Sometimes the hardest task in drawing game graphics is to make an object look like the object that it is supposed to look like. Resolution and color limitations often complicate your computer graphics drawing, but sometimes just figuring out how to symbolize an object can drive you to the medicine cabinet for aspirin.

For example, your game design might call for the hero to wear a pair of ultraviolet contact lenses that enables him to see certain other game objects. But contact lenses, being little more than glass disks, are difficult to render realistically. Would you recognize a graphic of contact lenses, no matter how well it was drawn? A glass disk can represent so many other objects that its visual meaning is ambiguous.

In such circumstances, you should find a more easily identifiable object to replace the ambiguous object in your game. You might, for example, use eyeglasses in your game instead of contact lenses. A player is not likely to mistake a pair of eyeglasses for any other object.

Designing Icons

Creating icons for computer programs can be tougher than climbing a greased tree. Although a sword icon clearly represents fighting, and a scissors icon obviously represents some kind of cutting function, how can you represent less "visual" functions, such as saving a game or displaying a high-score board?

Unfortunately, designing icons is a skill that can't be taught, a skill that requires much imagination, and trial and error. For icons, a picture is clearly not worth a thousand words! Obviously, when designing icons, you should strive for simple, unambiguous images that easily identify their associated functions. If you can't come up with such images, you're far better off to use text labels rather than icons. There's little more annoying in computer interfaces than poorly designed icons.

Drawing Metal

Believe it or not, drawing metal surfaces is one of the easiest tasks in computer graphics, provided you have two or more shades of a specific color available. For flat metal surfaces, just draw diagonal highlights on the object. If you have more than two shades available, you can get more complex, alternating highlights by using darker reflections. Figure 2.14 demonstrates this metal-drawing technique. The more shades of a specific color you use, the more effective your result will be.

Fig. 2.14
Using highlights and reflections to draw metal surfaces.

You can use similar techniques to draw curved metal surfaces, but you must follow slightly different rules. First, highlights must appear near the edge closest to the light, and shadows must appear near the edges farthest from the light. Figure 2.15 shows how you can make a cylinder appear metallic by changing hues and placing highlights appropriately. Notice that the harsh shadow along the dark left side of the cylinder softens to a lighter shade at the rim, which produces a more reflective look.

Fig. 2.15
Drawing curved metal surfaces.

Because they are reflective, most metals display severe highlights and shadows. In other words, the more smoothly and evenly you blend shades one into another, the less metallic a surface appears. Adding specular highlights or "hot spots" (extremely bright points of reflected light, as seen in fig. 2.15) helps make surfaces look more metallic.

Drawing Glass

Because glass is transparent, you don't draw glass any more than you draw air. What you *do* draw is the effect that glass has on objects that are seen through it. Often, the simplest way to create a glass object is to draw its general shape and then add highlights and shadows as you did when drawing metal. You then draw what shows through the glass, highlighting and shading it appropriately.

Figure 2.16 shows how this works. You draw the bottle in light gray, with white highlights and dark gray shadows. Then you draw the liquid within the bottle by replacing the bottle's colors with different shades, but leaving a slim line of the original color at the perimeter of the bottle to show the thickness of the glass. The result looks transparent.

Fig. 2.16
Drawing glass.

Because glass is reflective, you can create glass surfaces by placing highlights on the glass object, similar to those that you use to create metal surfaces. Highlights can either obscure objects seen through the glass or allow those objects to show through. If the object seen through the glass extends beyond the glass, you should degrade the image that shows through the glass, by drawing that part of the object with slightly lighter colors. This is because glass is not perfectly transparent, and thus captures a tiny amount of light. This loss of light makes an image seen through glass look slightly dulled, as though it's lost some of its color. Also, glass sometimes bends light passing through it, resulting in some distortion of the image. To create this distortion, you often draw the part of the object behind the glass slightly enlarged, as though the glass were magnifying it.

Figure 2.17 demonstrates the use of reflection, degradation, and distortion. The figure shows part of a metal rod as seen through a pane of glass.

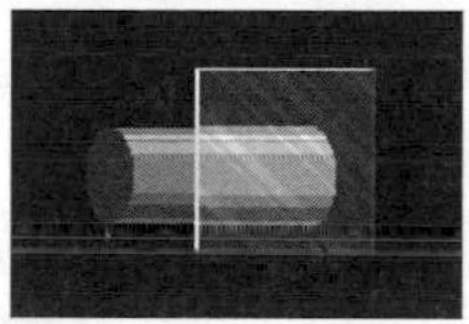

Fig. 2.17
Using reflections, degradation, and distortion when drawing a glass object.

Drawing Luminous Objects

You can take advantage of several tricks when drawing luminous objects such as light bulbs or flaring stars. But, if you're not careful, you may end up with a strange-looking object, indeed. For example, if you draw a glow around a light bulb, most anyone can tell that the light bulb is glowing. However, place the same glow around an object shaped like a sheep, and you get a lamb in need of shearing. Still, the glow effect is useful, if used sparingly.

One of the best ways to create a luminous object is to draw the effect of the emitted light on the object's surroundings. For example, a glowing light-emitting diode (LED) is just a brightly colored blob. The only way you can show that the LED is lighted is by drawing the effects of the LED's light on its surroundings. Likewise, when you draw a knight wielding a glowing sword, the sword should throw highlights on the knight while casting other parts of the figure into shadow. Figure 2.18 shows these types of objects.

Fig. 2.18
Drawing glowing objects.

Fire, another type of glowing object, is difficult to draw because one of its distinguishing characteristics is its motion—the dance of the flame. Often, a static representation of flame looks like anything but fire. The colors that you use when drawing fire also can have a profound effect on the end result. The wrong hues may make your fire look more like a popsicle. There are few good rules for drawing fire. Your best bet is to stick with the colors that people automatically associate with fire (reds and oranges) and place flames within recognizable contexts, such as camps, fireplaces, and torches.

Drawing Drop Shadows

A drop shadow is a shadow that you place under an item that you have drawn. Drop shadows are useful for a couple of reasons. First, if an object's drop shadow is immediately beneath and connected to the object, you can tell that the object is resting on the ground (or some other surface). Conversely, when an object's drop shadow is disconnected from and farther below the object, the object appears to be floating in the air.

There's not much to say about drop shadows. They're generally dark spots, often black, that appear around the base of an object or below an airborne one. The simplest drop shadows, such as those used in cartoons, are just spots. However, more elaborate drop shadows mimic the casting object's shape. Figure 2.19 provides a couple of examples.

Fig. 2.19
Drawing drop shadows.

Working with Restricted Colors

All the games in this book run in the high-resolution (640×480), 16-color VGA graphics mode. Sixteen colors are not much to work with. If your game runs in this mode (rather than 256-color mode) and requires objects ranging from metal and mortar to monsters and men, you may be stumped as to how to draw everything that you need with so few colors.

To tackle this problem, first make a list of graphics elements that you need for the game, and then see which colors they have in common. For example, if you need foliage, you probably want a shade or two of green. Can you use green for something else, like a slime monster or a dragon? The idea is to use as few colors as possible, of course, so that if you later discover you need a color you haven't previously defined, a color register or two will still be available. When you finish drawing all your graphics, you may find that you haven't used all 16 colors. If so, decide where you'd like some additional detail, and then use those extra colors where they'll make the most difference.

Another trick for extending your color choices is to use *dithering*. You create dithered colors by mixing two colors together. For example, mixing red and blue creates a shade of purple. Of course, the colors in your paint program can't really be mixed like real paint. However, if you create a fill pattern comprised of pixels of alternating color, like the enlargement shown in figure 2.20, you can create the mixing effect. At normal size, the dots are so close together that the human eye sees them as one color.

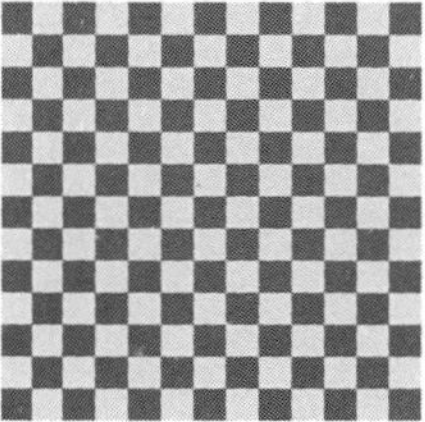

Fig. 2.20
Creating dithered colors.

Smoothing Graphics

All display graphics on the PC are *raster* displays; that is, they are composed of thousands of illuminated dots on a vast grid. Therefore, the only perfectly smooth lines that you can draw are horizontal or vertical lines. Any line that deviates from perfect horizontal or vertical orientation is drawn across a series of rows and columns and appears to consist of staggered line fragments with obvious "stairsteps." This stairstep effect is known as an *alias* (or colloquially as a "jaggie," because of its jagged look). The technique that you use to disguise the alias effect is called *antialiasing.*

Antialiasing blurs the edges of each stairstep by placing a pixel or pixels of an intermediate color or tone at the end of each alias. For example, to smooth the aliases between a blue or red area, you place a purple pixel at each "stairstep" juncture.

Figure 2.21 demonstrates antialiasing on a black circle. The left circle of each pair is drawn black on white with no antialiasing. The right circle of each pair is antialiased, with two or more shades of gray used to blur the stairsteps. When enlarged, as in the pair of circles on the right, the antialiasing looks odd. However, when viewed at normal scale on a computer screen, as shown in the pair of circles on the left, antialiasing works wonderfully to reduce and even remove the stairstep effect.

Fig. 2.21 Antialiasing at work.

Many paint programs have a built-in feature for antialiasing part or all of a screen or graphic. Most such antialiasing functions do a fairly good job, but like any automated procedure, sometimes you may not get the exact effect that you want. In such circumstances, you may have to retouch the antialiasing or even redo it from scratch.

> **Caution**
>
> Overusing antialiasing can result in fuzzy images. The fewer pixels that you use to draw an item, the more likely it is to become fuzzy when antialiased. Also, high-contrast images often look slightly "muddy" when antialiased.
>
> Finally, if you antialias a graphic before placing it on its final background, you may get unexpected and unappealing results. Because the colors used in antialiasing are intermediate, placing a graphics element onto a different background color changes the antialiasing effect. You should make antialiasing the final step in preparing graphics. (Keep a copy of the original image, free of antialiasing, in case you have to make major changes or dislike the antialias effect.)

Summary

Although it takes many years of study and practice to become a competent computer artist, you can quickly learn several handy techniques for drawing effective—albeit simple—game graphics. These techniques include highlighting, shading, offset stamping, antialiasing, and dithering. You can combine all of these effects to create many types of pseudo 3-D objects. These techniques even enable you to draw metal and glass surfaces.

In Chapter 4, "Graphical Controls and Windows," you use a couple of the techniques presented here to create simulated 3-D windows, buttons, and even dialog boxes. In the next chapter, however, you learn about something called event-driven programming, which gives your game a more flexible user interface.

Chapter 3

Event-Driven Programming

In these days of graphical user interfaces (GUIs), any program worth its weight in microchips features sophisticated screen elements like windows, buttons, and dialog boxes. The immense popularity of Microsoft Windows is testament that GUIs have not only moved in, but have brought enough luggage to stay. Undoubtedly, designing a program interface is much more difficult than it used to be. If you want your computer game to get rave reviews, however, you have no choice but to knuckle under and give the people what they want.

In the next couple of chapters, you learn to create event-driven programs that feature interactive screen objects such as windows, dialog boxes, and button controls. Before you can start thinking about adding these objects, however, you must learn the basics of designing event-driven programs, as you will in this chapter. You'll also develop a basic mouse class that instantly adds mouse support to your programs.

What Is an Event-Driven Program?

When you use conventional procedural programming techniques to write a computer game, the end user has limited control over the program's features. For example, suppose that a game requires keyboard input from a user. In a typical program, the application waits until the user enters the required string (or an escape code of some type from the keyboard). Until the user enters the requested information, he cannot go on to something else. What if the user wants to use his mouse to select a different option? It doesn't matter. The program requires character input and accepts nothing else. The only way the user can avoid entering something is to reboot.

In an event-driven program, input can come from any device at any time. For example, when you request a string, you would probably use a dialog box. While the dialog box is active, the program isn't locked onto the keyboard; it's still ready to accept input from any device. After all, the program has no way of knowing in advance whether the user is going to type characters or click a button.

When the user chooses an action, the program receives a message, which it then interprets and routes to the appropriate functions. This interpretation and routing is performed by the program's event loop, a short section of code that loops continuously, receiving events from the user and dispatching those events to the parts of the program designed to handle them. This loop iterates endlessly, doing nothing until the user interacts with the program in some way, usually by pressing a key on the keyboard or selecting a control with the mouse.

To create event-driven programs, you must do the following:

- Decide which devices to support
- Define message types for each device
- Write a handler for each device
- Write an event loop to gather messages
- Write an event dispatcher to send messages to their appropriate functions

These steps are discussed in the following sections.

Developing an Event Handler

Because a game's event handler defines the program's interactive nature, you must carefully consider what types of events your games need to handle to provide a flexible and easy-to-use interface. In a full-scale GUI, this is no small matter. Programs written for Microsoft Windows, for example, must deal with hundreds of different types of events.

The next two chapters discuss the techniques that you need to build event handling into your DOS games. Instead of obscuring the principles by trying to create the ultimate event-driven program interface, the discussion keeps things simple. Then, you can expand on what you've learned and enhance the basic routines presented here to better suit your specific programming needs.

With this in mind, think about the events that you need to handle to provide a solid program interface. First, which input devices will your programs support? There are many types, including keyboards, graphics tablets, joysticks, mice, trackballs, and light pens. For clarity and simplicity, however, this chapter considers only the two most useful: the keyboard and the mouse.

You need to consider how those devices generate input. You can then gather that input, translate it into an appropriate event message, and dispatch that message to the proper part of your program. Gathering input events requires a programming technique called *polling*.

Polling for Events

If you have no experience with event-driven programming, you probably think all this stuff about event loops, message translating, and message dispatching sounds pretty complex. Actually, an event handler is not difficult to implement, and the code involved is surprisingly short. In the event handler, you need only two functions: `GetEvent( )` and `DispatchEvent( )`. The following is a typical event loop:

```
int repeat = 1;
while (repeat)
{
  GetEvent(eventMsg);
  DispatchEvent(eventMsg);
}
```

`GetEvent( )` is a general function that you can use in any event-driven program. It simply polls the devices until it gets input. It then uses the input to formulate an event message, which it passes on to the second function, `DispatchMessage( )`. The basic event handler presented in this chapter handles only two types of events: mouse-button events and keyboard events.

The GetEvent( ) function loops until the user presses a mouse button or types a key. Here's the code for GetEvent( ):

```
void GetEvent(EventMsg &eventMsg)
{
   while ((!mouse.Event()) &&
      (!(eventMsg.key = KeyEvent()))) {}
   eventMsg.button = mouse.GetButton();
   if (eventMsg.button)
   {
      eventMsg.type = MBUTTON;
      mouse.GetXY(eventMsg.mx, eventMsg.my);
   }
   else
   {
      eventMsg.type = KEYBD;
      eventMsg.mx = -1;
      eventMsg.my = -1;
   }
}
```

Although you don't know the details of how to retrieve input from the devices, you should be able to make some general sense of this function. In the first line, the while loop iterates until it senses either a mouse-button or keyboard event. If it senses a mouse-button event, it constructs a mouse-button message, which includes the message type, the number of the button pressed, and the coordinates of the mouse when the user pressed the button. If the function gets a keyboard event, it constructs a keyboard message that contains the key that the user pressed and the message type. The structure that contains these messages (which is defined in the next chapter) looks like this:

```
typedef struct EventMsg
{
   int type,       // Event type.
       mx, my,     // Mouse coords.
       button;     // Mouse button pressed.
   unsigned key;  // Key pressed.
};
```

The function DispatchEvent( ), unlike GetEvent( ), is closely tied to a specific program. DispatchEvent( ) directs a general keyboard or mouse event to a specific function. Because every program has different functions, DispatchEvent( ) is different in every program. Here's what DispatchEvent( ) looks like in a program from the next chapter:

```
void DispatchEvent(EventMsg eventMsg)
{
   if ( startbut.Clicked(eventMsg) )
      Life();
   else if ( clearbut.Clicked(eventMsg) )
      ClearWorld();
```

```
        else if ( generatebut.Clicked(eventMsg) )
           GetGens();
        else if ( speedbut.Clicked(eventMsg) )
           GetSpeed();
        else if ( quitbut.Clicked(eventMsg) )
           repeat = FALSE;
        else PlaceCell(eventMsg);
     }
```

Again, although you aren't familiar with the details of this function, you can see that it checks which button control the user clicked and then calls the appropriate function.

Chapter 4, "Graphical Controls and Windows," gets back to `GetEvent( )` and `DispatchEvent( )`. For now, you need to know how to receive keyboard and mouse events. Gathering keyboard events is easy: You need only poll for a keystroke, and, if one is received, translate that keystroke into the appropriate message. Handling a mouse event, however, is more complex: You must access the operating system at an assembly language level, because C++ provides no direct mouse support. Instead, you must control the mouse with calls to a mouse handler.

Did someone mention those horrible words "assembly language"? Yes, I'm afraid I did. However, before you return this book for a refund, rest assured that you don't have to be an assembly language programmer to understand and use the mouse routines presented later in this chapter. You can simply include them in your program and call the functions that you need. So, take a deep breath, regain your composure, and trust your faithful author to guide you painlessly through the tricky business ahead.

Keyboard Events

In a program that is not event-driven, handling the keyboard is easy. For example, it's not uncommon to prompt for a string and then wait for the user to enter it. Until the user enters the string, the program is idle. Because no further processing is possible anyway, you can use a function like `getch()`, which waits for a keystroke, to gather input.

An event-driven program, however, must never wait for a specific type of input. This is, in fact, what distinguishes an event-driven program from one that is not event-driven. An event-driven program must always be ready to accept any type of event from the user. This means that you can't gather keystrokes with a function like `getch( )`.

Suppose that your game displays a dialog box in response to a user's menu selection. This dialog box, which prompts for a line of text, contains an editable text line, along with OK and Cancel buttons. When your game displays the dialog box, it has no idea what the user will do with it. The user may enter the string that you've requested and click the OK button. She may enter the string, change her mind, and click the Cancel button. Or the user may press the Cancel button without attempting to enter a string. Obviously, you can't wait for any particular type of event. Instead, you must poll the devices that your program supports.

To get keyboard input under these conditions, you need a function that does not wait for a key, but only inquires whether the user has pressed a key. If this function informs you that the user pressed a key, you can then read the keystroke and decide what to do with it. If no keystroke is available, you are free to check other devices (in this case, the mouse) for input. The event-driven programs in this book handle keyboard input with the function `KeyEvent( )`, as follows:

```
int KeyEvent(void)
{
   // Check for key press.
   int key = bioskey(1);

   // Get key if one is available.
   if (key) key = bioskey(0);

   return key;
}
```

As you can see from this function, Turbo C++ provides exactly the keyboard function that you need to inquire about the keyboard's state without stalling your program. The function `bioskey( )` uses interrupt 0x16 to call the BIOS directly to return information about the keyboard's status—but you don't really need to know such details unless you're interested.

The `bioskey( )` function accepts one of three values as a parameter. The value of the parameter determines the type of information that the function returns. If this parameter is 1, `bioskey( )` checks whether a key is available. If this parameter is 0, the function returns the last keystroke. If this parameter is 2, `bioskey()` returns the status of certain special keys, including the Shift, Alt, and Ctrl keys. (You can read more about this function in Turbo C++'s on-line help.)

`KeyEvent( )` first calls `bioskey(1)` to determine whether the user pressed a key. If so, the `KeyEvent()` function again calls `bioskey( )`, this time with a parameter of 0, to retrieve the key's value. In either case, the KeyEvent() function returns the value of `key`. This value is 0 if no key is retrieved, or the value of the key if a key is available. The `KeyEvent()` function doesn't wait for input. It does its job and returns control to the event loop.

Listing 3.1 demonstrates `KeyEvent( )`. Try the program now. When you finish, press Ctrl-C to exit the program.

Listing 3.1 KEY1.CPP—a Demonstration of *KeyEvent( )*

```
///////////////////////////////////////////////////////////////
// KEY1.CPP: Test Program for KeyEvent().
///////////////////////////////////////////////////////////////

#include <iostream.h>
#include <bios.h>

#define CTRL_C 0x2e03

//Function prototype
int KeyEvent(void);

///////////////////////////////////////////////////////////////
// main()
///////////////////////////////////////////////////////////////
int main(void)
{
   int k = 0;
   while ((k=KeyEvent()) != CTRL_C)
      if (k) cout << "Key value: " << k << '\n';
   return 1;
}

///////////////////////////////////////////////////////////////
// KeyEvent()
//
// This function gathers key presses "on the fly."
///////////////////////////////////////////////////////////////
int KeyEvent(void)
{
   // Check for key press.
   int key = bioskey(1);

   // Get key if one is available.
   if (key) key = bioskey(0);
   return key;
}
```

When you run KEY1.CPP, you'll discover that values returned from `bioskey(0)` are quite cryptic. This is because `bioskey(0)` returns both the key's scan code and the key's ASCII code (if appropriate) combined into a single integer. The scan code is in the upper byte and the ASCII code is in the lower byte, as shown in figure 3.1. (A *scan code* is a special code assigned to every key on the keyboard, even keys that have no ASCII representation.)

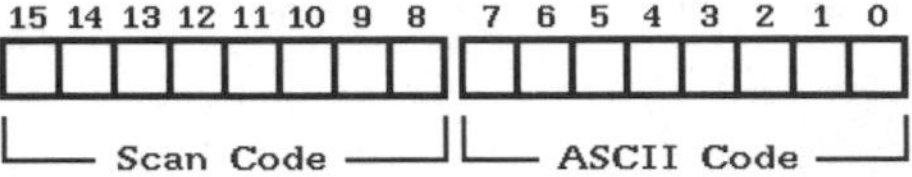

Fig. 3.1
The scan code and ASCII code returned by *bioskey(0)*.

To get the ASCII code of the key pressed, you must mask out the upper byte of the value returned from `bioskey(0)`. To do this, you AND the value 0x00FF with the value returned from `bioskey( )`, which changes all the bits in the upper byte to zeros. Listing 3.2 is a refinement of KEY1.CPP that uses a key's ASCII code to print the actual key pressed.

Listing 3.2 KEY2.CPP—a Refinement of Listing 3.1

```
///////////////////////////////////////////////////////////////
// KEY2.CPP: Test Program for KeyEvent().
///////////////////////////////////////////////////////////////

#include <iostream.h>
#include <bios.h>

#define CTRL_C 0x2e03

//Function prototype
int KeyEvent(void);

///////////////////////////////////////////////////////////////
// main()
///////////////////////////////////////////////////////////////
int main(void)
{
   int k = 0;

   while ((k=KeyEvent()) != CTRL_C)
   {
      // If the user pressed a key...
      if (k)
      {
    cout << "Key value: " << k << ". ";

    // Mask out the key's scan code.
    k &= 0x00ff;
```

```
      // Show the key.
      if (!k)
         cout << "Not an ASCII character.\n";
      else
      {
         cout << "The character is: ";
         cout << (char) k << '\n';
      }
        }
     }
     return 1;
  }

  ////////////////////////////////////////////////////////////
  // KeyEvent()
  //
  // This function gathers key presses "on the fly."
  ////////////////////////////////////////////////////////////
  int KeyEvent(void)
  {
     // Check for key press.
     unsigned key = bioskey(1);

     // Get key if one is available.
     if (key) key = bioskey(0);

     return key;
  }
```

Using `KeyEvent( )`, you can now retrieve keyboard events on the fly. In fact, `KeyEvent( )` is all the event handler you need for an event-driven program—albeit one that supports only the keyboard. After all, a user can select interactive objects like buttons from the keyboard. However, most modern games also support mice, so your program should provide at least minimal mouse support.

Mouse Events

When PCs were first introduced, there were no mice. (Well, except for the fuzzy things that eat holes in walls and leave yucky droppings on countertops.) Virtually all program input was entered from the keyboard. Today, however, a program's interface must be as interactive as possible, which means that you must provide mouse support. Although you may grumble and groan about the extra work, in all fairness to the user you must accept the responsibility.

Because a mouse is not a standard PC device, mouse support is not built into the operating system. To add mouse support to a system, the user must first load a mouse driver. This is typically done in the user's CONFIG.SYS or AUTOEXEC.BAT files. After the driver is loaded, a program can access the mouse through interrupt 0x33. (If you don't understand interrupts, don't worry. You can use the mouse functions presented here without knowing all the technical details.)

Although there are many mouse manufacturers, there is one standard driver. This mouse driver, developed by Microsoft Corporation, supplies more than 30 functions for controlling a mouse, including not only the capability to respond to mouse-button presses, but also to get the mouse's location, adjust the mouse's sensitivity, change the mouse pointer's shape, detect mouse motion, and much more. Most mouse manufacturers have adopted this standard and incorporated it into their own mouse drivers.

To access a mouse driver, you must call functions at an assembly language level. This task isn't as scary as it sounds, as you'll soon see. Once you understand how to call mouse functions, you might want to extend the class to provide additional mouse functions.

In a basic mouse class, you need to support the mouse driver's most-used functions. These functions enable you to initialize the mouse, check that a mouse exists, set the limits of its screen coordinates, hide and show the mouse pointer, and read the mouse's buttons and current location.

The header file for this chapter's mouse class is shown in listing 3.3, MOUS.H. Table 3.1 describes each function that is included in the mouse class. Note that this mouse class is developed for use only with a graphics screen, not a text screen.

Listing 3.3 MOUS.H—the Header File for the *Mouse* Class

```
///////////////////////////////////////////////////////////////////
// MOUS.H: Mouse class header file.
///////////////////////////////////////////////////////////////////

#ifndef __MOUSE_H
#define __MOUSE_H

#include <dos.h>

// Mouse button values.
#define LEFT 1
#define RIGHT 2
#define CENTER 3
```

```
// The mouse class declaration.
class Mouse
{
private:
   int mx, my,        // Mouse coordinates.
       got_mouse,     // Mouse init flag.
       num_buttons,   // # buttons on mouse.
       button;        // Button status.
       REGS inRegs;   // Input registers.
       REGS outRegs;  // Output registers.

public:
   Mouse(void);
   ~Mouse(void);
   int GotMouse(void) { return got_mouse; }
   void SetLimits(int minXLimit, int maxXLimit,
                  int minYLimit, int maxYLimit);
   void ShowMouse(void);
   void HideMouse(void);
   int Event(void);
   int GetButton(void) { return button; }
   void GetXY(int &x, int &y) { x=mx; y=my; }
   void ButtonUp(void);
};

extern Mouse mouse;

#endif
```

Table 3.1 Functions in the *Mouse* Class

Mouse Class	Description
`Mouse(void)`	The class's constructor. It calls mouse function 0x00 to initialize the mouse driver.
`~Mouse(void)`	The class's destructor. It calls mouse function 0x00 a second time to reset the mouse driver to its default state.
`GotMouse(void)`	Returns a –1 if a mouse is present and a 0 if a mouse is not present.
`SetLimits(int minXLimit, int maxYLimit, int maxXLimit, int minYLimit)`	Sets the horizontal and vertical screen coordinate limits for the mouse. Usually these limits are set to the full screen.

(continues)

Table 3.1 Continued

Mouse Class	Description
`ShowMouse(void)`	Displays the mouse pointer on-screen.
`HideMouse(void)`	Removes the mouse pointer from the screen.
`Event(void)`	Updates the mouse's button and position variables. You should always call this function immediately before retrieving the values of the `button`, `mx`, and `my` mouse variables.
`GetButton(void)`	Receives the value of button from the last call to `Event( )`.
`GetXY(int &x, int &y)`	Receives the coordinates of the int mouse from the last call to `Event( )`.
`ButtonUp(void)`	Waits for all mouse buttons to be released.

The `Mouse` class is a single-instance class (in other words, a program never has more than one mouse) that provides all the basic mouse functions. To include a mouse in a program, you need only include the `Mouse` class. A `mouse` object is already declared as part of the class. Now, look at the `Mouse` class one function at a time.

Initializing a Mouse

As with most classes, `Mouse` contains a constructor that initializes a `Mouse` object:

```
Mouse::Mouse(void)
{
   got_mouse = 0;
   if (getvect(0x33))
   {
      inRegs.x.ax = 0x0000;
      int86(0x33, &inRegs, &outRegs);
      got_mouse = outRegs.x.ax;
      num_buttons = outRegs.x.bx;
   }
}
```

Here, after checking that the mouse driver is installed (by calling `getvect( )`), this function makes the first call to the mouse driver with the `0x33` interrupt. To call an interrupt, you must first place appropriate values into the CPU's registers. Then, generate the interrupt by calling Turbo C++'s `int86( )` function. When the interrupt takes over, the values that you placed in the registers inform the mouse driver of which function you've requested and the parameters that you want to send to that function. Turbo C++ provides easy access to registers, through the `REGS` union.

Note

`REGS` is a union, which means that two different data structures are mapped to the same location in memory. The `x` structure enables you to refer to full 16-bit registers such as `ax`, `bx`, and `cx`. The `h` structure maps the registers to byte values, so you can easily place values in the most significant or least significant bytes of a register. For example, the high byte of `ax` is `ah` and the low byte is `al`.

To initialize a mouse, you must call interrupt `0x33` with a 0 in `ax`. The mouse function `0x00` initializes the mouse driver and sets the mouse to its default state, returning a –1 in `ax` if a mouse is available, and a 0 if a mouse is not available. It also returns, in `bx`, the number of buttons on the mouse. In the preceding constructor, the function saves these return values in the data members `got_mouse` and `num_buttons`.

Setting Mouse Screen Limits

After initializing your mouse, you need to set its screen limits. Normally, the mouse initialization handles this task; however, when you use a mouse with high-resolution graphics screens, you must remind the driver of the screen's resolution. If you fail to do so, the mouse cannot traverse the full screen.

To set a mouse's screen coordinate limits, call function `0x07` for the horizontal limits and `0x08` for the vertical limits. In the `Mouse` class, the function `SetLimits()` handles this task:

```
void Mouse::SetLimits(int minXLimit, int maxXLimit,
                      int minYLimit, int maxYLimit)
{
   if (!got_mouse)
      return;
   inRegs.x.ax = 0x0007;
   inRegs.x.cx = minXLimit;
   inRegs.x.dx = maxXLimit;
   int86(0x33, &inRegs, &outRegs);
   inRegs.x.ax = 0x0008;
   inRegs.x.cx = minYLimit;
   inRegs.x.dx = maxYLimit;
   int86(0x33, &inRegs, &outRegs);
}
```

Here, the function first checks whether the mouse is present. Obviously you need not set the screen limits of a nonexistent mouse. If there's no mouse, the function returns immediately. (In spite of this status checking, however, in your programs you should always check whether the mouse exists before you call other mouse functions. This is especially important if your program cannot run properly without a mouse.) If the mouse is present, `SetLimits( )` loads the registers with the function number `0x07` and the horizontal screen limits, after which it generates an interrupt `0x33`. It sets the vertical screen limits the same way, except that it uses function `0x08` and the vertical coordinates.

The `SetLimits( )` function also has many other uses. For example, you may want to limit mouse movement to a particular rectangle on-screen. If so, you could use this function to force the mouse to stay within the boundaries of a particular window.

Showing and Hiding a Mouse Pointer

Showing and hiding the mouse pointer is critical. Without this capability, screen displays would soon become corrupted. Why? When you write to the screen, you may erase the mouse pointer. (The mouse pointer isn't magical; it's just a graphic drawn on-screen.) This by itself is no big deal. After all, the pointer is redrawn the next time that you move the mouse. However, if you don't disable the mouse before drawing to the screen, something else is restored along with the mouse pointer: the data that was behind the pointer when it was last drawn. This saved data writes over your new screen, erasing what you just drew in the mouse's location.

In short, whenever you want to draw on-screen, you must first turn off (or hide) the mouse pointer. When you're done drawing, turn the mouse pointer back on. If you fail to follow this rule (and sooner or later, everyone does), the user of your program may not notice it at first, because the faulty screen update occurs only when the mouse pointer happens to be where your program is drawing. However, the first time that the mouse is in the way of your drawing, you've got a messed-up screen.

The `Mouse` class can show or hide the mouse pointer through calls to its `HideMouse( )` and `ShowMouse( )` member functions:

```
void Mouse::ShowMouse(void)
{
   if (!got_mouse)
      return;
   inRegs.x.ax = 0x0001;
   int86(0x33, &inRegs, &outRegs);
}

void Mouse::HideMouse(void)
{
   if (!got_mouse)
      return;
   inRegs.x.ax = 0x0002;
   int86(0x33, &inRegs, &outRegs);
}
```

A final note about hiding and showing a mouse: The mouse functions `0x01` and `0x02` count the number of times that the pointer has been hidden and shown. If you don't want your mouse pointer to disappear, you must match every hide function with a show function. In other words, if you call the `HideMouse( )` function three times in a row (usually due to nested function calls), you must also call `ShowMouse( )` three times to restore the mouse pointer.

Retrieving Mouse Events

Now that the mouse is functioning, you need to know when it is used. If the user clicks an on-screen button, for example, you must determine which on-screen button she clicked so that you can perform the requested operation.

Gathering this information is a snap. First, when the user clicks a mouse button, `GetEvent( )` sends a mouse-button event. Use the data stored in this event to determine the mouse's coordinates at the time of the click. If these coordinates match those of your on-screen button, you know that the user selected that button.

In the `Mouse` class, the function that checks for mouse-button presses is `Event( )`. The `Event( )` function calls mouse function `0x03`, which returns the mouse-button status and the current location of the pointer, as follows:

```
int Mouse::Event(void)
{
   if (!got_mouse)
      return 0;
   inRegs.x.ax = 0x0003;
   int86(0x33, &inRegs, &outRegs);
   button = outRegs.x.bx;
   mx = outRegs.x.cx;
   my = outRegs.x.dx;
   if (button)
      return 1;
   else
      return 0;
}
```

Here, the function first checks that the mouse is present. Then it calls mouse function `0x03` with `int86( )`. After the call, the button status and the mouse coordinates are saved in the data members `button`, `mx`, and `my`, respectively. Your program can retrieve the status and the coordinates from these data members when necessary.

Note

When you use a mouse in your programs, remember that `button`, `mx`, and `my` are updated only when you call `Event( )`. Therefore, you must process immediately the information that this function retrieves. Otherwise, the mouse-status data may be obsolete. In short, you should always call `Event( )` before testing the `button`, `mx`, and `my` variables.

The object-oriented approach requires that `Mouse`'s data members be *private*—that is, that they never let a program access them directly. As long as the data members are private, you can change the class without affecting programs that use it. For example, suppose that you want to change the class so that you store the mouse variables `button`, `mx`, and `my` in a structure. By keeping the data members private, you can make this change easily. You need not change anything (other than the data) except for the functions in the class that return the variable's values. In other words, although the class's interface must remain consistent, you can always change the way that you implement that interface. This is one way that object-oriented programming makes programs more maintainable.

Because the mouse variables are private, you need functions to retrieve those values. In the `Mouse` class, you do this with the inline functions `GotMouse( )`, `GetButton( )`, and `GetXY( )`:

```
int GotMouse(void) { return got_mouse; }
int GetButton(void) { return button; }
void GetXY(int &x, int &y) { x=mx; y=my; }
```

`GotMouse( )` checks the mouse-driver status returned from the class's constructor. `GetButton( )` returns the button-press last retrieved by `Event( )`. Finally, `GetXY( )` returns the mouse coordinates last retrieved by `Event( )`. Notice that, whereas `GetButton( )` returns `button` directly from the function, `GetXY( )` stores the mouse coordinates in variables that you pass to the function.

Retrieving Single Button Clicks

The last function in the `Mouse` class enables your program to wait until the user releases the mouse button. A program's event loop typically processes events very quickly, so that if the user clicks his mouse button too slowly, several button clicks may be registered before he releases the button. To avoid this problem, you can call `ButtonUp( )`, which loops until the user releases the mouse button:

```
void Mouse::ButtonUp(void)
{
  while (button) Event();
}
```

The Complete Mouse Class

Listing 3.4, MOUS.CPP, is the implementation source code for the complete `Mouse` class. (The listing is short because many functions are implemented inline in the MOUS.H source listing.)

Listing 3.4 MOUS.CPP—the Implementation of the *Mouse* Class

```
///////////////////////////////////////////////////////////
// MOUS.CPP: Mouse class implementation.
///////////////////////////////////////////////////////////

#include <dos.h>
#include <conio.h>
#include "mous.h"

Mouse mouse;
```

(continues)

Listing 3.4 Continued

```
//////////////////////////////////////////////////////////
// Mouse::Mouse()
//
// This is the class's constructor, which initializes the
// mouse driver.
//////////////////////////////////////////////////////////
Mouse::Mouse(void)
{
   got_mouse = 0;
   if (getvect(0x33))
   {
      inRegs.x.ax = 0x0000;
      int86(0x33, &inRegs, &outRegs);
      got_mouse = outRegs.x.ax;
      num_buttons = outRegs.x.bx;
   }
}

//////////////////////////////////////////////////////////
// Mouse::~Mouse()
//
// This is the class's destructor, which sets the mouse
// driver back to its default state.
//////////////////////////////////////////////////////////
Mouse::~Mouse(void)
{
   inRegs.x.ax = 0x0000;
   int86(0x33, &inRegs, &outRegs);
}

//////////////////////////////////////////////////////////
// Mouse::SetLimits()
//
// This function sets the mouse's screen coordinate limits.
//////////////////////////////////////////////////////////
void Mouse::SetLimits(int minXLimit, int maxXLimit,
                      int minYLimit, int maxYLimit)
{
   if (!got_mouse)
      return;
   inRegs.x.ax = 0x0007;
   inRegs.x.cx = minXLimit;
   inRegs.x.dx = maxXLimit;
   int86(0x33, &inRegs, &outRegs);
   inRegs.x.ax = 0x0008;
   inRegs.x.cx = minYLimit;
   inRegs.x.dx = maxYLimit;
   int86(0x33, &inRegs, &outRegs);
}

//////////////////////////////////////////////////////////
// Mouse::ShowMouse()
//
// This function shows the mouse pointer on-screen.
//////////////////////////////////////////////////////////
```

```
void Mouse::ShowMouse(void)
{
   if (!got_mouse)
      return;
   inRegs.x.ax = 0x0001;
   int86(0x33, &inRegs, &outRegs);
}

////////////////////////////////////////////////////////////
// Mouse::HideMouse()
//
// This function hides the mouse pointer.
////////////////////////////////////////////////////////////
void Mouse::HideMouse(void)
{
   if (!got_mouse)
      return;
   inRegs.x.ax = 0x0002;
   int86(0x33, &inRegs, &outRegs);
}

////////////////////////////////////////////////////////////
// Mouse::Event()
//
// This function checks the status of the mouse's buttons
// and gets the mouse's current position.
////////////////////////////////////////////////////////////
int Mouse::Event(void)
{
   if (!got_mouse)
      return 0;
   inRegs.x.ax = 0x0003;
   int86(0x33, &inRegs, &outRegs);
   button = outRegs.x.bx;
   mx = outRegs.x.cx;
   my = outRegs.x.dx;
   if (button)
      return 1;
   else
      return 0;
}

////////////////////////////////////////////////////////////
// Mouse::ButtonUp()
//
// This function waits for the mouse button to be released.
////////////////////////////////////////////////////////////
void Mouse::ButtonUp(void)
{
  while (button) Event();
}
```

Listing 3.5 is a short program that demonstrates the `Mouse` class. When you run the program, click anywhere on-screen. The program prints the mouse's coordinates on-screen, wherever you click. To exit the program, click the right mouse button.

Note

This program must be run on a VGA-compatible system, and Borland's VGA graphics driver, EGAVGA.BGI, must be in the same directory as the program. Later, you learn how to link the graphics driver into your programs so that you don't need the separate file.

Listing 3.5 MDEMO.CPP—a Demonstration of the *Mouse* Class

```
///////////////////////////////////////////////////////////
// MDEMO.CPP: Mouse test program. Before running, make
// sure the VGA graphics driver EGAVGA.BGI is in the same
// directory as the program.
///////////////////////////////////////////////////////////

#include <graphics.h>
#include <stdio.h>
#include <conio.h>
#include <iostream.h>
#include <stdlib.h>
#include "mous.h"

// Function prototypes.
void StartGraphics(void);
void TestMouse(void);

///////////////////////////////////////////////////////////
// main()
///////////////////////////////////////////////////////////
int main(void)
{
   // Initialize the graphics screen.
   StartGraphics();

   // Run main program loop.
   TestMouse();

   // Shut down the graphics driver.
   closegraph();

   return 1;
}
```

```
//////////////////////////////////////////////////////////
// StartGraphics()
//
// This function initializes Borland's graphics driver
// for the high-resolution VGA screen.
//////////////////////////////////////////////////////////
void StartGraphics(void)
{
   int gdriver = VGA, gmode = VGAHI, errorcode;

   initgraph(&gdriver, &gmode, "");
   if ( (errorcode = graphresult()) != grOk)
   {
      cout << "Graphics error: " << errorcode << '\n';
      getch();
      abort();
   }
}

//////////////////////////////////////////////////////////
// TestMouse()
//
// This function checks the mouse's status and prints the
// mouse's coordinates on the screen whenever the user
// presses the left mouse button.
//////////////////////////////////////////////////////////
void TestMouse()
{
   int mbutton, mouseX, mouseY;
   char s[10];

   // Check that the mouse exists.
   if (!mouse.GotMouse())
   {
      cout<<"Got no Mouse!";
      getch();
   }
   else
   {
      // Allow the mouse to use entire VGA screen.
      mouse.SetLimits(0,getmaxx(),0,getmaxy());

      // Display the mouse pointer.
      mouse.ShowMouse();

      // Main program loop. Keep going until the
      // user presses the right mouse button.
      mbutton  = 0;
      while (mbutton != RIGHT)
      {
         // Update the mouse data.
         mouse.Event();

         // Get the mouse button status.
         mbutton = mouse.GetButton();
```

(continues)

Listing 3.5 Continued

```
// If the left button was pressed...
         if (mbutton == LEFT)
         {
            // Get the new mouse coordinates.
            mouse.GetXY(mouseX, mouseY);

            // Convert coordinates to a string.
            sprintf(s, "%d,%d", mouseX, mouseY);

            // Hide the pointer before drawing
            // text on the screen.
            mouse.HideMouse();

            // Display the mouse coordinates.
            outtextxy(mouseX, mouseY, s);

            // Restore the mouse pointer.
            mouse.ShowMouse();

            // Wait for the mouse button to be released.
            mouse.ButtonUp();
         }
      }
   }
}
```

Advanced Mouse Functions

You should now understand the basic mouse class. As you develop mouse-based programs, you may want to expand this basic class to include more sophisticated capabilities. To get you started, table 3.2 lists some handy functions available in a Microsoft-compatible mouse driver. Look them over and try adding a few to the basic mouse class.

Table 3.2

Useful Mouse Functions

Function 0x00	**Reset Mouse**
Entry:	AX = `0x00`
Exit:	AX = `0xFFFF` if a mouse is present or `0x00` if no mouse is present BX = Number of buttons on mouse

Function 0x01	**Show Mouse Pointer**
Entry:	AX = `0x01`
Exit:	Returns nothing
Function 0x02	**Hide Mouse Pointer**
Entry:	AX = `0x02`
Exit:	Returns nothing
Function 0x03	**Get Mouse Status**
Entry:	AX = `0x03`
Exit:	BX = `0x00` if no button is pressed, `0x01` if left button is pressed, `0x02` if right button is pressed, and `0x04` if center button is pressed CX = Horizontal coordinate DX = Vertical coordinate
Function 0x04	**Set Mouse Position**
Entry:	AX = `0x04` CX = New horizontal coordinate DX = New vertical coordinate
Exit:	Nothing returned
Function 0x05	**Get Button Press Status**
Entry:	AX = `0x05` BX = `0x00` to check the left button, `0x01` to check the right button, and `0x02` to check the center button
Exit:	AX = `0x01` if left button is pressed, `0x02` if the right button is pressed, and `0x04` if the center button is pressed BX = Number of button presses CX = Horizontal coordinate of the last button press DX = Vertical coordinate of the last button press

(continues)

Table 3.2 Continued

Useful Mouse Functions

Function 0x06	**Get Button Release Status**
Entry:	AX = `0x06` BX = `0x00` to check the left button, `0x01` to check the right button, and `0x02` to check the center button
Exit:	AX = `0x01` if the left button is pressed, `0x02` if the right button is pressed, and `0x04` if the center button is pressed BX = Number of button releases CX = Horizontal coordinate of button release DX = Vertical coordinate of button release
Function 0x07	**Set Horizontal Limits**
Entry:	AX = `0x07` CX = Minimum horizontal coordinate DX = Maximum horizontal coordinate
Exit:	Returns nothing
Function 0x08	**Set Vertical Limits**
Entry:	AX = `0x08` CX = Minimum vertical coordinate DX = Maximum vertical coordinate
Exit:	Returns nothing
Function 0x09	**Set Graphical Shape**
Entry:	AX = `0x09` BX = X-coordinate of a hot spot CX = Y-coordinate of a hot spot DS:DX = Address of a bitmap image
Exit:	Returns nothing
	Note: The bitmap comprises 64 bytes, the first 32 bytes of which are the bit image for the pointer and the second 32 bytes of which are the bit image of the pointer mask.

Function 0x0B	Get Mouse Motion
Entry:	AX = 0x0B
Exit:	CX = Number of mickeys moved horizontally DX = Number of mickeys moved vertically
	Note: Mickeys are equivalent to 1/200th of an inch. The values returned from this function are the number of mickeys moved since the last call to this function.

Function 0x10	Set Exclusion Rectangle
Entry:	AX = 0x10 CX = The left-edge x-coordinate DX = The top-edge y-coordinate SI = The right-edge x-coordinate DI = The bottom-edge y-coordinate
Exit:	Returns nothing
	Note: The exclusion rectangle is an area of the screen in which the mouse pointer will not be shown.

Function 0x1A	Set Sensitivity
Entry:	AX = 0x1A BX = Horizontal speed (number of mickeys per 8 pixels) CX = Vertical speed (number of mickeys per 8 pixels) DX = Double-speed threshold in mickeys per second
Exit:	Returns nothing
	Note: The double-speed threshold is the speed the mouse must travel before the pointer begins to move twice as fast.

(continues)

Table 3.2 Continued

Useful Mouse Functions

Function 0x1B	**Get Sensitivity**
Entry:	AX = 0x1B
Exit:	BX = Horizontal speed (number of mickeys per 8 pixels) CX = Vertical speed (number of mickeys per 8 pixels) DX = Double-speed threshold in mickeys per second

The Event Handler

Let's take a quick look at this chapter's complete event handler, which, now that you know how to handle keyboard and mouse input, is really quite simple. Listing 3.6 is the header file, which declares some constants and data types needed by programs that use the event handler.

Listing 3.6 EVENT.H—the Header File for the Event Handler

```
///////////////////////////////////////////////////////////
// EVENT.H: Event handler header file.
///////////////////////////////////////////////////////////

#ifndef __EVENT_H
#define __EVENT_H

#define MBUTTON 1
#define KEYBD   2

#define CR      13
#define ESC     27
#define BACKSP 8

// Event message structure.
struct EventMsg
{
   int type,      // Event type.
       mx, my,    // Mouse coordinates.
       button;    // Mouse button pressed.
   unsigned key; // Key pressed.
};

// Function prototypes.
```

```
int KeyEvent(void);
void GetEvent(EventMsg &eventMsg);

#endif
```

The first two `#define` statements define constants for the two types of messages (mouse button and keyboard) that the event handler supports. Next, constants for a few important keys are defined; you'll use these key constants in the next chapter. Finally, the header file defines the structure that carries event messages between your programs' functions. The event handler stores information in this structure, so your program can respond to the user's actions. Listing 3.7 implements the event handler.

Listing 3.7 EVENT.CPP—the Implementation of the Event Handler

```
///////////////////////////////////////////////////////////
// EVENT.CPP: An event handler for the keyboard and the
//            mouse.
///////////////////////////////////////////////////////////

#include <bios.h>
#include "event.h"
#include "mous.h"

///////////////////////////////////////////////////////////
// KeyEvent()
//
// This function checks for and retrieves key events.
///////////////////////////////////////////////////////////
int KeyEvent(void)
{
   // Check for key press.
   int key = bioskey(1);

   // Get key if one is available.
   if (key) key = bioskey(0);

   return key;
}

///////////////////////////////////////////////////////////
// GetEvent()
//
// This function waits for an event. When one is received,
// the function constructs an event message.
///////////////////////////////////////////////////////////
void GetEvent(EventMsg &eventMsg)
{
```

(continues)

Listing 3.7 Continued

```
        while ((!mouse.Event()) &&
           (!(eventMsg.key = KeyEvent()))) {}
        eventMsg.button = mouse.GetButton();
        if (eventMsg.button)
        {
           eventMsg.type = MBUTTON;
          mouse.GetXY(eventMsg.mx, eventMsg.my);
        }
        else
        {
           eventMsg.type = KEYBD;
           eventMsg.mx = -1;
           eventMsg.my = -1;
        }
    }
```

Earlier in this chapter you saw the two functions that make up the event handler. At that time, however, the mouse class had not been discussed. Now, you can see exactly how the event handler works. Notice that the function `GetEvent()` creates the event message, by storing appropriate values into the members of the `eventMsg` structure.

Summary

Event-driven programming enables the user to perform appropriate actions whenever she wants, without forcing her to use a particular mode of input. To implement event-driven programming, you must poll all the devices to which your program responds. You must also send messages back to your program so that it's aware of the user's actions. Using the keyboard handler and the mouse class presented in this chapter, you can easily add event handling to your games.

Learning about event-driven programming techniques is only half the battle. Now, you need to apply what you've learned and create an event-driven user interface that you can use in your games. The next chapter presents a class of graphical windows and controls that provide this interface in an attractive and logical way.

Chapter 4

Graphical Controls and Windows

Even the most casual computer user can't help but notice that most major software packages incorporate some type of windowing. Windows, after all, are handy entities that can display large amounts of data by overlapping information or by providing viewports into a small portion of a large data set. In addition, most windowing software enables the user to select commands in a logical and natural way, by activating on-screen controls. These controls make a computer program look and act more "physical," as if the program were just another piece of electronic equipment, such as a TV, stereo, or microwave oven.

The idea is to make computers less intimidating and easier to use. Windows and interactive controls accomplish this by replacing conceptual information with visual information. Because the human mind is visually oriented, you can interpret graphic information much faster than any other type of information. So, the more that a program looks like familiar equipment, the less intimidating it becomes.

In this chapter, you design a set of graphical window classes that you can use in your games or in any other software that you write. Using these classes, you can display program screens, button controls, and even dialog boxes. Because these windows are graphical rather than text-based, you must develop them for specific graphics modes. Most computer systems can display VGA graphics, so in this chapter you develop windows for that graphics mode, using the high-resolution 640x480 mode in 16 colors.

Although the graphical user interface (GUI) that you create with classes presented here is far from full-fledged, you'll be surprised at what you can do with even a limited window library. And, as always, after you understand how the basic window library works, you can extend the classes to include other graphic objects that fit your programming needs more precisely.

Designing the Basic Window

To design the window library, you need a plan. What type of windows will you have? How will these windows be related? If you can decide on a minimum window, one that provides all the basic window characteristics, you can use this minimum window as a template for new types of windows. Object-oriented programming enables you to do this through inheritance, which enables you to build a new class on the foundation of a previous one.

To keep things simple, assume that your window library will feature the following:

- Blank windows that you can use as 3-D graphical screen elements or as backdrops for your programs.
- Dialog boxes of several types, from simple message boxes to data-entry boxes.
- Animated, 3-D button controls that can be used independently or as part of a dialog box. (Yes, buttons are windows.)

To come up with a minimum window, you must determine what the listed objects have in common. First, all are rectangles. So, the first step in creating any window is to draw some type of rectangle on-screen. To keep things interesting, all the windows will use 3-D rectangles that seem to stand out from the background. But whether you're drawing 3-D shapes or plain rectangles, you have to know the object's coordinates and size. Position and size, then, are two characteristics that all windows share.

Another characteristic that all windows must have is the capability to restore the screen area they cover. Imagine a dialog box that, when closed, leaves a blank rectangle in the middle of your document! That's clearly unacceptable.

Although every window that you create may not have to restore the screen, it must at least have that capability. The basic window class will support this feature by having a buffer in which to hold screen data.

Finally, to make the basic window class more versatile, the basic window will be drawn with or without a border. A Boolean value will control this feature. If the value is true, the window is drawn with a border; otherwise, the window has no border.

The Basic Window

You've determined the data that you need to handle a basic window. Now you must combine that data with the functions that will bring your window to life. In short, you must create a *base class* for your window hierarchy. As with most classes, every window needs a constructor and sometimes needs a destructor. Every window also needs a way to draw itself and a way to interact with the user.

The basic window class, called `Windw`, is the base for every window in the window library. That is, you derive new types of windows from this basic class, using inheritance to create more specialized windows. Figures 4.1 and 4.2 show unbordered and bordered windows, respectively, of the `Windw` class.

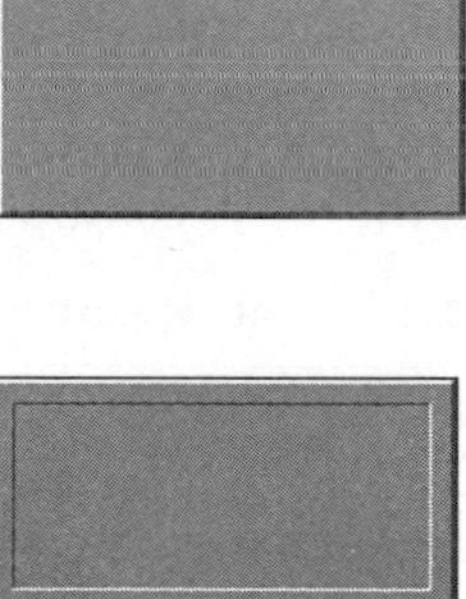

Fig. 4.1
An unbordered window of the *Windw* class.

Fig. 4.2
A bordered window of the *Windw* class.

The declaration for the base window class, `Windw`, follows:

```
class Windw
{
private:
   int *buffer; // Pointer to screen buffer.

protected:
   int wx, wy, ww, wh; // Window coords.
   int border,         // Flag for border.
       buffered;       // Flag for buffer.
   EventMsg eventMsg;  // Event message.

public:
   Windw(int x, int y, int w, int h, int bdr, int buf);
   virtual ~Windw(void);
   virtual void DrawWindow(void);
   virtual void RunWindow(void);

private:
   void WindwError(char *s);
};
```

The data member `buffer` is a pointer to the area of memory that will store screen data. The data members `wx`, `wy`, `ww`, and `wh` determine the position and size of the window. The data member `border` is the Boolean value that determines whether a window has a 3-D border. Finally, the data member `buffered` is a flag that indicates whether this window buffers screen data and thus can restore whatever screen data the window overwrites. Notice that all the data except `buffer` is declared as protected so that the data can be inherited in derived classes. Notice also the extra data member named `eventMsg`, which you'll use to store event messages (you created this structure in Chapter 3).

Constructing *Windw*

The first member function is the class's constructor:

```
Windw::Windw(int x, int y, int w, int h, int brd, int buf)
{
   wx = x; wy = y; ww = w; wh = h;
   border = brd;
   buffered = buf;
   buffer = NULL;
}
```

The parameters for calling the constructor are the x,y coordinates of the window, the width and height of the window, and two Boolean values that indicate whether the window will have a border and whether the window must buffer the screen area that it will cover.

In the constructor, the window's requested coordinates are copied into wx, wy, ww, and wh, and the border and buffered flags are set. Finally, the buffer pointer is set to NULL.

Destructing *Windw*

The next member function is the class's destructor:

```
Windw::~Windw(void)
{
   if (buffer != NULL)
   {
      mouse.HideMouse();
      putimage(wx, wy, buffer, COPY_PUT);
      free(buffer);
      mouse.ShowMouse();
   }
}
```

Note

The putimage() function, which is part of Borland's library of graphics functions, transfers a bitmapped image from memory to the screen. Its arguments are the x,y screen coordinates of the image, a pointer to the image's data in memory, and a flag indicating the writing mode. (The writing mode determines how the image and the screen pixels are combined.) To create a bitmapped image in memory, you use the getimage() function.

This function checks the value of buffer. If the value is NULL, there is no screen data to restore, so the function just exits. If buffer isn't NULL, the function hides the mouse and then copies the contents of the buffer back to the screen. This both erases the window and restores the screen. After redrawing the screen, the function frees the memory used by the buffer and turns the mouse back on.

Drawing *Windw*

Now that you know how the window is initialized and erased, you need to learn how to draw the window in the first place. That's the job of the virtual function `DrawWindow()`:

```
void Windw::DrawWindow (void)
{
   int size;

   mouse.HideMouse();

   // Save window screen area, if requested.
   if (buffered)
   {
      if ((size = imagesize(wx, wy, wx+ww, wy+wh)) < 0)
         WindwError("Image too large to store.");
      else
      {
         if ((buffer = (int *)malloc(size)) == NULL)
            WindwError("Not enough memory.");
         else
            getimage(wx, wy, wx+ww, wy+wh, buffer);
      }
   }

   //Draw basic 3-D window.
   setcolor(WHITE);
   moveto(wx+ww, wy);
   lineto(wx, wy);
   lineto(wx, wy+wh);
   moveto(wx+ww-1, wy+1);
   lineto(wx+1, wy+1);
   lineto(wx+1, wy+wh-1);
   setcolor(DARKGRAY);
   moveto(wx+1, wy+wh);
   lineto(wx+ww, wy+wh);
   lineto(wx+ww, wy);
   moveto(wx+2, wy+wh-1);
   lineto(wx+ww-1, wy+wh-1);
   lineto(wx+ww-1, wy+1);
   setfillstyle(SOLID_FILL, LIGHTGRAY);
   bar(wx+2, wy+2, wx+ww-2, wy+wh-2);

   //Draw border, if requested.
   if (border) {
      setcolor(DARKGRAY);
      moveto(wx+ww-10, wy+10);
      lineto(wx+10, wy+10);
      lineto(wx+10, wy+wh-10);
      setcolor(WHITE);
      lineto(wx+ww-10, wy+wh-10);
      lineto(wx+ww-10, wy+10);
   }
   mouse.ShowMouse();
}
```

Here, as with all graphics operations, the function first turns off the mouse. Then the function checks whether it must buffer the screen background. If `buffered` is FALSE, it skips over this operation. Otherwise, it uses Borland's `imagesize()` function to determine how large the buffer must be.

Note

Before calling `getimage()` to store an image in memory, you must first know the size of the image. You can easily calculate this size by calling the `imagesize()` function, which takes as arguments the image's x,y screen coordinates and the image's width and height. The `imagesize()` function returns a –1 if the image is too large to store in memory (over 64K). Once you have the image's size, you call `malloc()` to allocate memory for the image. The `malloc()` function's single argument is the size of the memory block that you need. Finally, you transfer the image to memory by calling `getimage()`, which takes as parameters the image's x,y screen coordinates, the image's width and height, and a pointer to the memory in which the image is to be stored.

If the image is too large to store (over 64K), `DrawWindow()` generates an error. (This means that you cannot buffer large windows unless you use multiple buffers to store segments of the screen. This operation is not included in the class, but you can add it.) If the image is not too large, the function obtains the required memory with a call to `malloc()`, saving the buffer's address in the `buffer` pointer. `DrawWindow()` then copies the screen display data into the buffer, using Borland's `getimage()` function.

The function is now free to draw the window with calls to standard Borland graphics functions. The data members `wx`, `wy`, `ww`, and `wh` are used to calculate the coordinates of the window's graphics elements. For example, the first line is drawn from the upper-right corner of the window to the upper-left corner of the window. To calculate the x coordinate of this line, `wx` (the x position of the window's left edge) is added to `ww` (the window's width). The y coordinate of this line is `wy` (the y coordinate of the window's top edge). Notice that a border is drawn only if the `border` flag is TRUE.

Running *Windw*

So far, you have functions to initialize a window, draw a window, and erase a window. Because your window class is interactive, you also need a way to receive commands from the user. The `RunWindow()` function, which is also a virtual function, takes care of this:

```
void Windw::RunWindow(void)
{
   GetEvent(eventMsg);
}
```

In the base class, `RunWindow()` doesn't accomplish much. It simply waits for an event of any type to occur. In derived window types, though, `RunWindow()` takes on greater responsibilities. In a dialog box, for example, `RunWindow()` gathers text input and responds to buttons. Note that the function `GetEvent()` is the event handler developed in Chapter 3.

When `RunWindow()` is called—usually by your main program, right after calling `DrawWindow()`—it takes over processing and returns only when the user exits the window. The base class could have implemented `RunWindow()` as an empty function. In that case, calling `RunWindow()` would immediately return control to the calling program. However, that might be deceptive. Instead, the simplest version of `RunWindow()` waits for a key press or a mouse click before returning.

Keep in mind that not every window needs input, so not every window needs to call `RunWindow()`. For example, if you're using a window as a graphical screen frame, you shouldn't call `RunWindow()`. If you do, your program will halt until the user presses a key or clicks the mouse, at which time your frame window will vanish.

> **Caution**
>
> You should never call `RunWindow()` for a window that requires no interaction with the user. Display windows (windows used merely as screen dressing) require only a call to `DrawWindow()`.

Programming the Basic Window

The basic window class is now complete. Before examining the derived window classes, though, you should learn how to handle this basic class in your programs. Listing 4.1 is a program that shows how to display and run a window of the `Windw` class.

Listing 4.1 WNDW1.CPP—a Program That Displays and Runs a *Windw* Window

```
///////////////////////////////////////////////////////////
// WNDW1.CPP: Window demonstration program 1.
///////////////////////////////////////////////////////////

#include <graphics.h>
#include <iostream.h>
#include <conio.h>
#include <stdlib.h>
#include "windw.h"

// Function prototype.
void StartGraphics(void);

///////////////////////////////////////////////////////////
// main()
///////////////////////////////////////////////////////////
int main(void)
{
   // Initialize the graphics screen.
   StartGraphics();

   // Set the background color.
   setbkcolor(BLUE);

   // Create the first window and show it.
   Windw wndw1(150, 100, 200, 200, FALSE, FALSE);
   wndw1.DrawWindow();

   // Create the second window, show it, and run it.
   Windw *wndw2 = new Windw(200, 150, 200, 200, TRUE, TRUE);
   wndw2->DrawWindow();
   wndw2->RunWindow();

   // Delete the second window.
   delete wndw2;

   // Wait for a key press, and then close graphics.
   getch();
   closegraph();

   return 1;
}

///////////////////////////////////////////////////////////
// StartGraphics()
//
// This function initializes Borland's graphics driver
// for the high-resolution VGA screen.
///////////////////////////////////////////////////////////
void StartGraphics(void)
{
   int gdriver = VGA, gmode = VGAHI, errorcode;
```

(continues)

Listing 4.1 Continued

```
      initgraph(&gdriver, &gmode, "");
      if ( (errorcode = graphresult()) != grOk)
      {
         cout << "Graphics error: " << errorcode << '\n';
         getch();
         abort();
      }
   }
```

Figure 4.3 shows the screen that this program creates.

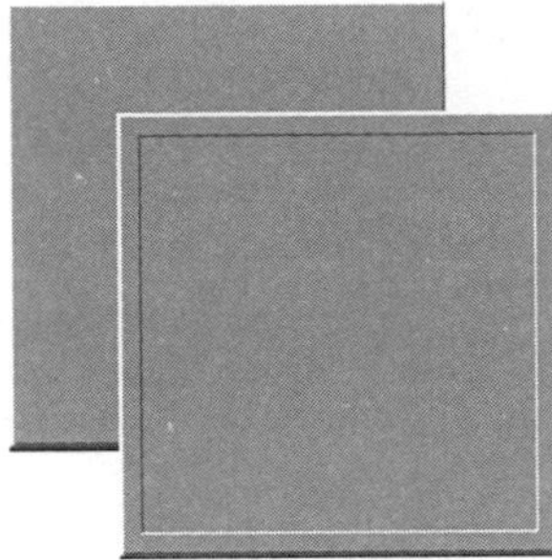

Fig. 4.3
The basic windows created by listing 4.1 (WNDW1.CPP).

This program creates both an unbordered and bordered window, with the bordered window's coordinates overlapping the unbordered window. Because the bordered window overlaps important screen information, its screen buffering is turned on. To see how this works, run the program. Both windows appear on-screen. When you press any key or click the mouse, the top window vanishes, leaving the bottom window intact. That's the buffering in action. Press a key to exit the program.

Now, examine the program in detail. First, the program initializes the screen for VGA graphics by loading Borland's EGAVGA.BGI graphics driver. (Note that this driver must be in the same directory as the program. In the next chapter, you'll learn to link the graphics driver directly into your programs.) After initializing the graphics driver, the program sets the screen's background color to blue. It then creates the first window with the statement

```
Windw wndw1(150, 100, 200, 200, FALSE, FALSE);
```

This statement sets the window's x,y coordinates to 150,100, sets its width and height to 200, turns the window border off, and turns screen buffering off. The statement creates the window only in memory; the window is still not visible on-screen. So, the next line of the program calls the window's `DrawWindow()` function:

```
wndw1.DrawWindow();
```

This displays the window on-screen. If the user were required to interact with this window, the program would call the window's `RunWindow()` function next. Instead, it creates a second window, with the statement

```
Windw *wndw2 = new Windw(200, 150, 200, 200, TRUE, TRUE);
```

This statement creates a window at the coordinates 200,150. This window has a width and height of 200 pixels and a border, and buffers the screen area that it covers.

Notice that this window is created dynamically on the heap, using the `new` operator. Why? First, you should see both methods of declaring a window. More importantly, however, without using dynamic allocation, this program cannot command the top window to erase itself. Remember: The windows are erased by their destructors, and destructors aren't called until an object is deleted or goes out of scope.

The solution is to create the window dynamically. Then, when you're ready to erase the window, you can call the window's destructor implicitly by deleting the window. Keep this in mind when you create your own windows. A window with local duration calls its destructor only when the window goes out of scope. A dynamically allocated window's destructor is called indirectly by the `delete` instruction.

> **Note**
>
> A window with local duration calls its destructor only when the window goes out of scope. So, if you must display and erase a window within a single function, you must create the window with the `new` operator, which allocates the window dynamically on the heap. To erase the window, you call `delete`.

After creating the second window, the program displays it by calling its `DrawWindow()` function:

```
wndw2->DrawWindow();
```

Notice that you must use the indirect component selector (`->`) to access members of the second window's class. You must use this syntax to access members of any dynamically allocated structures, because dynamic allocation always associates a pointer with the allocated object. You've probably used this operator a lot with pointers to structures.

After drawing the window, the program waits for user input, by calling the window's `RunWindow()` function, which waits for a key press or a mouse click:

```
wndw2->RunWindow();
```

When the window receives input, the program deletes the window by calling `delete`. When this dynamically allocated window is deleted, its destructor is called. The destructor removes the window's image from the screen, leaving the first window intact. The program then waits for a key press, after which the program closes down the graphics driver and ends.

The Captioned Window

An empty window is fine to use as a background or as a screen element when you are creating a 3-D display. Other than adding interesting graphical effects to your programs, however, a basic, unadorned window is mostly useless. To do something more useful with your window class, you must create windows that display information and, in some cases, allow user input.

Now that you have a basic window class, you can create windows with new characteristics by deriving them from the basic class. When you do this, the new window class inherits all the characteristics of its base class, leaving you free to add whatever you need, without worrying about introducing bugs into already tested code.

The next type of window that you'll create is a *captioned window*. A captioned window is like a basic window, except it has a caption bar at the top, which lets you label the window. Figure 4.4 shows a captioned window.

Fig. 4.4 A captioned window has a caption bar at the top.

Here's the declaration for the new class:

```
class CapWindw: public Windw
{
protected:
   char label[61];

public:
   CapWindw(int x, int y, int w, int h, int bdr, int buf, char *s);
   virtual void DrawWindow(void);
   void SetCaption(char *s);

private:
   void DrawCapBar(void);
};
```

First, notice that `CapWindw` is derived publicly from `Windw`, which gives `CapWindw` access to all the public and protected data members and member functions of `Windw`. Without the `public` keyword in `CapWindw`'s definition, this class would lose all of `Windw`'s functionality. In fact, without the `public` keyword, the source code for the `CapWindw` class will not compile. The compiler will complain loudly, informing you that `Windw`'s data members are not accessible.

The `CapWindw` class adds one data member, `label`, which is a character array that will hold the window's caption. Note that this array can hold only 60 characters plus the terminating NULL.

Caution

CapWindw's member functions do not check the source string (the one that you supply when you create a captioned window) for proper length. Therefore, you must be careful that your captions are no longer than 60 characters. If you aren't, the string copying functions may overwrite other data, yielding unpredictable results. In a commercial program, this lack of error checking is unacceptable. Keep this in mind when writing your own code.

Constructing *CapWindw*

Now let's see how to construct a captioned window. This class's constructor requires the same parameters as the basic window, except it also needs a pointer to the caption string:

```
CapWindw::CapWindw(int x, int y, int w, int h,
   int brd, int buf, char *s) :
   Windw(x, y, w, h, brd, buf)
{
   strcpy(label, s);
}
```

This constructor lets the `Windw` class do the bulk of the initializing by passing most of the parameters to that class's constructor. `CapWindw()` then takes the caption-string parameter and copies it into label. By using inheritance, this function creates a new window type, and only copied one string to do it! This is an example of the power of object-oriented programming.

Drawing *CapWindw*

Now that you've created a captioned window, you need to display it. You do that with its `DrawWindow()` function:

```
void CapWindw::DrawWindow(void)
{
   // Draw basic window.
   Windw::DrawWindow();

   // Draw caption bar.
   DrawCapBar();
}
```

This function takes advantage of its relationship with `Windw` by calling that class's version of `DrawWindow()` to draw the basic window. After calling that function, `CapWindw::DrawWindow()` must draw only the caption bar and the caption text. Again, object-oriented programming techniques have saved work.

Notice that you place the caption-drawing code into its own function, `DrawCapBar()`. This is because the class must call `DrawCapBar()` from more than one function. Here's the code for `DrawCapBar()`:

```
void CapWindw::DrawCapBar(void)
{
   mouse.HideMouse();
   setcolor(WHITE);
   moveto(wx+20, wy+40);
   lineto(wx+20, wy+20);
   lineto(wx+ww-20, wy+20);
   setcolor(BLACK);
   lineto(wx+ww-20, wy+40);
   lineto(wx+20, wy+40);
   setfillstyle(SOLID_FILL, DARKGRAY);
   bar(wx+21, wy+21, wx+ww-21, wy+39);
   setcolor(WHITE);
   int x = (wx+ww/2) - (strlen(label)*4);
   outtextxy(x, wy+27, label);
   mouse.ShowMouse();
}
```

First, the function uses Borland's graphics library to draw the 3-D bar at the top of the window. Then, it calculates the caption's x coordinate to center the string in the caption bar. Next, it draws the caption as graphics text, with the `outtextxy()` function.

In the class's declaration, `DrawCapBar()` is declared as `private`, which means that only functions of the `CapWindw` class can access `DrawCapBar()`. New caption bars must be drawn with the public function `SetCaption()`:

```
void CapWindw::SetCaption(char *s)
{
   strcpy(label, s);
   DrawCapBar();
}
```

This function, which takes as a parameter a pointer to the caption string, copies the new caption into `label`. It then draws the new caption bar by calling the private function `DrawCapBar()`.

The Captioned Text Window

Many windows in your games will be dialog boxes of one type or another, so you need a way to display text in your windows. As your window class stands now, you cannot create a window that contains a text message, except to create a captioned window and then draw the text "by hand." Therefore, you need a window class that can include text in a window.

Figure 4.5 shows a captioned window created by the next derived class, `CapTWindw` (an abbreviation of *captioned text window*). This class provides the basis for your dialog boxes:

```
class CapTWindw: public CapWindw
{
protected:
   char *line1, *line2;
   int button;

public:
   CapTWindw(char *s1, char *s2, char *s3);
   virtual void DrawWindow(void);
   int GetButton(void) { return button; }
};
```

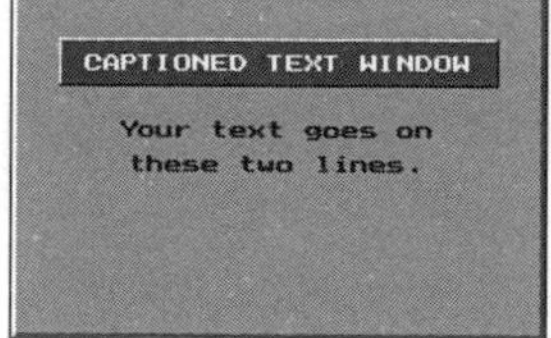

Fig. 4.5
A captioned window with a text display.

As you can see, this class is publicly derived from `CapWindw`. Thus, it inherits all the functionality of not only the `CapWindw` class but also the `Windw` class, because `CapWindw` derives from that class.

This new class declares three new data members: `line1`, `line2`, and `button`. The first two are pointers to the lines of text that appear in the window when it is drawn. The integer `button` holds the value of the button that the user clicks to exit the dialog. This data member isn't used in `CapTWindw` because windows of that class have no buttons. However, several classes that you'll derive from `CapTWindw` will have buttons. Instead of duplicating the `button` data member in each class, you move it back one step in the hierarchy, to the `CapTWindw` class.

Constructing *CapTWindw*

The `CapTWindw` constructor is very different from the constructors that you've seen so far:

```
CapTWindw::CapTWindw(char *s1, char *s2, char *s3) :
   CapWindw(0, 0, 0, 150, FALSE, TRUE, s1)
{
   // Calculate which string is the longest and
   // use that width to calculate the window's width.
   int w = strlen(s1) * 8 + 60;
   if (strlen(s2) > strlen(s3))
      ww = strlen(s2) * 8 + 60;
   else
      ww = strlen(s3) * 8 + 60;
   if (w > ww) ww = w;

   // Enforce a minimum width.
   if (ww < 230) ww = 230;

   // Calculate the window's x,y coordinates.
   wx = 320 - ww/2;
   wy = 164;

   // Set the window's text.
   line1 = s2;
   line2 = s3;
}
```

To create a captioned text window, you need supply only three pointers to the strings that are to be used for the window's caption and body text. The other parameters that the base class constructor needs are supplied by `CapTWindw`'s constructor. This is because a `CapTWindw` window, like all dialog boxes derived from it, always appears in the center of the screen, is always 150 pixels high, never has a border, and always buffers the screen background.

The CapTWindw constructor passes to the CapWindw constructor all zeros for the window's wx, wy, and ww attributes because the CapTWindw constructor sizes its own windows. As mentioned, a CapTWindw window is always centered onscreen. In addition, the width of the window is determined by the width of the text that the window must display.

The CapTWindw constructor first calls the CapWindw constructor, which in turn first calls the Windw constructor. It is Windw() that actually starts drawing the window. The window is created piece by piece, first drawing the basic window and then moving a step at a time back down through the hierarchy, from Windw to CapWindw to CapTWindw, drawing new window elements with each step. Each derived class adds to the previous classes, moving from a general form to a more specific implementation of the base object. The farther down the hierarchy you go, the more specific the classes become.

After calling the base constructor, the CapTWindw constructor determines the longest of the three strings that it must display, then uses that information to set the x,y coordinates and width of the window.

Drawing *CapTWindw*

A captioned text window, like any of the windows, must have its own version of DrawWindow():

```
void CapTWindw::DrawWindow(void)
{
   // Draw the captioned window.
   CapWindw::DrawWindow();

   // Position and draw window body text.
   mouse.HideMouse();
   int x = (wx+ww/2) - (strlen(line1)*8)/2;
   setcolor(BLACK);
   if (strlen(line2)==0)
      outtextxy(x, wy+68, line1);
   else
   {
      outtextxy(x, wy+56, line1);
      x = (wx+ww/2) - (strlen(line2)*8)/2;
      outtextxy(x, wy+71, line2);
   }
   mouse.ShowMouse();
}
```

This version first calls the DrawWindow() function of its base class, CapWindw, which in turn calls Windw::DrawWindow(). When you draw the window (just as when you constructed the window), you move up through the hierarchy to the base class, then move down again a step at a time, drawing the appropriate window screen elements for each of the object's base classes.

After those drawing operations are complete, the function draws the window's text. The text strings are centered horizontally in the box. The vertical spacing of the text is based on the number of lines to print. A single line of text (an option that you can choose by sending the constructor an empty string for the third string parameter) is printed lower in the box than the first line of a two-line message.

Getting Button Presses

The last function in CapTWindw, GetButton(), is implemented inline. GetButton(), like the data member it returns, is not used directly in this class. Instead, GetButton() is placed here to provide button support to all classes derived from CapTWindw.

The Button Window

Speaking of classes derived from CapTWindw, the first of these is the OK window, which is a message box that contains an OK button. But before you can look at this class, you need to examine the Button class. After all, you need to know how buttons work before you can you study classes that use them.

Here's the declaration for the Button class:

```
class Button: public Windw
{
private:
   char label[20];
   unsigned hotkey;
   int altkey;

public:
   Button(int x, int y, char *s);
   void DrawWindow(void);
   int Clicked(EventMsg eventMsg);
   void ClickButton(void);
};
```

A button derives from the basic window class, `Windw`, because it has little in common with the other derived types created so far. In fact, a button is so radically different from even the basic window type that you may be surprised to discover that it's a window at all.

The `Button` class adds three private data members to the data members inherited from `Windw`. The first is a character array that holds the button's label. The second is an integer that holds the value of the button's hot key, which is the key (rather than the mouse button) that the user can press to select the button. For all buttons, hot keys are Ctrl-key combinations. For example, the user can select a Cancel button from the keyboard by pressing Ctrl-C.

The third data member, `altkey`, is similar to `hotkey`. This data member holds the value of an alternate hot key used specifically with OK buttons and Cancel buttons. This enables the user to press Enter to select an OK button and to press Esc to select the Cancel button. These are alternate keystrokes because both buttons also respond to their regular hot keys, Ctrl-O and Ctrl-C.

Constructing *Button*

Now look at `Button`'s member functions, starting with the constructor:

```
Button::Button(int x, int y, char *s) :
   Windw(x, y, 64, 32, FALSE, FALSE)
{
   strcpy(label, s);
   altkey = 0;
   hotkey = 0;
}
```

This constructor passes almost all initialization chores to its base class, `Windw`, which sets most of the button's attributes. After the `Windw` constructor does its job, `Button`'s three private data members are the only data left to initialize. This is accomplished by copying the string parameter into `label` and setting `hotkey` and `altkey` to 0.

The text in `label` appears on the button. This text has a special format that lets your button object determine which character of the label is the button's hot key. When you enter the label text, you must place a caret (^) immediately before the hot-key character. When the button is drawn, the object searches for the caret in its label, sets the hot key to the appropriate Ctrl-key value, and underlines the hot-key character on the button.

Drawing *Button*

Study `Button`'s `DrawWindow()` function to see how the button drawing works:

```
void Button::DrawWindow(void)
{
   int pos = -1;
   char tlabel[20];

   Windw::DrawWindow();
   mouse.HideMouse();

   // Find and remove the ^ character and
   // set the appropriate hot key.
   strcpy(tlabel, label);
   for (int i = 0; i<strlen(tlabel); ++i)
   {
      if (tlabel[i] == '^')
      {
         pos = i;
         hotkey = ctrlkeys[tlabel[i+1]-65];
         for (int j=i; j<strlen(tlabel); ++j)
        tlabel[j] = tlabel[j+1];
      }
   }

   if (strcmp(tlabel,"OK")==0)
      altkey = OKALT;
   else if (strcmp(tlabel, "CANCEL")==0)
      altkey = CANCELALT;

   // Center and draw text on the button.
   int x = (wx+ww/2) - (strlen(tlabel)*4);
   setcolor(BLACK);
   outtextxy(x, wy+12, tlabel);

   // Underline the hot-key character.
   if (pos >= 0)
      line(x+pos*8, wy+20, x+pos*8+6, wy+20);

   mouse.ShowMouse();
}
```

This function does a lot of work. First, it calls its base class's `DrawWindow()` function to draw the button's rectangle. It then makes a temporary copy of the button's label text and searches through the text, looking for the caret. When it finds the caret, it marks its position in the string with `pos` and sets the value of the hot key by using `i` to index an array of Ctrl-key values. This array, which contains a control value for every letter in the alphabet, is declared in the window library's implementation file, WINDW.CPP:

```
unsigned ctrlkeys[] =
   {0x1e01, 0x3002, 0x2e03, 0x2004, 0x1205, 0x2106,
    0x2207, 0x2308, 0x1709, 0x240a, 0x250b, 0x260c,
    0x320d, 0x310e, 0x180f, 0x1910, 0x1011, 0x1312,
    0x1f13, 0x1414, 0x1615, 0x2f16, 0x1117, 0x2d18,
    0x1519, 0x2c1a};
```

After assigning the hot key, the function removes the caret from the label string, because you don't want the caret to be displayed on the button. It then checks the label text to see whether the string is "OK" or "CANCEL." If it finds a match, it sets the appropriate alternate hot key for the button. The window library's header file, WINDW.H, defines the values `OKALT` and `CANCELALT`, which are the raw key codes for the Enter and Esc keys, respectively. Finally, the function centers and prints the button's text label and underlines the hot-key character.

Whew! That's a lot more work than drawing other classes of windows (except maybe the base class `Windw`). And the fun is far from over. A button is a sophisticated type of window. Besides creating and drawing a button, you have to let it know when the user has selected it.

Clicking *Button*

The `Clicked()` function handles the interaction that occurs when the user clicks the button or presses its hot key:

```
int Button::Clicked(EventMsg eventMsg)
{
   int click = FALSE;

   // Check whether the user selected the
   // button with the mouse.
   if  ((eventMsg.type == MBUTTON) &&
        (eventMsg.mx>wx) && (eventMsg.mx<wx+ww) &&
        (eventMsg.my>wy) && (eventMsg.my<wy+wh))
   {
      ClickButton();
      click = TRUE;
   }

   // Check whether the user selected the
   // button from the keyboard.
   else if (eventMsg.type == KEYBD)
   {
      if ((eventMsg.key == hotkey) ||
          (eventMsg.key == altkey))
      {
         ClickButton();
         click = TRUE;
      }
   }
   return click;
}
```

This function returns a 0 if the button was not selected or a 1 if the button was selected. The value is returned to the button's owner, which is either a dialog box or your main program. To determine the return value, `Clicked()` compares its own coordinates and hot keys to the values in the event message that you pass to it. Because you must pass a current event message to this function, you must call `GetEvent()` (found in the message handler) before `Clicked()`. You can then call `Clicked()` for each button that you need to check. If a button returns TRUE, your program knows what action the user requested.

The function `Clicked()` first checks for a mouse-button event. If one is detected, the function compares the button's coordinates to the mouse's coordinates at the time of the event. If they match, the user has selected the button with the mouse. The function then animates the button by calling the `ClickButton()` member function, and then sets the function's return value to TRUE.

If the function didn't get a mouse-button event, it checks for a keyboard event. If there was a keystroke, and the key that the user pressed matches either the button's hot key or the alternate hot key, the function animates the button and sets the function's return value to TRUE.

Note that you can combine both `if` statements into one gigantic and complicated one, but that would make the code almost impossible to read. Nothing will fry your brain faster than an `if` statement with a dozen conditions. Just figuring out where to put all the parentheses is enough to render your gray matter useless for the rest of the day.

The `Clicked()` function is straightforward. But before you move on, you may want to know how the `ClickButton()` function works, because it makes your buttons act like buttons. Here it is:

```
void Button::ClickButton(void)
{
   int *buff;

   mouse.HideMouse();

   // Shift the image on the button down and right
   // to simulate button movement.
   int size = imagesize(wx+2, wy+2, wx+ww-2, wy+wh-2);
   buff = (int *)malloc(size);
   if (buff)
   {
      getimage(wx+2, wy+2, wx+ww-2, wy+wh-2, buff);
      putimage(wx+3, wy+3, buff, COPY_PUT);
```

```
        free(buff);
    }

    // Draw the button's borders so the
    // button appears to be pressed.
    setcolor(DARKGRAY);
    moveto(wx+ww, wy);
    lineto(wx, wy); lineto(wx, wy+wh);
    moveto(wx+ww-1, wy+1);
    lineto(wx+1, wy+1); lineto(wx+1, wy+wh-1);
    setcolor(WHITE);
    moveto(wx+1, wy+wh);
    lineto(wx+ww, wy+wh); lineto(wx+ww, wy);
    moveto(wx+2, wy+wh-1);
    lineto(wx+ww-1, wy+wh-1);
    lineto(wx+ww-1, wy+1);

    // Make the button beep.
    sound ( 2000 );
    delay ( 100 );
    nosound();

    // Redraw the button in unselected form.
    DrawWindow();

    mouse.ShowMouse();
}
```

Here, the function first hides the mouse, so it stays out of the way of the screen-drawing operations. It then copies the image of the button's surface into a buffer and writes that image back to the screen, shifting it down and to the right one pixel. This gives the illusion of movement. To make the button look pressed, the function reverses its outline with a series of calls to `moveto()` and `lineto()`, after which it calls Borland's `sound()`, `delay()`, and `nosound()` functions to make a beep. Finally, it restores the button's image by calling the button's `DrawWindow()` function.

Note

If you add window types to the window library, you must be careful when calling `DrawWindow()`. Remember, for some window types, the `DrawWindow()` function creates a screen buffer. In other words, successive calls to this function for the same object may re-create the screen-image buffer, destroying the pointer to the previous buffer. Your screen may not be updated properly when the window is closed. The button objects have no screen buffers, so calling `DrawWindow()` does nothing more than draw the button.

Listing 4.2 is a program that demonstrates how to use a button object.

Listing 4.2 WNDW2.CPP—a Demonstration of the *Button* Class

```
///////////////////////////////////////////////////////////////
// WNDW2.CPP: Window demonstration program 2.
///////////////////////////////////////////////////////////////

#include <graphics.h>
#include <iostream.h>
#include <conio.h>
#include <stdlib.h>
#include "mous.h"
#include "windw.h"
#include "event.h"

// Function prototype.
void StartGraphics(void);

///////////////////////////////////////////////////////////////
// main()
///////////////////////////////////////////////////////////////
int main(void)
{
   EventMsg eventMsg;

   // Initialize the graphics screen.
   StartGraphics();

   // Draw a blue background.
   setfillstyle(SOLID_FILL, BLUE);
   bar(0, 0, getmaxx(), getmaxy());

   // Set up the mouse.
   mouse.SetLimits(0,getmaxx(),0,getmaxy());
   mouse.ShowMouse();

   // Create and show two buttons.
   Button wndw1(200, 200, "^OK");
   Button wndw2(280, 200, "^CANCEL");
   wndw1.DrawWindow();
   wndw2.DrawWindow();

   // Loop until the user chooses a button.
   int button = 0;
   while (!button)
   {
      // Wait for an event.
      GetEvent(eventMsg);

      // Check for a button click.
      if (wndw1.Clicked(eventMsg))
         button = OK;
      else if (wndw2.Clicked(eventMsg))
         button = CANCEL;
   }
   // Hide the mouse before writing to the screen.
   mouse.HideMouse();
```

```
   // Display the button that was clicked.
   if (button == OK)
      outtextxy(200, 300, "You clicked OK.");
   else
      outtextxy(200, 300, "You clicked CANCEL.");

   // Wait for a key press, and then close graphics.
   getch();
   closegraph();

   return 1;
}

///////////////////////////////////////////////////////////
// StartGraphics()
//
// This function initializes Borland's graphics driver
// for the high-resolution VGA screen.
///////////////////////////////////////////////////////////
void StartGraphics(void)
{
   int gdriver = VGA, gmode = VGAHI, errorcode;

   initgraph(&gdriver, &gmode, "");
   if ( (errorcode = graphresult()) != grOk)
   {
      cout << "Graphics error: " << errorcode << '\n';
      getch();
      abort();
   }
}
```

Figure 4.6 shows this program's display. When you run the program, two button objects appear on-screen. To exit the program, simply select a button. Because the buttons are OK and Cancel buttons, you can select them in several ways. To select the OK button, click it with the mouse, press Enter, or press Ctrl-O. To select the Cancel button, click it with the mouse, press Esc, or press Ctrl-C. The program will tell you which button you selected. To exit the program, press any key.

Fig. 4.6
The buttons created by WNDW2.CPP.

The OK Window

Now that you know how buttons perform their magic, you can create window classes that use buttons. The first of these is an OK window, which displays messages to the user. After reading the message, the user can close the window by selecting the OK button with the mouse or the keyboard. Figure 4.7 shows an OK window. Its declaration follows:

```
class OKWindw: public CapTWindw
{
private:
   Button *butn;

public:
   OKWindw(char *s1, char *s2, char *s3);
   virtual ~OKWindw(void);
   virtual void DrawWindow(void);
   virtual void RunWindow(void);
};
```

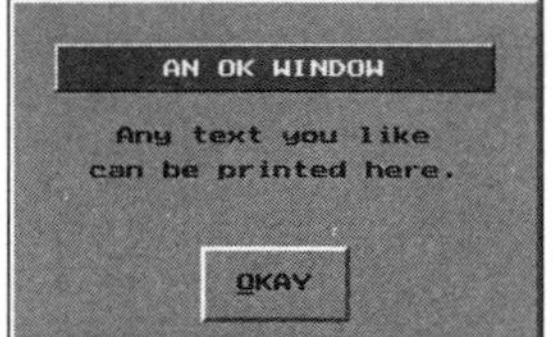

Fig. 4.7
An OK window displays messages to the user.

The OK window is the first of several classes that you will derive from `CapTWindw`. Each class differs in the type of buttons it displays. The `OKWindw` declaration contains a new data member, `butn`, which is a pointer to a `Button` window. By declaring this pointer as a data member, any function in the `OKWindow` class can access it. The `DrawWindow()` and `RunWindow()` functions use this pointer.

Constructing *OKWindw*

The constructor for the `OKWindw` class is about as simple as it gets in a class hierarchy:

```
OKWindw::OKWindw(char *s1, char *s2, char *s3) :
   CapTWindw(s1, s2, s3)
{
   butn = NULL;
}
```

This constructor does little more than pass its parameters to the `CapTWindw` constructor, which does most of the required initialization. The only data member that an `OKWindw` object needs to initialize directly is its button pointer, `butn`, which the constructor sets to NULL.

Destructing *OKWindw*

`OKWindw` is the first class that has needed a destructor since the base class, `Windw`. For the other classes, C++ could handle the cleanup. However, `OKWindw`, like other dialog classes to follow, creates a button window on the heap. You must delete this button with the rest of the object when you call the destructor:

```
OKWindw::~OKWindw(void)
{
   if (butn != NULL) delete butn;
}
```

Drawing *OKWindw*

You draw an `OKWindw` in much the same way as you draw a `CapTWindw`:

```
void OKWindw::DrawWindow(void)
{
   CapTWindw::DrawWindow();
   butn = new Button(wx+ww/2-32, wy+wh-42, "^OK");
   butn->DrawWindow();
}
```

In fact, drawing an `OKWindw` is so much like drawing a `CapTWindw` that `OKWindw::DrawWindow()` first calls `CapTWindw::DrawWindow()` to do most of the work. Then it simply draws the window's OK button by allocating a new button on the heap and calling the button's `DrawWindow()` function.

Running *OKWindw*

Because `OKWindw` is a dialog box (albeit a simple one), it must interact with the user. This means that `OKWindw` must implement its own version of `RunWindow()`:

```
void OKWindw::RunWindow(void)
{
   button = 0;

   // Loop until a button is chosen.
   while (!button)
   {
      GetEvent(eventMsg);
```

```
            // Check for mouse click on button.
            if (butn->Clicked(eventMsg))
               button = OK;

            // Check for a keyboard event.
            else if (eventMsg.type == KEYBD)
            {
               // Convert character code to ASCII,
               // and check for the Esc key.
               char k = eventMsg.key & 0x00ff;
               if (k == ESC)
                  button = CANCEL;
            }
         }
      }
```

This function enables the user to close the dialog box by selecting the OK button or pressing Enter (the alternate hot key for an OK button). First, the function sets the object's `button` data member to 0, which gets it into the `while` loop. In the loop, the `GetEvent()` function is called to poll for a mouse or keyboard event. When an event comes in, the function checks whether the user selected the OK button. If the user clicked the button or pressed the hot key or the alternate hot key, `butn->Clicked()` returns TRUE (and also animates the button). In this case, the function sets `button` to OK (which indicates that the OK button was selected) and then returns.

If the button wasn't selected, the function checks for a keyboard event—specifically, the pressing of the Esc key, which always cancels a dialog box. If the user pressed Esc, the function sets `button` to CANCEL, simulating a Cancel-button click, even though this window has no Cancel button. (The button values are defined in the WINDW.H header file.)

The Yes/No and Yes/No/Cancel Windows

Message boxes require different types of responses, depending on the prompt that they display. For example, when a user tries to quit your game, you may want to ask "Do you really want to quit?" This type of prompt requires only a yes or no answer. But suppose that a user tries to quit a game that he hasn't saved. You might display a message box asking "Do you want to save your game?" In this case, yes and no buttons are inadequate because both answers assume that the user wants to quit the game in the first place. (The user may have selected the quit command accidentally.) Therefore, you also need a cancel button that terminates the command without taking an action.

Both of the Yes/No and Yes/No/Cancel types of message boxes are included in your window library. The first is called YesNoWindw and is defined as follows:

```
class YesNoWindw: public CapTWindw
{
protected:
   Button *butn1, *butn2;

public:
   YesNoWindw(char *s1, char *s2, char *s3);
   virtual ~YesNoWindw(void);
   virtual void DrawWindow(void);
   virtual void RunWindow(void);
};
```

Figure 4.8 shows a typical Yes/No window. Except for having two buttons rather than one, this type of window is almost identical to an OK window. For this reason, its member functions aren't discussed here. (If you'd like to compare them to the ones in OKWindw, see listing 4.5 near the end of the chapter.)

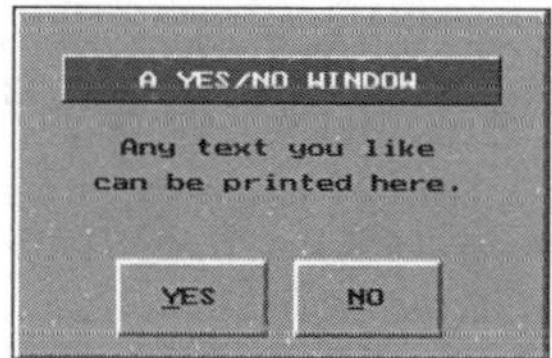

Fig. 4.8
A typical Yes/No window.

Your window library also features YesNoCanWindw, which displays Yes, No, and Cancel buttons in addition to the message box's prompt. Here is its declaration:

```
class YesNoCanWindw: public CapTWindw
{
private:
   Button *butn1, *butn2, *butn3;

public:
   YesNoCanWindw(char *s1, char *s2, char *s3);
   virtual ~YesNoCanWindw(void);
   virtual void DrawWindow(void);
   virtual void RunWindow(void);
};
```

Again, except for the number of buttons, this window is almost identical to an OK window. Its member functions also are implemented in listing 4.5. Figure 4.9 shows the window.

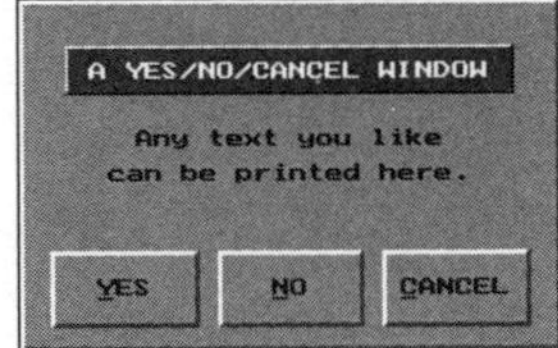

Fig. 4.9
A window of the *YesNoCanWindw* class.

The Input Window

Often your programs require the user to input short strings. You might need the user to supply a file name, for example. Your window library takes care of this with a special dialog box, `InputWindw`:

```
class InputWindw: public CapTWindw
{
private:
   char input[81];
   Button *butn1, *butn2;

public:
   InputWindw(char *s1, char *s2, char *s3);
   virtual ~InputWindw(void);
   void GetInput(char *s) { strcpy(s, input); }
   virtual void DrawWindow(void);
   virtual void RunWindow(void);

private:
   void HandleInput(char k);
};
```

Figure 4.10 shows a typical input window. In addition to button pointers, this type of window includes a data member in which it can store an array of characters—this is where input from the user is placed. As far as its data members go, this new character array is the only difference between `InputWindw` and the other dialogs in the window library.

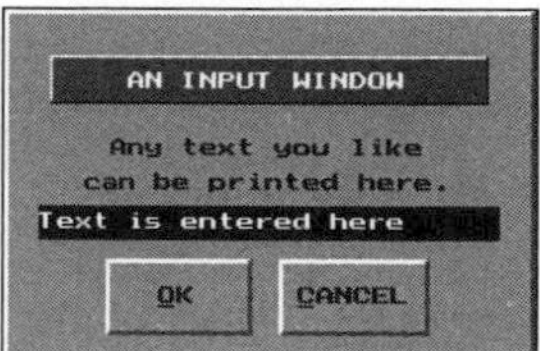

Fig. 4.10
An input window accepts short strings from the user.

Because constructing and destructing an input window is much like constructing and destructing the other dialog boxes, these functions are not examined here. Instead, take a quick look at `InputWindw`'s constructor and destructor in listing 4.5 (at the end of this chapter).

Drawing *InputWindw*

On the screen, an input window is similar to any other dialog box. The main difference is that an input window includes a data-entry field in which users can type their response to the dialog box's prompt. As with any dialog box, you draw an `InputWindw` by calling its `DrawWindow()` member function, shown in the following:

```
void InputWindw::DrawWindow(void)
{
   CapTWindw::DrawWindow();
   butn1 = new Button(wx+ww/2-70, wy+108, "^OK");
   butn1->DrawWindow();
   butn2 = new Button(wx+ww/2+6, wy+108, "^CANCEL");
   butn2->DrawWindow();
   mouse.HideMouse();
   setfillstyle(SOLID_FILL, BLACK);
   bar(wx+15, wy+85, wx+ww-15, wy+99);
   mouse.ShowMouse();
}
```

This function first calls the base class's `DrawWindow()`, which draws the main window, the caption bar, and the dialog box's text prompt. After that function returns, `InputWindw::DrawWindow()` creates and draws the input window's buttons and the text-entry field, which is simply a black bar.

Running *InputWindw*

When you run an input window, you must do more than check the dialog box's buttons. You also must enable the user to enter text into the text-entry field. This means that you must capture and analyze every keyboard event that flows through your dialog box. `InputWindw`'s `RunWindow()` member function handles all this:

```
void InputWindw::RunWindow(void)
{
   button = 0;
   while (!button)
   {
      GetEvent(eventMsg);
      if (butn1->Clicked(eventMsg))
         button = OK;
      else if (butn2->Clicked(eventMsg))
         button = CANCEL;
      else if (eventMsg.type == KEYBD)
      {
         char k = eventMsg.key & 0x00ff;
         HandleInput(k);
      }
   }
}
```

The button handling here is identical to the button handling in any other dialog box. The function grabs an event and then calls each button's `Clicked()` function to determine whether that button was selected.

If `InputWindw::RunWindow()` gets a keyboard event (other than a keyboard event that selects a button), it must check the key's value and decide whether that key is intended for the text-entry field. First, the function translates the key into an ASCII code by masking the upper byte. It then sends the key to the `HandleInput()` private function:

```
void InputWindw::HandleInput(char k)
{
   int l = strlen(input);
   int w = (ww - 30)/8;
   settextjustify(LEFT_TEXT, TOP_TEXT);

   // Check that an appropriate key was pressed
   // and that the string can hold another character.
   if ((k>31) && (k<127) && (l<80))
   {
      // Add character to string.
      input[l+1] = 0;  input[l] = k;

      // Draw the portion of the string that will
      // fit into the text-entry field.
      setcolor(WHITE);
      if (l < w)
         outtextxy(wx+15, wy+88, input);
      else
      {
         int i = l - w + 1;
         setfillstyle(SOLID_FILL, BLACK);
```

```
            bar(wx+15, wy+85, wx+ww-15, wy+99);
            outtextxy(wx+15, wy+88, &input[i]);
         }
      }

      // Check for a Backspace character and that
      // the string has a character to delete.
      else if ((k==BACKSP) && (l>0))
      {
         // Delete the last character.
         l -= 1;
         input[l] = 0;

         // Draw the portion of the string that
         // will fit in the text-entry field.
         setfillstyle(SOLID_FILL, BLACK);
         bar(wx+15, wy+85, wx+ww-15, wy+99);
         setcolor(WHITE);
         if (l < w+1)
            outtextxy(wx+15, wy+88, input);
         else
         {
            int i = l - w;
            outtextxy(wx+15, wy+88, &input[i]);
         }
      }
   }
```

The first `if` statement determines whether the key pressed is a text character. If it is, the function adds the character to the input string and draws the string in the text-entry field. However, because the text-entry field is only `w` characters wide (`w` is calculated by dividing the text field's width by a character's width) but accepts strings as long as 80 characters, the function must provide text scrolling. To accomplish this, the function displays only the characters of input that fit in the text-entry field, counting backward from the end of the string.

If the key received is a Backspace and the input string contains at least one character, the function removes the last character from the string. Again, the function must then display the portion of the string that fits in the text-entry field.

To retrieve the string that the user enters, you must call the dialog box's `GetInput()` function, which is implemented inline, as shown in the class's declaration. When calling `GetInput()`, you must supply the address of a character array in which the function can store the input string. Size checking is not performed, so you must be sure that your character array can hold at least 81 characters, which provides enough space for 80 characters plus a NULL.

Listing 4.3 shows how to program an `InputWindw`. When you run the program, it draws an input window on-screen. You can then enter whatever you want into the window's text-entry field. If you exit the dialog box by clicking the OK button, your input is displayed on-screen, after which you must press any key to exit the program. If you exit the dialog box by selecting the Cancel key, your input is ignored.

Listing 4.3 WNDW3.CPP—a Program That Shows How To Program an Input Window

```
///////////////////////////////////////////////////////////////
// WNDW3.CPP: Window demonstration program 3.
///////////////////////////////////////////////////////////////

#include <graphics.h>
#include <iostream.h>
#include <conio.h>
#include <stdlib.h>
#include "mous.h"
#include "windw.h"

// Function prototype.
void StartGraphics(void);

///////////////////////////////////////////////////////////////
// main()
///////////////////////////////////////////////////////////////
int main(void)
{
   char s[81];

   // Initialize the graphics screen.
   StartGraphics();

   // Draw a blue background.
   setfillstyle(SOLID_FILL, BLUE);
   bar(0, 0, getmaxx(), getmaxy());

   // Set up the mouse.
   mouse.SetLimits(0,getmaxx(),0,getmaxy());
   mouse.ShowMouse();

   // Create, display, and run the input window.
   InputWindw *wndw1 = new InputWindw("INPUT WINDOW",
      "Enter a text string:", "");
   wndw1->DrawWindow();
   wndw1->RunWindow();

   // If the user clicked the OK button...
```

```
    if (wndw1->GetButton() == OK)
    {
       // Get the user's input from the input window.
       wndw1->GetInput(s);

       // Hide the mouse and show the input.
       mouse.HideMouse();
       outtextxy(0, 350, s);

       // Wait for a key press.
       getch();
    }
    // Delete the input window and close graphics.
    delete wndw1;
    closegraph();

    return 1;
 }

 ////////////////////////////////////////////////////////////
 // StartGraphics()
 //
 // This function initializes Borland's graphics driver
 // for the high-resolution VGA screen.
 ////////////////////////////////////////////////////////////
 void StartGraphics(void)
 {
    int gdriver = VGA, gmode = VGAHI, errorcode;

    initgraph(&gdriver, &gmode, "");
    if ( (errorcode = graphresult()) != grOk)
    {
       cout << "Graphics error: " << errorcode << '\n';
       getch();
       abort();
    }
 }
```

The Header and Implementation Files for the Window Classes

Listing 4.4 shows the complete header file for your window classes, and Listing 4.5 shows the implementation file.

Listing 4.4 WINDW.H—the Header File for Your Window Classes

```
///////////////////////////////////////////////////////////
// WINDW.H: Header file for the DOS window classes.
///////////////////////////////////////////////////////////

#ifndef _WINDW_H
#define _WINDW_H

#include <string.h>
#include "event.h"

#define TRUE      1
#define FALSE     0
#define OK        1
#define YES       2
#define NO        3
#define CANCEL    4
#define OKALT     0x1c0d
#define CANCELALT 0x011b

///////////////////////////////////////////////////////////
// WINDW
///////////////////////////////////////////////////////////
class Windw
{
private:
   int *buffer; // Pointer to screen buffer.

protected:
   int wx, wy, ww, wh; // Window coords.
   int border,         // Flag for border.
       buffered;       // Flag for buffer.
   EventMsg eventMsg;  // Event message.

public:
   Windw(int x, int y, int w, int h, int bdr, int buf);
   virtual ~Windw(void);
   virtual void DrawWindow(void);
   virtual void RunWindow(void);

private:
   void WindwError(char *s);
};

///////////////////////////////////////////////////////////
// CAPWINDW
///////////////////////////////////////////////////////////
class CapWindw: public Windw
{
protected:
   char label[61];

public:
   CapWindw(int x, int y, int w, int h,
      int bdr, int buf, char *s);
   virtual void DrawWindow(void);
```

```
   void SetCaption(char *s);

private:
   void DrawCapBar(void);
};

/////////////////////////////////////////////////////////////
// CAPTWINDW
/////////////////////////////////////////////////////////////
class CapTWindw: public CapWindw
{
protected:
   char *line1, *line2;
   int button;

public:
   CapTWindw(char *s1, char *s2, char *s3);
   virtual void DrawWindow(void);
   int GetButton(void) { return button; }
};

/////////////////////////////////////////////////////////////
// BUTTON
/////////////////////////////////////////////////////////////
class Button: public Windw
{
private:
   char label[20];
   unsigned hotkey;
   int altkey;

public:
   Button(int x, int y, char *s);
   void DrawWindow(void);
   int Clicked(EventMsg eventMsg);
   void ClickButton(void);
};

/////////////////////////////////////////////////////////////
// OKWINDW
/////////////////////////////////////////////////////////////
class OKWindw: public CapTWindw
{
private:
   Button *butn;

public:
   OKWindw(char *s1, char *s2, char *s3);
   virtual ~OKWindw(void);
   virtual void DrawWindow(void);
   virtual void RunWindow(void);
};

/////////////////////////////////////////////////////////////
// YESNOWINDW
/////////////////////////////////////////////////////////////
```

(continues)

Listing 4.4 Continued

```
class YesNoWindw: public CapTWindw
{
protected:
   Button *butn1, *butn2;

public:
   YesNoWindw(char *s1, char *s2, char *s3);
   virtual ~YesNoWindw(void);
   virtual void DrawWindow(void);
   virtual void RunWindow(void);
};

/////////////////////////////////////////////////////////////
// YESNOCANWINDW
/////////////////////////////////////////////////////////////
class YesNoCanWindw: public CapTWindw
{
private:
   Button *butn1, *butn2, *butn3;

public:
   YesNoCanWindw(char *s1, char *s2, char *s3);
   virtual ~YesNoCanWindw(void);
   virtual void DrawWindow(void);
   virtual void RunWindow(void);
};

/////////////////////////////////////////////////////////////
// INPUTWINDW
/////////////////////////////////////////////////////////////
class InputWindw: public CapTWindw
{
private:
   char input[81];
   Button *butn1, *butn2;

public:
   InputWindw(char *s1, char *s2, char *s3);
   virtual ~InputWindw(void);
   void GetInput(char *s) { strcpy(s, input); }
   virtual void DrawWindow(void);
   virtual void RunWindow(void);

private:
   void HandleInput(char k);
};

#endif
```

Listing 4.5 WINDW.CPP—the Implementation File forWindow Classes

```
///////////////////////////////////////////////////////////////////
// WINDW.CPP: Implementation of the DOS window classes.
///////////////////////////////////////////////////////////////////

#include <graphics.h>
#include <alloc.h>
#include <iostream.h>
#include <conio.h>
#include <stdlib.h>
#include <dos.h>
#include "mous.h"
#include "windw.h"

// Values for CTRL-A through CTRL-Z.
unsigned ctrlkeys[] =
   {0x1e01, 0x3002, 0x2e03, 0x2004, 0x1205, 0x2106,
    0x2207, 0x2308, 0x1709, 0x240a, 0x250b, 0x260c,
    0x320d, 0x310e, 0x180f, 0x1910, 0x1011, 0x1312,
    0x1f13, 0x1414, 0x1615, 0x2f16, 0x1117, 0x2d18,
    0x1519, 0x2c1a};

// ------------------------------------------------------
// Implementation of the Windw class
// ------------------------------------------------------

///////////////////////////////////////////////////////////////////
// Windw::Wndw()
///////////////////////////////////////////////////////////////////
Windw::Windw(int x, int y, int w, int h, int brd, int buf)
{
   wx = x; wy = y; ww = w; wh = h;
   border = brd;
   buffered = buf;
   buffer = NULL;
}

///////////////////////////////////////////////////////////////////
// Windw::~Wndw()
///////////////////////////////////////////////////////////////////
Windw::~Windw(void)
{
   if (buffer != NULL)
   {
      mouse.HideMouse();
      putimage(wx, wy, buffer, COPY_PUT);
      free(buffer);
      mouse.ShowMouse();
   }
}
```

(continues)

Listing 4.5 Continued

```
///////////////////////////////////////////////////////////////
// Windw::DrawWindow()
///////////////////////////////////////////////////////////////
void Windw::DrawWindow (void)
{
   int size;

   mouse.HideMouse();

   // Save window screen area, if requested.
   if (buffered)
   {
      if ((size = imagesize(wx, wy, wx+ww, wy+wh)) < 0)
         WindwError("Image too large to store.");
      else
      {
         if ((buffer = (int *)malloc(size)) == NULL)
            WindwError("Not enough memory.");
         else
            getimage(wx, wy, wx+ww, wy+wh, buffer);
      }
   }

   //Draw basic 3-D window.
   setcolor(WHITE);
   moveto(wx+ww, wy);
   lineto(wx, wy);
   lineto(wx, wy+wh);
   moveto(wx+ww-1, wy+1);
   lineto(wx+1, wy+1);
   lineto(wx+1, wy+wh-1);
   setcolor(DARKGRAY);
   moveto(wx+1, wy+wh);
   lineto(wx+ww, wy+wh);
   lineto(wx+ww, wy);
   moveto(wx+2, wy+wh-1);
   lineto(wx+ww-1, wy+wh-1);
   lineto(wx+ww-1, wy+1);
   setfillstyle(SOLID_FILL, LIGHTGRAY);
   bar(wx+2, wy+2, wx+ww-2, wy+wh-2);

   //Draw border, if requested.
   if (border) {
      setcolor(DARKGRAY);
      moveto(wx+ww-10, wy+10);
      lineto(wx+10, wy+10);
      lineto(wx+10, wy+wh-10);
      setcolor(WHITE);
      lineto(wx+ww-10, wy+wh-10);
      lineto(wx+ww-10, wy+10);
   }
   mouse.ShowMouse();
}
```

```
////////////////////////////////////////////////////////////
// Windw::RunWindow()
////////////////////////////////////////////////////////////
void Windw::RunWindow(void)
{
   GetEvent(eventMsg);
}

////////////////////////////////////////////////////////////
// Windw::WindwError()
////////////////////////////////////////////////////////////
void Windw::WindwError(char *s)
{
   cout << "ERROR: " << s << '\n';
   cout << "Press any key";
   getch();
   abort();
}

// --------------------------------------------------------
// Implementation of the CapWindw class
// --------------------------------------------------------

////////////////////////////////////////////////////////////
// CapWindw::CapWindw()
////////////////////////////////////////////////////////////
CapWindw::CapWindw(int x, int y, int w, int h,
   int brd, int buf, char *s) :
   Windw(x, y, w, h, brd, buf)
{
   strcpy(label, s);
}

////////////////////////////////////////////////////////////
// CapWindw::DrawWindow()
////////////////////////////////////////////////////////////
void CapWindw::DrawWindow(void)
{
   // Draw basic window.
   Windw::DrawWindow();

   // Draw caption bar.
   DrawCapBar();
}

////////////////////////////////////////////////////////////
// CapWindw::SetCaption()
////////////////////////////////////////////////////////////
void CapWindw::SetCaption(char *s)
{
   strcpy(label, s);
   DrawCapBar();
}
```

(continues)

Listing 4.5 Continued

```
///////////////////////////////////////////////////////////////
// CapWindw::DrawCapBar()
///////////////////////////////////////////////////////////////
void CapWindw::DrawCapBar(void)
{
   mouse.HideMouse();
   setcolor(WHITE);
   moveto(wx+20, wy+40);
   lineto(wx+20, wy+20);
   lineto(wx+ww-20, wy+20);
   setcolor(BLACK);
   lineto(wx+ww-20, wy+40);
   lineto(wx+20, wy+40);
   setfillstyle(SOLID_FILL, DARKGRAY);
   bar(wx+21, wy+21, wx+ww-21, wy+39);
   setcolor(WHITE);
   int x = (wx+ww/2) - (strlen(label)*4);
   outtextxy(x, wy+27, label);
   mouse.ShowMouse();
}

// ----------------------------------------------------------
// Implementation of the CapTWindw class
// ----------------------------------------------------------

///////////////////////////////////////////////////////////////
// CapTWindw::CapTWindw()
///////////////////////////////////////////////////////////////
CapTWindw::CapTWindw(char *s1, char *s2, char *s3) :
   CapWindw(0, 0, 0, 150, FALSE, TRUE, s1)
{
   // Calculate which string is the longest and
   // use that width to calculate the window's width.
   int w = strlen(s1) * 8 + 60;
   if (strlen(s2) > strlen(s3))
      ww = strlen(s2) * 8 + 60;
   else
      ww = strlen(s3) * 8 + 60;
   if (w > ww) ww = w;

   // Enforce a minimum width.
   if (ww < 230) ww = 230;

   // Calculate the window's x,y coordinates.
   wx = 320 - ww/2;
   wy = 164;

   // Set the window's text.
   line1 = s2;
   line2 = s3;
}

///////////////////////////////////////////////////////////////
// CapTWindw::DrawWindow()
///////////////////////////////////////////////////////////////
```

```
void CapTWindw::DrawWindow(void)
{
   // Draw the captioned window.
   CapWindw::DrawWindow();

   // Position and draw window body text.
   mouse.HideMouse();
   int x = (wx+ww/2) - (strlen(line1)*8)/2;
   setcolor(BLACK);
   if (strlen(line2)==0)
      outtextxy(x, wy+68, line1);
   else
   {
      outtextxy(x, wy+56, line1);
      x = (wx+ww/2) - (strlen(line2)*8)/2;
      outtextxy(x, wy+71, line2);
   }
   mouse.ShowMouse();
}

// ---------------------------------------------------------
// Implementation of the OKWindw class
// ---------------------------------------------------------

///////////////////////////////////////////////////////////
// OKWindw::OKWindw()
///////////////////////////////////////////////////////////
OKWindw::OKWindw(char *s1, char *s2, char *s3) :
   CapTWindw(s1, s2, s3)
{
   butn = NULL;
}

///////////////////////////////////////////////////////////
// OKWindw::~OKWindw()
///////////////////////////////////////////////////////////
OKWindw::~OKWindw(void)
{
   if (butn != NULL) delete butn;
}

///////////////////////////////////////////////////////////
// OKWindw::DrawWindow()
///////////////////////////////////////////////////////////
void OKWindw::DrawWindow(void)
{
   CapTWindw::DrawWindow();
   butn = new Button(wx+ww/2-32, wy+wh-42, "^OK");
   butn->DrawWindow();
}

///////////////////////////////////////////////////////////
// OKWindw::RunWindow()
///////////////////////////////////////////////////////////
void OKWindw::RunWindow(void)
{
   button = 0;
```

(continues)

Listing 4.5 Continued

```
// Loop until a button is chosen.
  while (!button)
  {
     GetEvent(eventMsg);

     // Check for mouse click on button.
     if (butn->Clicked(eventMsg))
        button = OK;

     // Check for a keyboard event.
     else if (eventMsg.type == KEYBD)
     {
        // Convert character code to ASCII,
        // and check for Esc key.
        char k = eventMsg.key & 0x00ff;
        if (k == ESC)
           button = CANCEL;
     }
  }
}

// ---------------------------------------------------------
// Implementation of the YesNoWindw class
// ---------------------------------------------------------

////////////////////////////////////////////////////////////
// YesNoWindw::YesNoWindw()
////////////////////////////////////////////////////////////
YesNoWindw::YesNoWindw(char *s1, char *s2, char *s3) :
   CapTWindw(s1, s2, s3)
{
   butn1 = butn2 = NULL;
}

////////////////////////////////////////////////////////////
// YesNoWindw::~YesNoWindw()
////////////////////////////////////////////////////////////
YesNoWindw::~YesNoWindw(void)
{
   if (butn1 != NULL) delete butn1;
   if (butn2 != NULL) delete butn2;
}

////////////////////////////////////////////////////////////
// YesNoWindw::DrawWindow()
////////////////////////////////////////////////////////////
void YesNoWindw::DrawWindow(void)
{
   CapTWindw::DrawWindow();
   butn1 = new Button(wx+ww/2-70, wy+108, "^YES");
   butn1->DrawWindow();
   butn2 = new Button(wx+ww/2+6, wy+108, "^NO");
   butn2->DrawWindow();
}
```

```
////////////////////////////////////////////////////////////
// YesNoWindw::RunWindow()
////////////////////////////////////////////////////////////
void YesNoWindw::RunWindow(void)
{
   button = 0;
   while (!button)
   {
      GetEvent(eventMsg);
      if (butn1->Clicked(eventMsg))
         button = YES;
      else if (butn2->Clicked(eventMsg))
         button = NO;
      else if (eventMsg.type == KEYBD)
      {
         char k = eventMsg.key & 0x00ff;
         if (k == ESC) button = CANCEL;
      }
   }
}

// --------------------------------------------------------
// Implementation of the YesNoCanWindw class
// --------------------------------------------------------

////////////////////////////////////////////////////////////
// YesNoCanWindw::YesNoCanWindw()
////////////////////////////////////////////////////////////
YesNoCanWindw::YesNoCanWindw(char *s1, char *s2,
   char *s3) : CapTWindw(s1, s2, s3)
{
   butn1 = butn2 = butn3 = NULL;
}

////////////////////////////////////////////////////////////
// YesNoCanWindw::~YesNoCanWindw()
////////////////////////////////////////////////////////////
YesNoCanWindw::~YesNoCanWindw(void)
{
   if (butn1 != NULL) delete butn1;
   if (butn2 != NULL) delete butn2;
   if (butn3 != NULL) delete butn3;
}

////////////////////////////////////////////////////////////
// YesNoCanWindw::DrawWindow()
////////////////////////////////////////////////////////////
void YesNoCanWindw::DrawWindow(void)
{
   CapTWindw::DrawWindow();
   butn1 = new Button(wx+ww/2-105, wy+wh-42, "^YES");
   butn1->DrawWindow();
   butn2 = new Button(wx+ww/2-32, wy+wh-42, "^NO");
   butn2->DrawWindow();
   butn3 = new Button(wx+ww/2+41, wy+wh-42, "^CANCEL");
```

(continues)

Listing 4.5 Continued

```
   butn3->DrawWindow();
}

////////////////////////////////////////////////////////////
// YesNoCanWindw::RunWindow()
////////////////////////////////////////////////////////////
void YesNoCanWindw::RunWindow(void)
{
   button = 0;
   while (!button)
   {
      GetEvent(eventMsg);
      if (butn1->Clicked(eventMsg))
         button = YES;
      else if (butn2->Clicked(eventMsg))
         button = NO;
      else if (butn3->Clicked(eventMsg))
         button = CANCEL;
   }
}

// ---------------------------------------------------------
// Implementation of the InputWindw class
// ---------------------------------------------------------

////////////////////////////////////////////////////////////
// InputWindw::InputWindw()
////////////////////////////////////////////////////////////
InputWindw::InputWindw(char *s1, char *s2, char *s3) :
   CapTWindw(s1, s2, s3)
{
   input[0] = 0;
   butn1 = butn2 = NULL;
}

////////////////////////////////////////////////////////////
// InputWindw::~InputWindw()
////////////////////////////////////////////////////////////
InputWindw::~InputWindw(void)
{
   if (butn1 != NULL)
      delete butn1;
   if (butn2 != NULL)
      delete butn2;
}

////////////////////////////////////////////////////////////
// InputWindw::DrawWindow()
////////////////////////////////////////////////////////////
void InputWindw::DrawWindow(void)
{
   CapTWindw::DrawWindow();
   butn1 = new Button(wx+ww/2-70, wy+108, "^OK");
   butn1->DrawWindow();
   butn2 = new Button(wx+ww/2+6, wy+108, "^CANCEL");
```

```
   butn2->DrawWindow();
   mouse.HideMouse();
   setfillstyle(SOLID_FILL, BLACK);
   bar(wx+15, wy+85, wx+ww-15, wy+99);
   mouse.ShowMouse();
}

////////////////////////////////////////////////////////////
// InputWindw::RunWindow()
////////////////////////////////////////////////////////////
void InputWindw::RunWindow(void)
{
   button = 0;
   while (!button)
   {
      GetEvent(eventMsg);
      if (butn1->Clicked(eventMsg))
         button = OK;
      else if (butn2->Clicked(eventMsg))
         button = CANCEL;
      else if (eventMsg.type == KEYBD)
      {
         char k = eventMsg.key & 0x00ff;
         HandleInput(k);
      }
   }
}

////////////////////////////////////////////////////////////
// InputWindw::HandleInput()
////////////////////////////////////////////////////////////
void InputWindw::HandleInput(char k)
{
   int l = strlen(input);
   int w = (ww - 30)/8;
   settextjustify(LEFT_TEXT, TOP_TEXT);

   // Check that an appropriate key was pressed
   // and that the string can hold another character.
   if ((k>31) && (k<127) && (l<80))
   {
      // Add character to string.
      input[l+1] = 0;  input[l] = k;

      // Draw the portion of the string that will
      // fit into the text-entry field.
      setcolor(WHITE);
      if (l < w)
         outtextxy(wx+15, wy+88, input);
      else
      {
         int i = l - w + 1;
         setfillstyle(SOLID_FILL, BLACK);
         bar(wx+15, wy+85, wx+ww-15, wy+99);
         outtextxy(wx+15, wy+88, &input[i]);
      }
   }
```

(continues)

Listing 4.5 Continued

```
      // Check for a Backspace character and that
      // the string has a character to delete.
      else if ((k==BACKSP) && (l>0))
      {
         // Delete the last character.
         l -= 1;
         input[l] = 0;

         // Draw the portion of the string that
         // will fit in the text-entry field.
         setfillstyle(SOLID_FILL, BLACK);
         bar(wx+15, wy+85, wx+ww-15, wy+99);
         setcolor(WHITE);
         if (l < w+1)
            outtextxy(wx+15, wy+88, input);
         else
         {
            int i = l - w;
            outtextxy(wx+15, wy+88, &input[i]);
         }
      }
   }

   // ----------------------------------------------------------
   // Implementation of the Button class
   // ----------------------------------------------------------

   ///////////////////////////////////////////////////////////////
   // Button::Button()
   ///////////////////////////////////////////////////////////////
   Button::Button(int x, int y, char *s) :
      Windw(x, y, 64, 32, FALSE, FALSE)
   {
      strcpy(label, s);
      altkey = 0;
      hotkey = 0;
   }

   ///////////////////////////////////////////////////////////////
   // Button::DrawWindow()
   ///////////////////////////////////////////////////////////////
   void Button::DrawWindow(void)
   {
      int pos = -1;
      char tlabel[20];

      Windw::DrawWindow();
      mouse.HideMouse();

      // Find and remove the ^ character and
      // set the appropriate hot key.
      strcpy(tlabel, label);
      for (int i = 0; i<strlen(tlabel); ++i)
      {
         if (tlabel[i] == '^')
```

```
        {
           pos = i;
           hotkey = ctrlkeys[tlabel[i+1]-65];
           for (int j=i; j<strlen(tlabel); ++j)
        tlabel[j] = tlabel[j+1];
        }
    }

    if (strcmp(tlabel,"OK")==0)
       altkey = OKALT;
    else if (strcmp(tlabel, "CANCEL")==0)
       altkey = CANCELALT;

    // Center and draw text on button.
    int x = (wx+ww/2) - (strlen(tlabel)*4);
    setcolor(BLACK);
    outtextxy(x, wy+12, tlabel);

    // Underline the hot-key character.
    if (pos >= 0)
       line(x+pos*8, wy+20, x+pos*8+6, wy+20);

    mouse.ShowMouse();
}

///////////////////////////////////////////////////////////////
// Button::Clicked()
///////////////////////////////////////////////////////////////
int Button::Clicked(EventMsg eventMsg)
{

   int click = FALSE;

   // Check whether the user selected the
   // button with the mouse.
   if  ((eventMsg.type == MBUTTON) &&
        (eventMsg.mx>wx) && (eventMsg.mx<wx+ww) &&
        (eventMsg.my>wy) && (eventMsg.my<wy+wh))
   {
      ClickButton();
      click = TRUE;
   }

   // Check whether the user selected the
   // button from the keyboard.
   else if (eventMsg.type == KEYBD)
   {
      if ((eventMsg.key == hotkey) ||
          (eventMsg.key == altkey))
      {
         ClickButton();
         click = TRUE;
      }
   }
   return click;
}
```

(continues)

Listing 4.5 Continued

```
///////////////////////////////////////////////////////////
// Button::ClickButton()
///////////////////////////////////////////////////////////
void Button::ClickButton(void)
{
   int *buff;

   mouse.HideMouse();

   // Shift the image on the button down and right
   // to simulate button movement.
   int size = imagesize(wx+2, wy+2, wx+ww-2, wy+wh-2);
   buff = (int *)malloc(size);
   if (buff)
   {
      getimage(wx+2, wy+2, wx+ww-2, wy+wh-2, buff);
      putimage(wx+3, wy+3, buff, COPY_PUT);
      free(buff);
   }

   // Draw the button's borders so the
   // button appears to be depressed.
   setcolor(DARKGRAY);
   moveto(wx+ww, wy);
   lineto(wx, wy); lineto(wx, wy+wh);
   moveto(wx+ww-1, wy+1);
   lineto(wx+1, wy+1); lineto(wx+1, wy+wh-1);
   setcolor(WHITE);
   moveto(wx+1, wy+wh);
   lineto(wx+ww, wy+wh); lineto(wx+ww, wy);
   moveto(wx+2, wy+wh-1);
   lineto(wx+ww-1, wy+wh-1);
   lineto(wx+ww-1, wy+1);

   // Make button beep.
   sound ( 2000 );
   delay ( 100 );
   nosound();

   // Redraw button in unselected form.
   DrawWindow();

   mouse.ShowMouse();
}
```

Summary

You now have a simple window library that you can use to create programs that have an attractive and useful graphical interface. Because your library has many types of windows, each with its own set of functions, a quick reference for the library is provided in Appendix A, "An Object-Oriented Programming Refresher."

In the next chapter, you'll apply all that you've learned to create an interesting simulation game. Along the way, you'll meet a handy data structure called a linked list.

Chapter 5

The Game of Life

In Chapters 3 and 4, you developed powerful tools for writing interactive programs. Your event-handling system enables programs to accept continual keyboard and mouse input, by polling those devices in an event loop. This event-driven system gives users full control over your program; they can select program functions at almost any time, rather than in the manner dictated by the program. In addition, the window library provides attractive windows for organizing screens and displaying information, as well as interactive dialog boxes with animated controls. These interactive controls make function selection more natural, like changing a television channel or the volume of a stereo.

Now you'll use these tools to create a commercial-quality simulation program, one that takes full advantage of the event-driven, windowing environment. This simulation uses windows of various types to build its main display. In addition, it uses button controls, not only in dialog boxes but also in a simple button-controlled menu bar that the user can access with the mouse or by pressing Ctrl-key combinations. And to add to the fun, you learn about a data structure that you may not have run into before: a linked list.

The Story of Life

About 30 years ago, a fine English fellow by the name of John Conway invented simple rules for a system that simulated the lives of special one-celled animals. Although the rules of the simulation were simple, the results were fascinating. Before long, every computer scientist worth his or her diploma had written a version of Life and had spent hours trying different combinations of cells to see what patterns might emerge.

Today, people are still fascinated by Conway's computer simulation. Many computer science books at least mention Life, and each year thousands of computer science students write versions of Life as part of their programming curriculum. The simplest implementations result in programs that accurately portray the simulation, but run too slowly to be practical. Other implementations blaze across the screen in vivid colors and kaleidoscopic patterns, hypnotizing any viewer that happens to glance in its direction.

In this chapter, you not only put your event-driven windows to work, but also examine a speedy algorithm for implementing the Life simulation. Warning: After you start dabbling with Life, you may find it hard to tear away. This author and publisher cannot be held responsible for lost productivity!

The Rules of Life

The Life simulation is played on a grid of any size. In the original rules, the grid is unbounded, but you can limit the grid to the screen. You might want to think of the screen display as a sort of petri dish holding a culture of microscopic cells. Cells are placed randomly on the grid and the simulation is started. The cells then run through their life cycles a given number of generations, living and dying according to the rules set forth by Mr. Conway.

The rules are simple and elegant: Any live cell with less than two neighbors dies of loneliness. Any live cell with more than three neighbors dies of crowding. Any dead cell with exactly three neighbors comes to life. And, finally, any live cell with two or three neighbors lives, unchanged, to the next generation.

Life Implementation

As you may imagine, a large grid could contain hundreds, if not thousands, of cells living and dying every generation. The computer must work furiously, calculating the number of neighbors for each cell in the grid, then creating or killing cells based on these counts. Keep in mind that counting the neighbors for a single cell requires checking each adjacent cell—as many as eight.

Suppose that you implemented the grid as a two-dimensional array of integers, like this:

```
int map[28][50];
```

Each element of the map can be one of two values: 0 if the cell is dead and 1 if the cell is alive. The logical way to process this grid is to check each element of the array, counting its neighbors and marking it as alive or dead.

In the example 28-by-50 array, 1,400 cells must be processed every generation. Each cell processed must check the status of as many as eight adjacent cells to count its neighbors. That's about 11,000 operations for the entire grid. Worse, this processing must be performed for every generation of the simulation. A single run of the simulation may have as many as 10,000 generations!

All this calculating wouldn't be a problem if you planned to let the simulation run all night. However, to make the simulation interesting, you must update the screen as quickly as possible, ideally several times a second. Obviously, the amount of processing required creates a problem in the speed department.

But speed is not the only problem. You also must consider the effects of prematurely creating or killing cells. It's not enough to scan though the grid, creating and killing cells as you go, because the cells that you create or kill may affect cells you have not yet processed. Suppose that cell X in a grid has only two neighbors, and that one of these cells dies as you process the grid. Although this cell died, cell X should still remain alive for this generation because it had two neighbors; it won't be lonely until the next generation. When you finally process cell X, however, the counting function recognizes cell X as having only one neighbor. As a result, cell X dies prematurely.

Confused? Look at figure 5.1. Three cells are in the first-generation grid, which is on the left. In this generation, the uppermost cell must die because it has only one neighbor. The middle cell must remain alive to the next generation, because it has two neighbors. The bottom cell must die because, like the top cell, it has only one neighbor. The empty cells to the left and right of the center cell must be brought to life because both have exactly three neighbors. After processing the grid, you should have the second-generation grid, which is on the right.

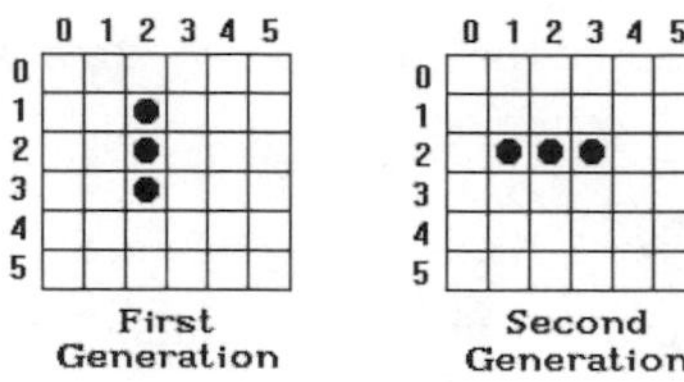

Fig. 5.1
Applying the rules of Life to three cells.

However, if you start at the top and process the grid by creating and killing cells as you go, you get incorrect results. First, you kill the top cell, because it has only one neighbor. Then, when you get to empty cell 1,2, even though it should have come to life, you determine that it has only two neighbors and leave it alone. When you get to cell 2,2, you think it has only one neighbor and kill it, even though this cell should have survived to the next generation. After processing the entire grid, you don't have the correct second-generation result. Instead, you have an empty grid!

In short, in each generation, you must determine which cells will live or die, without changing the grid. Then when you finish, you must simultaneously create and kill the appropriate cells. This requires tricky algorithms, especially when you consider that all these calculations must be performed at a speed that allows fast screen updates. Sound like fun?

The Speed Problem

What can you do to speed things up? First, add another map array to keep a running count of each cell's neighbors. When the simulation starts, the program does a full update of the neighbor count. From then on, instead of recalculating the entire grid in each generation, the program changes neighbor counts for only those cells adjacent to cells that have just been created or killed. This method cuts processing time significantly: In a given generation, the program must change the neighbor counts of only a small number of cells rather than the entire grid.

Then, although the original map grid records the status of each cell, you add two lists of cells: one for cells about to be created, and another for cells about to die. These are the only cells that affect the map, so why check the entire grid every generation?

But what type of data structure enables you to build lists of items—lists that can grow or shrink dynamically? You've probably already guessed that the answer is a linked list.

Linked Lists

To create a linked list, you first must decide what information makes up the items, or nodes, that will be stored in the list. In the simulation program, you must store enough data to identify a cell. All the information that you need to identify a cell are its x and y coordinates in the grid, so a node could be

```
struct Node
{
   int x, y;
};
```

When a cell is born or dies, you can create a node for the cell like this:

```
Node *node = new Node;
node->x = x_ccord;
node->y = y_coord;
```

This code creates a new `Node` structure on the heap and sets its `x` and `y` members to the coordinates of a cell.

But what good is it to have a bunch of these nodes sitting around in memory? You must link them into a list. To do this, you must add to your structure a pointer to a `Node`. You can then use this pointer to point to the next node in the list. The new `Node` structure, then, looks like this:

```
struct Node
{
   int x, y;
   Node *next;
};
```

In addition to the data structure for a node, you also need a pointer to the first node of the list (a *head pointer*) and a pointer to the end of the list (a *tail pointer*). Having a pointer to the head of the list is most important. Without it, you cannot find the list in memory. A pointer to the tail is a convenience. You can use it to add new nodes to the end of the list quickly, without having to scan the list from the first node. The head and tail pointers look like this:

```
Node *list_h, *list_t;
```

Figure 5.2 illustrates how a linked list looks in memory. The `list_h` pointer points to the first node in the list. Each node has a pointer that leads to the next node in the list. The next pointer in the last node is left NULL, which indicates the end of the list. Finally, the `list_t` pointer points to the last node in the list.

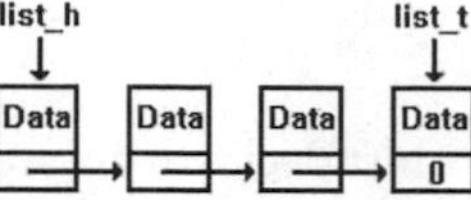

Fig. 5.2
A linked list in memory.

Listing 5.1 is the source code for a simple list-handling program.

Listing 5.1 LIST1.CPP—a Simple Linked-List Demonstration

```
///////////////////////////////////////////////////////////
// LIST1.CPP: Linked list demonstration program 1.
///////////////////////////////////////////////////////////

#include <iostream.h>
#include <conio.h>

// Node structure.
struct Node
{
   int x, y;
   Node *next;
};

// Node pointers.
Node *node = NULL,
     *list_h = NULL,
     *list_t = NULL;

void main(void)
{
   for (int i = 0; i < 10; ++i)
   {
      node = new Node;
      node->x = i;
      node->y = i * 10;
      if (!list_h)
         list_h = node;
      else
         list_t->next = node;
      list_t = node;
      list_t->next = NULL;
   }
   while (list_h)
   {
      node = list_h;
      list_h = list_h->next;
      cout << node->x << ',' << node->y << '\n';
      delete node;
   }
   getch();
}
```

Study listing 5.1 carefully, so that you're sure you understand how to create and manage a linked list. In this program, the `Node` structure is the type of item stored in the list. This structure contains two data elements, as well as a pointer to a `Node`. This pointer, `next`, points to the next node in the list.

The program begins with a `for` loop that creates and links 10 nodes. In the loop, the `new` operator creates a new node on the heap, after which the node's data elements are set to the values of `i` and `i*10`. (These values hold no particular significance.) After creating the node, the program checks whether `list_h` is NULL. If it is, the program has a new list, so it sets `list_h` to point to the node. Then `list_t` is set to point to the same `node` (if the list has only one item, the head and tail of the list are the same), and `list_t`'s `next` pointer is set to NULL, indicating that no other items are in the list.

Getting back to the `if` statement, if `list_h` isn't NULL, there is already at least one node in the list. In this case, `list_h` shouldn't be changed. Rather, the new node must be added to the end of the list. This is where `list_t` comes in handy. Instead of having to scan through the whole list looking for a NULL `next`, the program can use `list_t` to tack the new node onto the end of the list. It does this by setting `list_t`'s `next` pointer so that it points to the new node and then changing `list_t` so that it points to the new last node. Figures 5.3 through 5.6 illustrate this process.

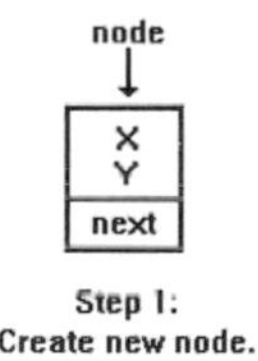

Fig. 5.3
Creating a linked list—step 1.

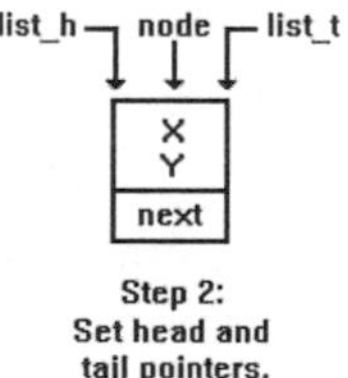

Fig. 5.4
Creating a linked list—step 2.

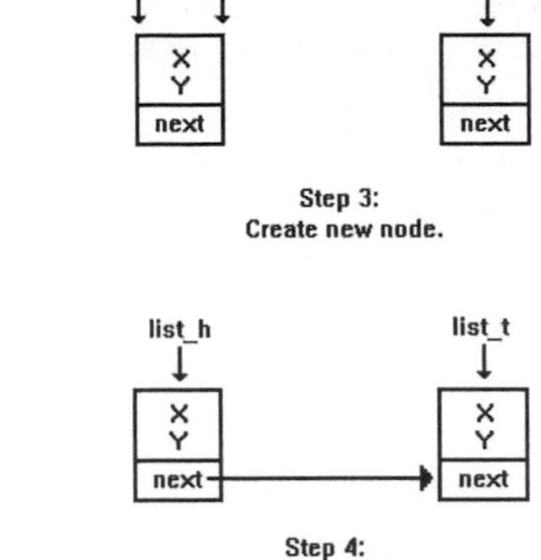

Fig. 5.5
Creating a linked list—step 3.

Fig. 5.6
Creating a linked list—step 4.

After the program creates the linked list, a `while` loop scans the list, printing each node's contents before deleting the node. Notice how the temporary node pointer keeps track of the current node. By setting `node` to `list_h` and then setting `list_h` to point to the next item in the list, you effectively "pop off" the first node. Unless you save the pointer in `node`, you cannot access this node. The program's output follows:

```
0,0
1,10
2,20
3,30
4,40
5,50
6,60
7,70
8,80
9,90
```

An Object-Oriented List

If you have an idea that a linked list might be the perfect candidate for a class, you might be correct, depending on how you plan to use the list. Creating a linked-list class to handle only a single list in a small program such as listing 5.1 is overkill. However, if you plan to use many different lists in a program—that is, the class won't be a single-instance class—it might be worthwhile to create a linked-list class.

For example, let's convert listing 5.1 into an object-oriented program. Listing 5.2 is the header for the resultant `List` class.

Listing 5.2 LIST.H—the Header File for the *List* Class

```
///////////////////////////////////////////////////////////
// LIST.H: List class header file.
///////////////////////////////////////////////////////////

#ifndef __LIST_H
#define __LIST_H

#include <iostream.h>

// The list class's declaration.
class List
{
   struct Node
   {
      int x, y;
      Node *next;
   };

   Node *node, *list_h, *list_t;

public:
   List(void);
   ~List(void);
   void MakeNewNode(int n1, int n2);
   void DisplayList(void);
};

#endif
```

As you can see, all the list-handling operations have been taken out of the main program and placed into the `List` class. The data that defines the list—the pointers and the node declaration—are placed inside the class also. The main program no longer has to know how a linked list works. It has only to draw on the capabilities of the class.

Look at the class's constructor first:

```
List::List(void)
{
   list_h = list_t = NULL;
}
```

This function initializes a new list by setting its head and tail pointers to NULL. This creates an empty list. Of course, an empty list isn't particularly useful. Now the class needs a way to add nodes to the list:

```
void List::MakeNewNode(int n1, int n2)
{
   node = new Node;
   node->x = n1;
```

```
    node->y = n2;
    if (!list_h)
        list_h = node;
    else
        list_t->next = node;
    list_t = node;
    list_t->next = NULL;
}
```

This function takes as parameters the values for the new node's x and y members. First, the new node is allocated on the heap, after which the x and y members are set to their appropriate values. Then, using the same code presented in listing 5.1, the function adds the new node to the list.

To display the contents of the list, you call the class's DisplayList() function:

```
void List::DisplayList(void)
{
    node = list_h;
    while (node)
    {
        cout << node->x << ',' << node->y << '\n';
        node = node->next;
    }
}
```

This function simply scans the list (using the temporary node pointer, so that it doesn't destroy list_h), printing the contents of x and y. Unlike the program in listing 5.1, this program doesn't delete each node after printing its contents. That job is left for the class's destructor:

```
List::~List(void)
{
    while (list_h)
    {
        node = list_h;
        list_h = list_h->next;
        delete node;
    }
}
```

As with any class's destructor, the List class's destructor is called when a List object goes out of scope or when a dynamically allocated List object is deleted. The destructor then deletes every node in the list, using the same method demonstrated in listing 5.1 (but without printing the contents of the node before deleting it).

Listings 5.3 and 5.4 are the List class's implementation and the new main program, respectively.

Listing 5.3 LIST.CPP—the Implementation of the *List* Class

```
///////////////////////////////////////////////////////////////
// LIST.CPP: The list class's implementation.
///////////////////////////////////////////////////////////////

#include "list.h"

///////////////////////////////////////////////////////////////
// List::List()
//
// This is the list class's constructor.
///////////////////////////////////////////////////////////////
List::List(void)
{
   // Initialize list head and tail pointers.
   list_h = list_t = NULL;
}

///////////////////////////////////////////////////////////////
// List::~List()
//
// This is the list class's destructor.
///////////////////////////////////////////////////////////////
List::~List(void)
{
   // Delete all nodes in the list.
   while (list_h)
   {
      node = list_h;
      list_h = list_h->next;
      delete node;
   }
}

///////////////////////////////////////////////////////////////
// List::MakeNewNode()
//
// This function creates a new node and adds it to the
// linked list.
///////////////////////////////////////////////////////////////
void List::MakeNewNode(int n1, int n2)
{
   node = new Node;
   node->x = n1;
   node->y = n2;
   if (!list_h)
      list_h = node;
   else
      list_t->next = node;
   list_t = node;
   list_t->next = NULL;
}
```

(continues)

Listing 5.3 Continued

```
///////////////////////////////////////////////////////////////
// List::DisplayList()
//
// This function displays the contents of each node in
// the linked list.
///////////////////////////////////////////////////////////////
void List::DisplayList(void)
{
   node = list_h;
   while (node)
   {
      cout << node->x << ',' << node->y << '\n';
      node = node->next;
   }
}
```

Listing 5.4 LIST2.CPP—a Program for Testing the *List* Class

```
///////////////////////////////////////////////////////////////
// LIST2.CPP: Linked list demonstration program 2.
///////////////////////////////////////////////////////////////

#include <iostream.h>
#include <conio.h>
#include "list.h"

void main(void)
{
   List list;

   for (int i = 0; i < 10; ++i)
      list.MakeNewNode(i, i*10);
   list.DisplayList();
   getch();
}
```

The main program is much shorter and clearer. Although creating the class for such a small program is probably not worth the effort, imagine how much easier it would be to use a similar class in a large program that must handle multiple lists. By using a list class, you no longer have to worry about initializing pointers or linking nodes. You don't even have to worry about releasing nodes from memory, because the class's destructor takes care of that task for you. Using the class, your main program is clean and to the point, uncluttered with the details of handling a linked list.

A Cell List

The linked-list class in listings 5.2 and 5.3 is far from complete. It's been used only to illustrate the process of creating a list class. The Life program's list class, `CList` (for *cell list*), is more sophisticated, enabling you to do more than add, display, and delete nodes. Let's look at that class now. Listing 5.5 is the class header file, CLIST.H.

Listing 5.5 CLIST.H—the Header File for the *CList* Class

```
///////////////////////////////////////////////////////////////
// CLIST.H: Header file for the CList class.
///////////////////////////////////////////////////////////////

#ifndef _CLIST_H
#define _CLIST_H

#include <iostream.h>

// The CList class declaration.
class CList
{
   struct Node
   {
      int x, y;
      Node *next;
   };

   Node *node, *list_h, *list_t;

public:
   CList(void);
   ~CList(void);
   void MakeNewNode(int n1, int n2);
   void TransferList(CList &list2);
   void ClearList(void);
   int HasNodes(void);
   void GetNode(int &c, int &r);
   void DisplayList(void);
};

#endif
```

The `CList` class features several more functions than the `List` class. However, the class's constructor and destructor work similarly to those of `List`, and the `MakeNewNode()` and `DisplayList()` functions are identical to the same functions in `List`. So, let's start examining `CList` by focusing on the `TransferList()` function:

```
void CList::TransferList(CList &list2)
{
   list2.ClearList();
   list2.list_h = list_h;
   list2.list_t = list_t;
   list_h = NULL;
   list_t = NULL;
}
```

This function enables you to transfer the contents of one list to another. `TransferList()` does not actually move or copy any data. Instead, the function transfers the contents simply by setting the destination-list pointers to the same values as the source-list pointers. The danger here is that after copying the pointers, you have two sets of pointers to the same data. When one of the lists is deleted, its destructor deletes all the nodes in the list. That leaves pointers to nodes that have been deleted, a dangerous situation. However, `TransferList()` avoids this situation by setting the source-list pointers to NULL after copying them. This way, only one set of pointers to the nodes is in the list.

You use `TransferList()` often in the Life program to shift the contents of lists. Another function you use often is `GetNode()`:

```
void CList::GetNode(int &c, int &r)
{
   if (list_h)
   {
      node = list_h;
      c = node->x;
      r = node->y;
      list_h = list_h->next;
      if (!list_h)
         list_t = NULL;
      delete node;
   }
}
```

This function retrieves the first cell node in a list, returns its contents in the variables `c` and `r` (for *column* and *row*), and then deletes the node from the list. Calling `GetNode()` for every node in a list results in an empty list.

Another handy function is HasNodes(), which returns a Boolean value that indicates whether the list is empty or includes nodes:

```
int CList::HasNodes()
{
   return (list_h != NULL);
}
```

This function is particularly useful with a function such as GetNodes(). By using HasNodes() as the conditional for a while statement, you can scan an entire list, ending the looping when the list is empty—that is, when HasNodes() returns FALSE.

The last new function in the CList class is ClearList():

```
void CList::ClearList(void)
{
   while (list_h)
   {
      node = list_h;
      list_h = list_h->next;
      delete node;
   }
}
```

This function enables you to empty a list at any time. It simply reads through the list, deleting nodes as it goes. CList's destructor calls this function, but you also can use it in your programs (and will use it in the Life program).

Listing 5.6 shows the entire implementation for CList.

Listing 5.6 CLIST.CPP—the Implementation of the *CList* Class

```
/////////////////////////////////////////////////////////////
// CLIST.CPP: Implementation for the CList class.
/////////////////////////////////////////////////////////////

#include "clist.h"

/////////////////////////////////////////////////////////////
// CList::Clist()
//
// This is the CList class's constructor.
/////////////////////////////////////////////////////////////
CList::CList(void)
{
   // Initialize the head and tail pointers.
   list_h = list_t = NULL;
}
```

(continues)

Listing 5.6 Continued

```
///////////////////////////////////////////////////////////
// CList::~CList(void)
//
// This is the CList class's destructor.
///////////////////////////////////////////////////////////
CList::~CList(void)
{
   // Delete all nodes.
   ClearList();
}

///////////////////////////////////////////////////////////
// CList::MakeNewNode()
//
// This function creates a new node and adds it to the
// linked list.
///////////////////////////////////////////////////////////
void CList::MakeNewNode(int n1, int n2)
{
   node = new Node;
   node->x = n1;
   node->y = n2;
   if (!list_h)
      list_h = node;
   else
      list_t->next = node;
   list_t = node;
   list_t->next = NULL;
}

///////////////////////////////////////////////////////////
// CList::DisplayList()
//
// This function displays the contents of each node in
// the linked list.
///////////////////////////////////////////////////////////
void CList::DisplayList(void)
{
   node = list_h;
   while (node)
   {
      cout << node->x << ',' << node->y << '\n';
      node = node->next;
   }
}

///////////////////////////////////////////////////////////
// CList::ClearList()
//
// This function deletes all the nodes from the linked
// list.
///////////////////////////////////////////////////////////
```

```
void CList::ClearList(void)
{
   while (list_h)
   {
      node = list_h;
      list_h = list_h->next;
      delete node;
   }
}

///////////////////////////////////////////////////////////
// CList::TransferList()
//
// This function copies one linked list to another,
// leaving the source list empty.
///////////////////////////////////////////////////////////
void CList::TransferList(CList &list2)
{
   list2.ClearList();
   list2.list_h = list_h;
   list2.list_t = list_t;
   list_h = NULL;
   list_t = NULL;
}

///////////////////////////////////////////////////////////
// CList::HasNodes()
//
// This function returns TRUE if a list contains any
// nodes, and FALSE otherwise.
///////////////////////////////////////////////////////////
int CList::HasNodes(void)
{
   return (list_h != NULL);
}

///////////////////////////////////////////////////////////
// CList::GetNode()
//
// This function returns the contents of a node and then
// deletes the node.
///////////////////////////////////////////////////////////
void CList::GetNode(int &c, int &r)
{
   if (list_h)
   {
      node = list_h;
      c = node->x;
      r = node->y;
      list_h = list_h->next;
      if (!list_h)
         list_t = NULL;
      delete node;
   }
}
```

The Life Program

You now know how to handle linked lists. You've even created a handy cell-list class that you can use in your program to track cells as they are created and killed. It's time to put your knowledge of linked lists to work, by examining the full Life program. You'll explore this program's lengthy listing a piece at a time, in the order in which it is executed. But first, run the program and see what it does.

When you compile and run Life, the main screen appears as shown in figure 5.7. Most of the screen consists of the grid in which your cells will live and die. Below the grid is a button bar that contains several command buttons with which the user controls the program. At the bottom-right of the screen is the generation count. Before the simulation starts, this readout shows the current setting for the number of generations (the default is 100). While the simulation is running, the readout shows the number of the current generation.

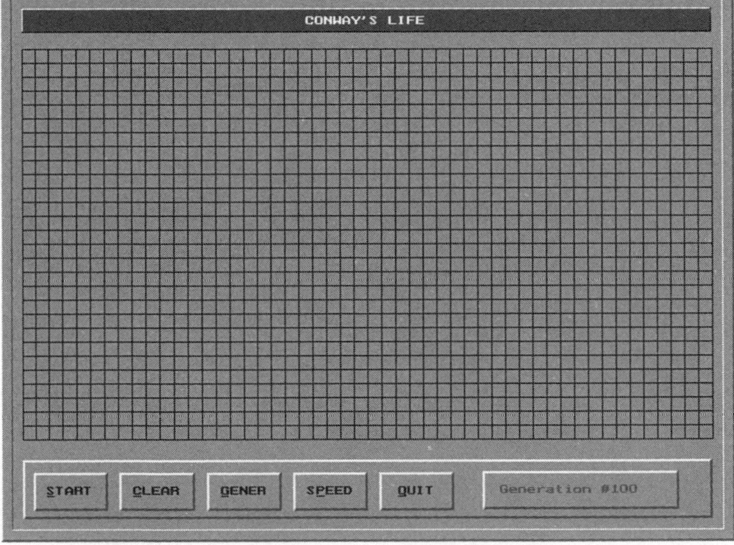

Fig. 5.7
The main screen of Life.

Note

Remember that when you compile programs that use Borland's graphics library, you must enable that library by turning on the **G**raphics library selection in the Libraries dialog box. You can display this dialog box by choosing the **O**ptions/**L**inker/**L**ibraries menu item.

To get started, you must first seed the grid with cells. To do this, place your mouse pointer where you want to place a cell and click the left mouse button. A green cell appears where you clicked. If you want to place cells quickly, you can paint them onto the grid by holding down the left mouse button as you sweep the pointer across the screen.

When you've placed your cells, activate the simulation by choosing the START button, either by clicking the button or by pressing Ctrl-S. When you choose START, the simulation springs into action, with cells living and dying as they speed through their life cycles. To stop the simulation before the generations run out, click the mouse or press any key.

Next to the START button is the CLEAR button, which removes all cells from the grid. The GENER button sets the generation count. When you choose this button, the Generations dialog box appears, as shown in figure 5.8. To change the generation setting, type a number from 1 to 10,000. Invalid entries yield the default value of 100.

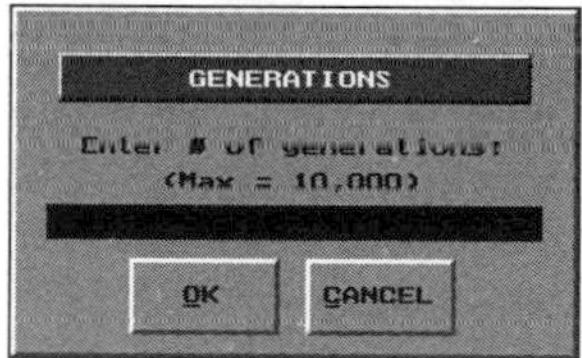

Fig. 5.8
The Generations dialog box.

You may want to view the simulation at slower speeds so that you can see more clearly the patterns that emerge from specific cell configurations. You can set the simulation to one of ten speeds by choosing the SPEED button. The Simulation Speed dialog box then appears, as shown in figure 5.9. Enter a value from 1 to 10 (1 is the slowest and 10 is the fastest). Invalid entries yield the default value of 10.

Fig. 5.9
The Simulation Speed dialog box.

To quit the simulation, choose the QUIT button. A Yes/No box appears, asking whether you really want to quit. Choose **Y**es to exit the program or **N**o to return to the simulation.

Examining Life

Now that you know how the program operates, take a look at the code, starting with the `#include` and `const` statements:

```
#include <graphics.h>
#include <conio.h>
#include <iostream.h>
#include <stdlib.h>
#include <stdio.h>
#include <dos.h>

// Use mouse, window, and list classes.
#include "mous.h"
#include "windw.h"
#include "clist.h"

// Use the event handler.
#include "event.h"

// Define global constants.
const DEAD   = 0;
const ALIVE  = 1;
const MAXCOL = 50;
const MAXROW = 28;
```

Most of this should be familiar territory. The files in the angle brackets are Borland C++'s system header files, which give you access to the libraries that you need. Then come the header files for your own classes. These header files enable you to use the Mouse, Windw, and CList classes in the program. The event handler also is included here. Finally, the program constants are defined. Of particular interest are DEAD and ALIVE, which are the status values for cells, and MAXCOL and MAXROW, which specify the size of the grid map.

After the necessary header files are included, the global data for the program is declared:

```
int mousex, mousey, // Mouse coordinates.
    repeat;         // Main program loop controller.
int generations,    // # of life generations.
    speed;          // Speed of simulation.
```

The comments specify the purposes of this data. But pay special attention to the world and nbrs arrays; the use of arrays such as these was described earlier in this chapter when the algorithm for the program was developed.

After declaring this global data, the program declares the linked lists that you'll use:

```
CList live, die, nextlive, nextdie;
```

The live and die lists hold the cells that will live and die in a given generation. The nextlive and nextdie lists are used as temporary storage for cells that the program eventually transfers to the live and die lists. You'll see how this works when you get further into the program's code.

The Life program uses many types of windows to draw its display. These windows are defined and created next:

```
CapWindw wnd1(0, 0, 639, 479, TRUE, FALSE, "CONWAY'S LIFE");
Windw wnd2(20, 409, 599, 50, FALSE, FALSE);
Windw wnd3(420, 419, 170, 32, FALSE, FALSE);;
Button startbut(30, 420, "^START");
Button clearbut(105, 420, "^CLEAR");
Button generatebut(180, 420, "^GENER");
Button speedbut(255, 420, "S^PEED");
Button quitbut(330, 420, "^QUIT");
```

Note that these windows are defined, but not yet drawn on-screen. The program draws them later by calling each window's DrawWindow() function.

Finally, before the program code begins, the event-message structure is declared, and prototypes for all functions in the program are listed:

```
// Event-message structure.
EventMsg eventMsg;
```

```
// Function prototypes.
void DispatchEvent(EventMsg eventMsg);
void Life(void);
void CreateLists(void);
void ClearWorld(void);
void GetGens(int &generations);
void GetSpeed(int &speed);
void PlaceCell(EventMsg eventMsg);
void Live(void);
void Die(void);
void AddNbrs(void);
void SubNbrs(void);
void CalcLimits(int c, int r, int &xLow,
   int &xHigh, int &yLow, int &yHigh);
void UpdateGens(int g);
void Init(void);
void ReleaseNodes(void);
void DrawScreen(void);
void StartGraphics(void);
void InitMouse(void);
```

Now you're ready to see what makes this program tick. As always, program execution begins at `main()`:

```
void main(void)
{
   // Initialize game, mouse, and screen.
   Init();
   DrawScreen();
   InitMouse();

   // Repeat event loop until Quit.
   repeat = 1;
   while (repeat)
   {
      GetEvent(eventMsg);
      DispatchEvent(eventMsg);
   }

   closegraph();
}
```

This function initializes the program, draws the display, handles the event loop, and finally closes down the program. Its first step is to call `Init()` to initialize the graphics display and the global program variables:

```
void Init(void)
{
   // Set up VGA graphics mode.
   StartGraphics();
```

```
    // Set all cells to dead.
    for (int r=0; r<MAXROW; ++r)
       for (int c=0; c<MAXCOL; ++c)
          world[r][c] = DEAD;

    // Set default values.
    generations = 100;
    speed = 1;
}
```

This function first calls `StartGraphics()` to initialize the graphics driver. `StartGraphics()` works a little differently than the previous versions of this function, as you'll soon see. After initializing the graphics driver, `Init()` sets the status of every cell in the grid to `DEAD` and sets the default speed and generation count.

`StartGraphics()` now links the graphics driver directly into your program:

```
void StartGraphics(void)
{
   int gdriver = VGA, gmode = VGAHI, errorcode;

   errorcode = registerbgidriver(EGAVGA_driver);
   if (errorcode < 0)
   {
      cout << "Graphics not initialized: ";
      cout << errorcode << endl;
      cout << "Press any key.";
      getch();
      abort();
   }

   initgraph(&gdriver, &gmode, "");
   if ((errorcode = graphresult()) != grOk)
   {
      cout << "Graphics not initialized: ";
      cout << errorcode << endl;
      cout << "Press any key.";
      getch();
      abort();
   }
}
```

In previous programs, you initialized the VGA graphics mode by loading the EGAVGA.BGI graphics driver from the disk at run time. This program links the graphics driver with the program so that the user doesn't have to worry about it as a separate file.

To do this, you first run Borland's BGIOBJ.EXE program to convert the EGAVGA.BGI driver to object-file format. (Just switch to the BGI directory and type **BGIOBJ EGAVGA**.) After you convert the driver, you can link it into your program by adding the EGAVGA.OBJ file to your project list. That takes care of the linking, but in your program, you must inform the system that the driver is present. You do this with the `registerbgidriver()` function, as shown in the preceding code. After you register the driver, you initialize it as usual.

The `DrawScreen()` function draws the main display:

```
void DrawScreen(void)
{
   // Draw windows and buttons.
   wnd1.DrawWindow();
   wnd2.DrawWindow();
   wnd3.DrawWindow();
   startbut.DrawWindow();
   clearbut.DrawWindow();
   generatebut.DrawWindow();
   speedbut.DrawWindow();
   quitbut.DrawWindow();

   // Draw grid lines.
   setcolor(BLUE);
   for (int y=55; y<400; y+=12)
   {
      moveto(20, y);
      lineto(getmaxx()-20, y);
   }
   for (int x=20; x<630; x+=12 )
   {
      moveto(x, 55);
      lineto(x, 391);
   }

   // Draw generation display.
   setcolor(BROWN);
   outtextxy(435, 431, "Generation #100");
}
```

`DrawScreen()` calls each window's `DrawWindow()` member function, which displays each window on-screen. After drawing the windows, the function adds the grid to the main window, using Borland's `moveto()` and `lineto()` graphics functions. Finally, it prints the generation readout at the bottom right of the screen, using Borland's `outtextxy()` function.

The last thing the program must do before turning control over to the user is to initialize the mouse:

```
void InitMouse(void)
{
   if (!mouse.GotMouse()) {
      cout << "You have no mouse.\n";
      cout << "Press any key.";
      getch();
```

```
   }
   mouse.SetLimits(0,getmaxx(),0,getmaxy());
   mouse.ShowMouse();
}
```

You've seen this code before.

Now that the initialization is complete, the program enters the event loop, where it waits for the user to choose a command. When the user presses a key or clicks a mouse button, the event loop passes the event message to `DispatchEvent()`:

```
void DispatchEvent(EventMsg eventMsg)
{
   if (startbut.Clicked(eventMsg))
      Life();
   else if (clearbut.Clicked(eventMsg))
      ClearWorld();
   else if (generatebut.Clicked(eventMsg))
      GetGens(generations);
   else if (speedbut.Clicked(eventMsg))
      GetSpeed(speed);
   else if (quitbut.Clicked(eventMsg))
   {
      YesNoWindw wndw("QUIT",
         "Are you sure you", "want to quit?");
     wndw.DrawWindow();
     wndw.RunWindow();
     if (wndw.GetButton() == YES)
        repeat = 0;
   }
  else
     PlaceCell(eventMsg);
}
```

This function simply checks each button control to see whether the user has chosen it and sends program execution to the appropriate function. If the user clicks the mouse button without selecting a control button, the `PlaceCell()` function checks whether the mouse click occurred in the grid:

```
void PlaceCell(EventMsg eventMsg)
{
   if ((eventMsg.mx > 20) && (eventMsg.mx < 620) &&
       (eventMsg.my > 56) && (eventMsg.my < 390))
   {
      mouse.HideMouse();
      int col = (eventMsg.mx - 20) / 12;
      int row = (eventMsg.my - 56) / 12;
      if (!world[row][col])
      {
         setfillstyle(SOLID_FILL, GREEN);
         setcolor(RED);
         fillellipse(col*12+26, row*12+61, 4, 4);
         world[row][col] = ALIVE;
```

```
            }
            mouse.ShowMouse();
        }
    }
```

If the user clicked the mouse in the grid, this function draws a cell in the appropriate location and sets that cell to `ALIVE` in the `world` array. Notice that the function turns off the mouse pointer before drawing on-screen.

> **Caution**
>
> Don't forget that you must always hide the mouse pointer before drawing to the screen. If you fail to do so, your screen display may get messed up. After the drawing is done, restore the mouse pointer immediately.

If the user chose the START button, the `Life()` function, which is the main simulation loop, takes over:

```
void Life(void)
{
   mouse.ButtonUp();
   CreateLists();
   for (int g=0; g<generations; ++g)
   {
      delay(speed);
      UpdateGens(g);
      Live();
      Die();
      AddNbrs();
      SubNbrs();
      nextlive.TransferList(live);
      nextdie.TransferList(die);
      if (KeyEvent() || mouse.Event())
      {
         mouse.ButtonUp();
         break;
      }
   }
}
```

This function performs the simulation by calling the functions that count cell neighbors, create cells, and kill cells. To get started, it waits for the user to release the mouse button (this prevents button drop-throughs, in which the user inadvertently sends new event messages by holding the button down too long), and then calls `CreateLists()`:

```
void CreateLists(void)
{
   int c, r;
```

```
    ReleaseNodes();
    for (c=0; c<MAXCOL; ++c)
       for (r=0; r<MAXROW; ++r)
       {
          nbrs[r][c] = 0;
          if (world[r][c] == ALIVE)
            live.MakeNewNode(c, r);
       }
    AddNbrs();
    for (c=0; c<MAXCOL; ++c)
       for (r=0; r<MAXROW; ++r)
          if (((nbrs[r][c] < 2) || (nbrs[r][c] > 3))
                && (world[r][c] == ALIVE))
             nextdie.MakeNewNode(c, r);
    nextlive.TransferList(live);
    nextdie.TransferList(die);
}
```

This function is responsible for initializing `live` and `die`, the two linked lists that the simulation needs to get started, as well as initializing the starting neighbor counts. The function first calls `ReleaseNodes()`, which simply makes sure that all lists are empty. (When the program first starts, the lists are empty. But in subsequent calls to `Life()`, your linked lists probably won't be empty, because rarely is every cell on-screen dead after the generations run out.) Here is the `ReleaseNodes()` function:

```
void ReleaseNodes(void)
{
   live.ClearList();
   die.ClearList();
   nextlive.ClearList();
   nextdie.ClearList();
}
```

After clearing the lists, `CreateLists()` scans the newly created `world` array, creating a new node for each living cell in the array. As `CreateLists()` scans the `world` array, it also takes advantage of the loop to initialize to zero all the neighbor counts in the `nbrs` array. After creating the `live` linked list, it calls the `AddNbrs()` function, which updates the neighbor counts and creates a `nextlive` and `nextdie` array for cells that may (or may not) live or die in the next generation:

```
void AddNbrs(void)
{
   int xLow, xHigh, yLow, yHigh;
   int c, r;

   while (live.HasNodes())
   {
      live.GetNode(c, r);
      CalcLimits(c, r, xLow, xHigh, yLow, yHigh);
```

```
            for (int x=xLow; x<=xHigh; ++x)
            {
               for (int y=yLow; y<=yHigh; ++y)
               {
                  if ((x != c) || (y != r))
                  {
                     nbrs[y][x] += 1;
                     switch (nbrs[y][x])
                     {
                        case 1, 2: break;
                        case 3:
                           if (world[y][x] == DEAD)
                              nextlive.MakeNewNode(x, y);
                           break;
                        case 4:
                           if (world[y][x] == ALIVE)
                              nextdie.MakeNewNode(x, y);
                           break;
                        case 5, 6, 7, 8: break;
                     }
                  }
               }
            }
         }
      }
```

As you can see, `AddNbrs()` scans the `live` list, which contains all the cells that have just come to life. The `while` loop iterates until this list is empty. It first gets the cell's coordinates by calling the list's `GetNode()` member function. (Remember: `GetNode()` also deletes the node.) It then calls the `CalcLimits()` function, which determines the minimum and maximum coordinates for cells adjacent to the live cell:

```
void CalcLimits(int c, int r, int &xLow, int &xHigh,
   int &yLow, int &yHigh)
{
   if (c == 0)
      xLow = 0;
   else
      xLow = c - 1;
   if (c == MAXCOL-1)
      xHigh = MAXCOL-1;
   else
      xHigh = c + 1;
   if (r == 0)
      yLow = 0;
   else
      yLow = r - 1;
  if (r == MAXROW-1)
     yHigh = MAXROW-1;
  else
     yHigh = r + 1;
}
```

The program requires this calculation because cells on any edge of the grid do not have eight adjacent cells.

After calculating the coordinates, nested `for` loops increment the neighbor count for every adjacent cell. After incrementing a cell's neighbor count, the `switch` statement checks the count, adding new nodes to the `nextlive` or `nextdie` list as appropriate. Keep in mind that the nodes on the list are only "maybes." That is, when you add nodes to these two lists, you are telling the program that, when it finishes counting all the neighbors, check these cells again to see whether they'll actually live or die. Not every cell on the `nextlive` list will come to life, and not every cell on the `nextdie` list will die. Some cells may appear in both lists at the same time. With these temporary lists, you can keep track of cells that might change—without changing the grid, which, as you learned, can really mess up the simulation.

After the call to `AddNbrs()`, the `CreateNodes()` function must scan the neighbor counts, looking for cells with less than two neighbors. The function adds these cells to the `nextdie` list that `AddNbrs()` started. Unfortunately, `AddNbrs()` finds only cells that are being crowded to death (those that have four or more neighbors), not those that are about to die of loneliness, which is why you must look for lonely cells in `CreateNodes()`. After building the `nextlive` and `nextdie` lists, `CreateNodes()` finally transfers these lists to the `live` and `die` lists, where `Life()` expects to find them.

When `CreateLists()` finishes initializing the starting lists, program execution returns to `Life()` and enters the main simulation loop. This loop is controlled by a `for` statement that compares its loop variable to `generations`, which is the number of generations that the simulation will run. Inside the loop, Borland's `delay()` function is called, using `speed` as its parameter. This single function call is all that's required to control the speed of the simulation. `Life()` then calls `UpdateGens()` to draw the new generation count on-screen.

At last you get to the meat of the simulation. After updating the generation count, `Life()` calls the `Live()` function (not to be confused with `Life()` or the `live` linked list), which checks all the nodes on the `live` list, bringing to life only the nodes that meet the requirements for life:

```
void Live(void)
{
   CList temp;
   int r, c;

   live.TransferList(temp);
```

```
    while(temp.HasNodes())
    {
       temp.GetNode(c, r);
       if ((world[r][c] == DEAD) &&
           (nbrs[r][c] == 3))
       {
          world[r][c] = ALIVE;
          mouse.HideMouse();
          setcolor(RED);
          setfillstyle(SOLID_FILL, LIGHTRED);
          fillellipse(c*12+26, r*12+61, 4, 4);
          mouse.ShowMouse();
          live.MakeNewNode(c, r);
       }
    }
 }
```

Here, `Live()` takes that "maybe" list and separates the wheat from the chaff: Cells that don't meet the requirements for life are simply deleted from memory, and cells that do meet the requirements are added to the `world` array, drawn on-screen, and placed back on the `live` list so that they can be counted in the next generation.

After calling `Live()` and handling the `live` list, `Life()` calls `Die()`, which is `Live()`'s counterpart:

```
void Die(void)
{
   CList temp;
   int c, r;

   die.TransferList(temp);
   while(temp.HasNodes())
   {
      temp.GetNode(c, r);
      if ((world[r][c] == ALIVE) &&
          (nbrs[r][c] != 2) &&
          (nbrs[r][c] != 3))
      {
         world[r][c] = DEAD;
         mouse.HideMouse();
         setcolor(LIGHTGRAY);
         setfillstyle(SOLID_FILL, LIGHTGRAY);
         fillellipse(c*12+26, r*12+61, 4, 4);
         mouse.ShowMouse();
         die.MakeNewNode(c, r);
      }
   }
}
```

Here, Die() checks the die list, killing the cells that meet the requirements for death and deleting from the list the cells that don't. Any cells that die are placed back onto the die list, so they can be accounted for in the next generation.

Now that the program has processed all the cells on the "maybe" lists, it updates the neighbor counts for all cells adjacent to any cells that were just created or killed, all of which are now in the live or die list. First, Life() handles the live list by calling AddNbrs(). You looked at this function already. Then, Life() calls SubNbrs(), which scans the die list, decrementing the neighbor counts for any cells adjacent to a cell that just died:

```
void SubNbrs(void)
{
   int xLow, xHigh, yLow, yHigh;
   int c, r;

   while (die.HasNodes())
   {
      die.GetNode(c, r);
      CalcLimits(c, r, xLow, xHigh, yLow, yHigh);
      for (int x=xLow; x<=xHigh; ++x)
      {
         for (int y=yLow; y<=yHigh; ++y)
         {
            if ((x != c) || (y != r))
            {
               nbrs[y][x] -= 1;
               switch (nbrs[y][x])
               {
                  case 0: break;
                  case 1:
                     if (world[y][x] == ALIVE)
                        nextdie.MakeNewNode(x, y);
                     break;
                  case 2: break;
                  case 3:
                     if (world[y][x] == DEAD)
                        nextlive.MakeNewNode(x, y);
                     break;
                  case 4, 5, 6, 7: break;
               }
            }
         }
      }
   }
}
```

This function works similarly to its counterpart, `AddNbrs()`, except that it processes the `die` list, adding to the `nextlive` list any cells that have three neighbors (even though the cells may not keep all three neighbors) and adding to the `nextdie` list any cells with less than two neighbors (even though the cell's final neighbor count may not qualify it to die). Remember, these are "maybe" lists.

After the neighbor counts are fully updated, `Life()` transfers the `nextlive` and `nextdie` lists to the `live` and `die` lists, respectively, and checks for a keyboard or mouse event. If an event is detected, the program breaks out of the loop with a `break` statement. Otherwise, execution returns to the top of the loop for the next generation.

This leaves only three other functions to discuss: `GetGens()`, `GetSpeed()`, and `ClearWorld()`. The user activates any of these by clicking the appropriate command button on the button bar. Look at `GetGens()` first:

```
void GetGens(int &generations)
{
   InputWindw w("GENERATIONS",
      "Enter # of generations:", "(Max = 10,000)");
   char inp[81];

   w.DrawWindow();
   w.RunWindow();
   if (w.GetButton() == 1)
   {
      w.GetInput(inp);
      generations = atoi(inp);
      if (generations < 1)
         generations = 100;
      if (generations > 10000)
         generations = 10000;
      sprintf(inp, "Generation #%d", generations);
      setfillstyle(SOLID_FILL, LIGHTGRAY);
      settextjustify(LEFT_TEXT, TOP_TEXT);
      bar(435, 431, 575, 441);
      setcolor(BROWN);
      outtextxy(435, 431, inp);
   }
}
```

This function is called when the user chooses the GENER button. It creates and displays an input box in which the user can enter a new value for the maximum number of generations. The user's input is converted to an integer and then compared to the generation's minimum and maximum values.

Adjustments are made, if necessary, and the function displays the value on-screen. Note that, because the w window is declared locally in the GetGens() function, it is deleted when the function ends, which is when the window goes out of scope and its destructor is called.

The function GetSpeed() works similarly:

```
void GetSpeed(int &speed)
{
   InputWindw w("SIMULATION SPEED",
      "Enter new speed:", "(Min=1  Max=10)");
   char inp[81];

   w.DrawWindow();
   w.RunWindow();
   if (w.GetButton() == 1)
   {
      w.GetInput(inp);
      speed = atoi(inp);
      if (speed < 1)
         speed = 10;
      if (speed > 10)
         speed = 10;
      speed = (10 - speed) * 100;
   }
}
```

This function is called when the user chooses the SPEED button to change the simulation's speed. Unlike GetGens(), the final value chosen is not displayed on-screen.

The last function is ClearWorld():

```
void ClearWorld(void)
{
   mouse.HideMouse();
   for (int c=0; c<MAXCOL; ++c)
      for (int r=0; r<MAXROW; ++r)
         if (world[r][c] == ALIVE)
         {
            world[r][c] = DEAD;
            setfillstyle(SOLID_FILL, LIGHTGRAY);
            setcolor(LIGHTGRAY);
            fillellipse(c*12+26, r*12+61, 4, 4);
         }
   ReleaseNodes();
   mouse.ShowMouse();
}
```

This function returns the simulation to its startup state, with all cells marked DEAD, the on-screen grid blank, and all cell lists empty. The ClearWorld() function is called when the user chooses the CLEAR button.

The Life Program Listing

Listing 5.7 shows the entire Life program.

Listing 5.7 LIFE.CPP—Conway's Life Program

```
///////////////////////////////////////////////////////////////
// CONWAY'S LIFE
// by Clayton Walnum
// Written with Turbo C++ 3.0
///////////////////////////////////////////////////////////////

#include <graphics.h>
#include <conio.h>
#include <iostream.h>
#include <stdlib.h>
#include <stdio.h>
#include <dos.h>

// Use mouse, window, and list classes.
#include "mous.h"
#include "windw.h"
#include "clist.h"

// Use the event handler.
#include "event.h"

// Define global constants.
const DEAD    = 0;
const ALIVE   = 1;
const MAXCOL  = 50;
const MAXROW  = 28;

int mousex, mousey, // Mouse coordinates.
    repeat;         // Main program loop controller.
int generations,    // # of life generations.
    speed;          // Speed of simulation.

int world[MAXROW][MAXCOL], // Cell map.
    nbrs[MAXROW][MAXCOL];  // Neighbor count map.

// Linked lists.
CList live, die, nextlive, nextdie;

// Windows and controls for main screen.
CapWindw wnd1(0, 0, 639, 479, TRUE, FALSE, "CONWAY'S LIFE");
Windw wnd2(20, 409, 599, 50, FALSE, FALSE);
Windw wnd3(420, 419, 170, 32, FALSE, FALSE);;
Button startbut(30, 420, "^START");
Button clearbut(105, 420, "^CLEAR");
Button generatebut(180, 420, "^GENER");
Button speedbut(255, 420, "S^PEED");
Button quitbut(330, 420, "^QUIT");
```

```
// Event-message structure.
EventMsg eventMsg;

// Function prototypes.
void DispatchEvent(EventMsg eventMsg);
void Life(void);
void CreateLists(void);
void ClearWorld(void);
void GetGens(int &generations);
void GetSpeed(int &speed);
void PlaceCell(EventMsg eventMsg);
void Live(void);
void Die(void);
void AddNbrs(void);
void SubNbrs(void);
void CalcLimits(int c, int r, int &xLow,
   int &xHigh, int &yLow, int &yHigh);
void UpdateGens(int g);
void Init(void);
void ReleaseNodes(void);
void DrawScreen(void);
void StartGraphics(void);
void InitMouse(void);

////////////////////////////////////////////////////////
// Main program.
////////////////////////////////////////////////////////
void main(void)
{
   // Initialize game, mouse, and screen.
   Init();
   DrawScreen();
   InitMouse();

   // Repeat event loop until Quit.
   repeat = 1;
   while (repeat)
   {
      GetEvent(eventMsg);
      DispatchEvent(eventMsg);
   }

   closegraph();
}

////////////////////////////////////////////////////////
// DispatchEvent()
//
// This function checks the current event message and
// branches to the function chosen by the user.
////////////////////////////////////////////////////////
void DispatchEvent(EventMsg eventMsg)
{
   if (startbut.Clicked(eventMsg))
      Life();
   else if (clearbut.Clicked(eventMsg))
      ClearWorld();
```

(continues)

Listing 5.7 Continued

```
   else if (generatebut.Clicked(eventMsg))
      GetGens(generations);
   else if (speedbut.Clicked(eventMsg))
      GetSpeed(speed);
   else if (quitbut.Clicked(eventMsg))
   {
      YesNoWindw wndw("QUIT",
         "Are you sure you", "want to quit?");
     wndw.DrawWindow();
     wndw.RunWindow();
     if (wndw.GetButton() == YES)
        repeat = 0;
   }
  else
     PlaceCell(eventMsg);
}

////////////////////////////////////////////////////////////
// Life()
//
// This function is the simulation's main loop and is
// called when the user chooses the Start button.
////////////////////////////////////////////////////////////
void Life(void)
{
   mouse.ButtonUp();
   CreateLists();
   for (int g=0; g<generations; ++g)
   {
      delay(speed);
      UpdateGens(g);
      Live();
      Die();
      AddNbrs();
      SubNbrs();
      nextlive.TransferList(live);
      nextdie.TransferList(die);
      if (KeyEvent() || mouse.Event())
      {
         mouse.ButtonUp();
         break;
      }
   }
}

////////////////////////////////////////////////////////////
// GetGens()
//
// This function creates a dialog box with which the
// user can change the number of generations to run in
// each cycle of the Life() function.
////////////////////////////////////////////////////////////
```

```
void GetGens(int &generations)
{
   InputWindw w("GENERATIONS",
      "Enter # of generations:", "(Max = 10,000)");
   char inp[81];

   w.DrawWindow();
   w.RunWindow();
   if (w.GetButton() == 1)
   {
      w.GetInput(inp);
      generations = atoi(inp);
      if (generations < 1)
         generations = 100;
      if (generations > 10000)
         generations = 10000;
      sprintf(inp, "Generation #%d", generations);
      setfillstyle(SOLID_FILL, LIGHTGRAY);
      settextjustify(LEFT_TEXT, TOP_TEXT);
      bar(435, 431, 575, 441);
      setcolor(BROWN);
      outtextxy(435, 431, inp);
   }
}

///////////////////////////////////////////////////////
// GetSpeed()
//
// This function creates a dialog box with which the
// user can change the speed of the simulation.
///////////////////////////////////////////////////////
void GetSpeed(int &speed)
{
   InputWindw w("SIMULATION SPEED",
      "Enter new speed:", "(Min=1  Max=10)");
   char inp[81];

   w.DrawWindow();
   w.RunWindow();
   if (w.GetButton() == 1)
   {
      w.GetInput(inp);
      speed = atoi(inp);
      if (speed < 1)
         speed = 10;
      if (speed > 10)
         speed = 10;
      speed = (10 - speed) * 100;
   }
}

///////////////////////////////////////////////////////
// ClearWorld()
//
// This function clears all cells from the map.
///////////////////////////////////////////////////////
```

(continues)

Listing 5.7 Continued

```
void ClearWorld(void)
{
   mouse.HideMouse();
   for (int c=0; c<MAXCOL; ++c)
      for (int r=0; r<MAXROW; ++r)
         if (world[r][c] == ALIVE)
         {
            world[r][c] = DEAD;
            setfillstyle(SOLID_FILL, LIGHTGRAY);
            setcolor(LIGHTGRAY);
            fillellipse(c*12+26, r*12+61, 4, 4);
         }
   ReleaseNodes();
   mouse.ShowMouse();
}

///////////////////////////////////////////////////////////
// PlaceCell()
//
// This function places a cell on the screen where the
// user clicked the map.
///////////////////////////////////////////////////////////
void PlaceCell(EventMsg eventMsg)
{
   if ((eventMsg.mx > 20) && (eventMsg.mx < 620) &&
       (eventMsg.my > 56) && (eventMsg.my < 390))
   {
      mouse.HideMouse();
      int col = (eventMsg.mx - 20) / 12;
      int row = (eventMsg.my - 56) / 12;
      if (!world[row][col])
      {
         setfillstyle(SOLID_FILL, GREEN);
         setcolor(RED);
         fillellipse(col*12+26, row*12+61, 4, 4);
         world[row][col] = ALIVE;
      }
      mouse.ShowMouse();
   }
}

///////////////////////////////////////////////////////////
// CreateLists()
//
// This function initializes the cell maps and linked
// lists for the Life() function.
///////////////////////////////////////////////////////////
void CreateLists(void)
{
   int c, r;

   ReleaseNodes();
   for (c=0; c<MAXCOL; ++c)
      for (r=0; r<MAXROW; ++r)
```

```
      {
         nbrs[r][c] = 0;
         if (world[r][c] == ALIVE)
           live.MakeNewNode(c, r);
      }
   AddNbrs();
   for (c=0; c<MAXCOL; ++c)
      for (r=0; r<MAXROW; ++r)
         if (((nbrs[r][c] < 2) || (nbrs[r][c] > 3))
               && (world[r][c] == ALIVE))
            nextdie.MakeNewNode(c, r);
   nextlive.TransferList(live);
   nextdie.TransferList(die);
}

///////////////////////////////////////////////////////
// Live()
//
// This function scans the live linked list and brings
// to life any cell that fits the requirements for life.
// Cells that come to life are placed back into the live
// list. Cells that don't meet the requirements for life
// are deleted.
///////////////////////////////////////////////////////
void Live(void)
{
   CList temp;
   int r, c;

   live.TransferList(temp);
   while(temp.HasNodes())
   {
      temp.GetNode(c, r);
      if ((world[r][c] == DEAD) &&
          (nbrs[r][c] == 3))
      {
         world[r][c] = ALIVE;
         mouse.HideMouse();
         setcolor(RED);
         setfillstyle(SOLID_FILL, LIGHTRED);
         fillellipse(c*12+26, r*12+61, 4, 4);
         mouse.ShowMouse();
         live.MakeNewNode(c, r);
      }
   }
}

///////////////////////////////////////////////////////
// Die()
//
// This function scans the die linked list and kills
// any cell that fits the requirements for death.
// Cells that die are placed back into the die list.
// Cells that don't meet the requirements for death
// are deleted.
///////////////////////////////////////////////////////
```

(continues)

Listing 5.7 Continued

```
void Die(void)
{
   CList temp;
   int c, r;

   die.TransferList(temp);
   while(temp.HasNodes())
   {
      temp.GetNode(c, r);
      if ((world[r][c] == ALIVE) &&
          (nbrs[r][c] != 2) &&
          (nbrs[r][c] != 3))
      {
         world[r][c] = DEAD;
         mouse.HideMouse();
         setcolor(LIGHTGRAY);
         setfillstyle(SOLID_FILL, LIGHTGRAY);
         fillellipse(c*12+26, r*12+61, 4, 4);
         mouse.ShowMouse();
         die.MakeNewNode(c, r);
      }
   }
}

///////////////////////////////////////////////////////////
// AddNbrs()
//
// This function increments the neighbor count of every
// cell adjacent to a cell that has just come to life.
// Cells that might come to life in the next generation
// are added to the nextlive list, and cells that might
// die in the next generation are added to the nextdie
// list. This function leaves the live list empty.
///////////////////////////////////////////////////////////
void AddNbrs(void)
{
   int xLow, xHigh, yLow, yHigh;
   int c, r;

   while (live.HasNodes())
   {
      live.GetNode(c, r);
      CalcLimits(c, r, xLow, xHigh, yLow, yHigh);
      for (int x=xLow; x<=xHigh; ++x)
      {
         for (int y=yLow; y<=yHigh; ++y)
         {
            if ((x != c) || (y != r))
            {
               nbrs[y][x] += 1;
               switch (nbrs[y][x])
               {
```

```
                  case 1, 2: break;
                  case 3:
                     if (world[y][x] == DEAD)
                        nextlive.MakeNewNode(x, y);
                     break;
                  case 4:
                     if (world[y][x] == ALIVE)
                        nextdie.MakeNewNode(x, y);
                     break;
                  case 5, 6, 7, 8: break;
               }
            }
         }
      }
   }
}

////////////////////////////////////////////////////////
// SubNbrs()
//
// This function decrements the neighbor count of every
// cell adjacent to a cell that has just died. Cells
// that might die in the next generation are added to
// the nextdie list, and cells that might come to life
// in the next generation are added to the nextlive list.
// This function leaves the die list empty.
////////////////////////////////////////////////////////
void SubNbrs(void)
{
   int xLow, xHigh, yLow, yHigh;
   int c, r;

   while (die.HasNodes())
   {
      die.GetNode(c, r);
      CalcLimits(c, r, xLow, xHigh, yLow, yHigh);
      for (int x=xLow; x<=xHigh; ++x)
      {
         for (int y=yLow; y<=yHigh; ++y)
         {
            if ((x != c) || (y != r))
            {
               nbrs[y][x] -= 1;
               switch (nbrs[y][x])
               {
                  case 0: break;
                  case 1:
                     if (world[y][x] == ALIVE)
                        nextdie.MakeNewNode(x, y);
                     break;
                  case 2: break;
                  case 3:
                     if (world[y][x] == DEAD)
                        nextlive.MakeNewNode(x, y);
                     break;
                  case 4, 5, 6, 7: break;
```

(continues)

Listing 5.7 Continued

```
                  }
               }
            }
         }
      }
   }

///////////////////////////////////////////////////////
// CalcLimits()
//
// This function calculates the beginning and ending
// columns and rows to be checked by the AddNbrs() and
// SubNbrs() functions.
///////////////////////////////////////////////////////
void CalcLimits(int c, int r, int &xLow, int &xHigh,
   int &yLow, int &yHigh)
{
   if (c == 0)
      xLow = 0;
   else
      xLow = c - 1;
   if (c == MAXCOL-1)
      xHigh = MAXCOL-1;
   else
      xHigh = c + 1;
   if (r == 0)
      yLow = 0;
   else
      yLow = r - 1;
  if (r == MAXROW-1)
     yHigh = MAXROW-1;
  else
     yHigh = r + 1;
}

///////////////////////////////////////////////////////
// UpdateGens()
//
// This function draws the generation count on the
// screen.
///////////////////////////////////////////////////////
void UpdateGens(int g)
{
   char s[10];

   mouse.HideMouse();
   setcolor(BROWN);
   setfillstyle(SOLID_FILL, LIGHTGRAY);
   bar(531, 431, 580, 439);
   sprintf(s, "%d", g+1);
   outtextxy(531, 431, s);
   mouse.ShowMouse();
}
```

```
///////////////////////////////////////////////////////
// Init()
//
// This function performs general program initialization,
// initializing the graphics driver, setting all cells
// in the map to their DEAD state, and setting the
// default simulation speed and number of generations.
///////////////////////////////////////////////////////
void Init(void)
{
   // Set up VGA graphics mode.
   StartGraphics();

   // Set all cells to dead.
   for (int r=0; r<MAXROW; ++r)
      for (int c=0; c<MAXCOL; ++c)
         world[r][c] = DEAD;

   // Set default values.
   generations = 100;
   speed = 1;
}

///////////////////////////////////////////////////////
// DrawScreen()
//
// This function draws the main screen.
///////////////////////////////////////////////////////
void DrawScreen(void)
{
   // Draw windows and buttons.
   wnd1.DrawWindow();
   wnd2.DrawWindow();
   wnd3.DrawWindow();
   startbut.DrawWindow();
   clearbut.DrawWindow();
   generatebut.DrawWindow();
   speedbut.DrawWindow();
   quitbut.DrawWindow();

   // Draw grid lines.
   setcolor(BLUE);
   for (int y=55; y<400; y+=12)
   {
      moveto(20, y);
      lineto(getmaxx()-20, y);
   }
   for (int x=20; x<630; x+=12 )
   {
      moveto(x, 55);
      lineto(x, 391);
   }
```

(continues)

Listing 5.7 Continued

```
   // Draw generation display.
   setcolor(BROWN);
   outtextxy(435, 431, "Generation #100");
}

////////////////////////////////////////////////////////////
// StartGraphics()
//
// This function initializes Borland's graphics driver
// for the high-resolution VGA screen.
////////////////////////////////////////////////////////////
void StartGraphics(void)
{
   int gdriver = VGA, gmode = VGAHI, errorcode;

   errorcode = registerbgidriver(EGAVGA_driver);
   if (errorcode < 0)
   {
      cout << "Graphics not initialized: ";
      cout << errorcode << endl;
      cout << "Press any key.";
      getch();
      abort();
   }

   initgraph(&gdriver, &gmode, "");
   if ((errorcode = graphresult()) != grOk)
   {
      cout << "Graphics not initialized: ";
      cout << errorcode << endl;
      cout << "Press any key.";
      getch();
      abort();
   }
}

//////////////////////////////////////////////////////////
// InitMouse()
//
// This function initializes the user's mouse.
//////////////////////////////////////////////////////////
void InitMouse(void)
{
   if (!mouse.GotMouse()) {
      cout << "You have no mouse.\n";
      cout << "Press any key.";
      getch();
   }
   mouse.SetLimits(0,getmaxx(),0,getmaxy());
   mouse.ShowMouse();
}
```

```
////////////////////////////////////////////////////////
// ReleaseNodes()
//
// This function deletes all nodes from the linked
// lists.
////////////////////////////////////////////////////////
void ReleaseNodes(void)
{
   live.ClearList();
   die.ClearList();
   nextlive.ClearList();
   nextdie.ClearList();
}
```

Summary

The Life program is an excellent example of an interactive, event-driven application. It incorporates many of the features that you learned about in previous chapters, including windows, buttons, and menu bars. It also introduces the linked list, which is a data structure that enables you to build lists of items. But aside from demonstrating all these features, the program is fun—and addictive. I've spent far too many hours watching little creatures live and die on-screen. Time to get back to work.

There's probably much that you can do to speed up the simulation even more, but that's left to you. Experimenting with code, after all, is a great way to learn.

In the next chapter, you learn about picture files and develop a class for loading and displaying PCX-format pictures. Because games are so graphically oriented, you must be able to handle at least one popular picture format in your programs.

Chapter 6

Loading and Displaying Pictures

Because games are so graphically oriented, a good game programmer must be able to handle graphics in many forms. As you learned in Chapter 2, "Designing Computer Game Graphics," you use a paint program to design most of your game's graphics. After generating a picture file with the paint program, you convert that file so that the graphics are in a form that you can use in your game.

The form that you want to convert these graphics to depends on your application. If the picture that you created in the paint program is a full-screen background for your game, you may not need to convert the file before loading it into screen memory. However, if you want to create icons, sprites, and other types of smaller images from the picture file, you need a way to cut those images from the main picture and save them in the form that you need.

In this chapter, you tackle the first problem—the loading of picture files. You learn to load and display 16-color PCX format pictures. To handle this task, you develop a C++ class that you can easily add to your own programs. In the next chapter, "Creating Game Images," you learn to extract small images from picture files.

The Bad News

When IBM PC-compatibles first appeared, they were fairly simple machines, designed around an equally simple architecture. In those early days, nobody imagined that PCs would ever need many megabytes of memory or have to display photographic-quality images. Time marches on, though. To keep up with rapidly advancing computer technology, new ways had to be found to adapt PCs to more advanced needs. Over the years, the PC's architecture and operating system, like a crumbling wall that's been repaired too often, has become a fragile web of patches that can come tumbling down at any given moment. The problems only worsen as computer designers try to make the PC do tricks that it was never designed to do.

Today, an IBM PC-compatible's operating system is a nightmarish tangle of code patches and kludges that forces users to deal with such esoteric problems as hardware drivers, interrupts, DMA channels, I/O addresses, extended memory, expanded memory, and many other highly technical considerations with which a computer user should never be confronted. (If you've ever tried to figure out why a sound card isn't working properly, you know exactly what I mean.)

Unfortunately, picture file formats have gone through a similar metamorphosis. Even one of the simplest picture formats—the PCX picture format that originated with PC Paintbrush—has become an unwieldy mess that requires a programmer to know not only about file compression techniques, but also how to handle multiple bit planes, VGA graphics cards, 256-color palettes, and more. Worse, because some software makers interpret the PCX format incorrectly, you also must be prepared to deal with improperly formatted files.

Therefore, the C++ code for a full-featured PCX file loader that can handle every type of PCX file is complex, indeed. For that reason, this chapter explains how to handle only the most useful PCX file format for game graphics: the 16-color, 640x480 VGA format. This format is also the most complex of the PCX picture types, so after you learn how to handle it, you should be able to modify the code presented in this chapter to handle other types of PCX files that you may encounter.

The PCX Picture File Format

PCX picture files can be anything from two-color monochrome pictures to 24-bit images with hundreds of thousands of colors. Before you load a PCX file, you must know what type of file you have. You can find this information in the PCX file's 128-byte header, which you can express as a C++ structure, as follows:

```
struct PCXHeader
{
   char pcxID;
   char version;
   char rleEncoding;
   char bitsPerPixel;
   int x1, y1;
   int x2, y2;
   int hRes;
   int vRes;
   unsigned char palette[48];
   char reserved;
   char colorPlanes;
   int bytesPerLine;
   int paletteType;
   char unused[58];
};
```

The first member of this structure, `pcxID`, is always the value 10. You can use `pcxID` to check whether a file is a PCX format file. Although finding a 10 in the first byte of a file certainly doesn't guarantee that you're working with a PCX file, not finding a 10 in the first byte almost assuredly guarantees that you're not working with a PCX file.

The next structure member, `version`, indicates the version of the file. A value of 0 indicates version 2.5 of PC Paintbrush, a 2 indicates version 2.8 with a palette, a 3 indicates version 2.8 with a default palette, and a 5 indicates version 3.0.

Next, is the `rleEncoding` structure member, which is always a 1, indicating that the file was compressed with RLE (run-length encoding) compression. The member `bitsPerPixel` indicates how many bits of color each pixel in the image requires. (You'll see what all this means a little later in this chapter.) The `x1` and `y1` members give the screen coordinates of the picture's upper-left corner. Both `x1` and `y1` are almost always 0. The members `x2` and `y2` give the screen coordinates of the picture's lower-right corner. In a full-screen, high-resolution VGA image, these coordinates are 639 and 479, respectively.

You can use the information in the PCX header to determine the resolution of any PCX picture. Simply use the following C++ code:

```
PCXHeader pcxHead;
int width = pcxHead.x2 - pcxHead.x1 + 1;
int height = pcxHead.y2 - pcxHead.y1 + 1;
```

The next members, `hRes` and `vRes`, give the image's horizontal and vertical resolution, respectively. These members are unreliable, so you should usually ignore them. To determine a picture's resolution, you should use the preceding code instead of checking these data members.

Next comes `palette`, which is the picture's palette, provided that the picture requires 16 colors or less. The actual information stored in `palette` depends on the picture's format. For a 16-color picture, `palette` contains 16 RGB triples, which describe the red, green, and blue content of each color. The first three bytes are the red, green, and blue values for the first color, the second three bytes are the red, green, and blue values for the second color, and so on, up to the full 48 bytes. If the picture contains 256 colors, `palette` contains no useful information. The 256-color palette is instead tacked on to the end of file, after the picture data. (This is one of those patches that complicate what was once a simple file format.)

You should ignore the member `reserved` in your programs. It contains no useful information at this time. The member `colorPlanes`, on the other hand, gives the number of bit planes that the picture uses. Dealing with bit planes, as you'll soon see, is one of the messy things about 16-color images, which have four bit planes.

The `bytesPerLine` member gives the number of bytes per line of image information. In a multiple-plane image, this value tells you the number of bytes per line for each bit plane in the image. For example, 16-color 640x480 PCX pictures have four bit planes of 80 bytes each, which means that one picture line (640 pixels) consumes 320 bytes (four bit planes times 80 bytes each) of data.

The member `paletteType` gives the type of palette that the image uses. Supposedly a value of 1 indicates a color palette and a 2 indicates a gray-scale palette. In most cases, you should ignore the value stored in `paletteType` because you can't trust that its data is valid. Similarly, the 58-byte `unused` member array contains no useful information.

Opening a PCX File

Reading the PCX header into your program is a simple matter of reading 128 bytes from the start of the PCX file into a `PCXHeader` data structure. You can then check the values stored in the PCX header structure to determine the type of picture with which you're dealing. The following code accomplishes this task for 16-color, 640x480 PCX files:

```
int PCX::OpenPCXFile(void)
{
   // If the file is already open, return.
   if (pcxFile)
      return 0;

   // Open the file.
   pcxFile = fopen(pcxFileName, "rb");
   if (pcxFile == NULL)
      return 1;

   // Read the picture's header.
   int bytesRead =
      fread((char *) &pcxHeader, 1, sizeof(pcxHeader), pcxFile);
   if (bytesRead != sizeof(pcxHeader))
      return 2;

   // Make sure this is a PCX file.
   if (pcxHeader.pcxID != 10)
      return 3;

   // Make sure this file is 640x480.
   if ((pcxHeader.x2 != 639) || (pcxHeader.y2 != 479))
      return 4;

   // Store the picture's palette.
   if (pcxHeader.version == 3)
      memcpy(pcxPalette, defaultPalette, 48);
   else
      memcpy(pcxPalette, pcxHeader.palette, 48);

   return 0;
}
```

This code is taken from this chapter's PCX class. It first checks the value of `pcxFile`, which is a pointer to a `FILE` structure. If `pcxFile` is not NULL, the file has already been opened, so the function simply returns. If `pcxFile` is NULL, the function opens the PCX file given in the `pcxFileName` string and then reads 128 bytes (`sizeof(pcxHeader)`) into the header structure `pcxHeader`.

The function then checks the `pcxID` member for a value of 10 and checks members `x2` and `y2` for values of 639 and 479, respectively. These values indicate that the picture was created in the 640x480 resolution. If the program doesn't find these values, it returns an error condition.

Finally, if `version` is 3, indicating that the picture has no palette of its own, the function copies the default VGA palette into the PCX object's `pcxPalette` member. (The default palette is defined in the class's header file, PCX.H.) Otherwise, the function copies the palette data given in the header's `palette` member.

That's all there is to handling the PCX header. Following the PCX header is the actual picture data, which has been compressed according to a simple RLE compression scheme. Following the picture data is the 256-color palette data, if the picture was created in a 256-color graphics mode.

This book doesn't deal with 256-color pictures, which are actually easier to load than 16-color pictures. If you're interested in other PCX picture types, you should pick up a copy of *Bitmapped Graphics Programming in C++* by Marv Luse, published by Addison-Wesley.

Dealing with File Compression

Almost all files contain long strings of identical data. For example, if you look at a file with a binary file viewer, you might see information such as the following:

```
$25 $6F $6F $FF $FF $FF $FF $FF $FF $FF $FF
```

You can use a compression technique to compress this data. The simplest technique is to represent data with byte pairs. The first byte indicates the run count, and the second byte is data. A *run count* is the number of times that the data byte occurs consecutively. When you use this simple technique, you compress the preceding data to the following:

```
$01 $25 $02 $6F $08 $FF
```

The algorithm that restores this file to its original form might read the first byte into a variable called `runLength`, read the second byte into a variable called `data`, and then duplicate `data` in the output `runLength` times. So, after the algorithm reads the first two bytes of the preceding data, it writes the value $25 once to the output. Moving on to the second byte pair, the algorithm reads $02 into `runLength` and $6F into `data`, and duplicates `data` two times in the output. Finally, the algorithm reads $08 into `runLength` and $FF into `data`. It then duplicates `data` eight times in the output, restoring the file to its original condition.

This type of file compression is called *run-length encoding,* or RLE. PCX picture files use their own form of RLE compression.

The PCX decompression algorithm follows these steps:

1. Read a byte.
2. If the byte is less than 192 ($C0), write it to the output and return to step 1.
3. If the byte is 192 or greater, subtract 192 from the byte and store the result in `runLength`.
4. Read the next byte and store it in `data`.
5. Duplicate `data` in the output `runLength` times.
6. Return to step 1.

If a byte in the original file happens to be 192 or greater, this algorithm confuses that byte of data with a run-length byte. To handle this problem, the PCX RLE algorithm indicates bytes that have a value greater than 191 as byte pairs with a run length of 1. For example, if the original file contains a value of 194, the PCX compression algorithm converts the 194 to the byte pair 193 194, which is interpreted as a `runLength` byte of 1 and a `data` byte of 194.

The preceding algorithm can be easily converted to the following C++ code to read a line of a 16-color, VGA picture file (you need to read 480 such lines for a 640x480 picture):

```
void PCX::ReadPCXLine(char *buffer)
{
   int byteCount, data, runCount, x;

   byteCount = 0;
   while (byteCount < 320)
   {
      // Get a byte of data.
      data = fgetc(pcxFile);

      // If this is a run-count byte...
      if (data > 192)
      {
```

```
            // Calculate the run count.
            runCount = data & 0x3f;

            // Get the data byte.
      data = fgetc(pcxFile);

            // Duplicate the data byte runCount times.
      for (x=0; x<runCount; ++x)
               buffer[byteCount++] = data;
         }
         // ...else if it's a data byte,
         // just write it to the buffer.
         else buffer[byteCount++] = data;
      }
   }
```

This code, which also is taken from this chapter's PCX class, handles only 16-color, 640x480 VGA picture files. The code has many comments, so you should be able to understand it fairly easily. Remember that a 16-color, 640x480 picture contains four bit planes of 80 bytes each, for a total of 320 bytes per picture line. Because some software manufacturers misinterpret how the bit planes are encoded, you should never try to extract each bit plane separately; instead, extract all four at once (which you do automatically by decompressing 320 bytes) into a 320-byte buffer. After you decompress the data into the buffer, you can access each bit plane easily. The first 80 bytes in the buffer will be bit plane 1, the second 80 bytes will be bit plane 2, and so on.

Note

A common way to turn off bits in a data value is to use Turbo C++'s bitwise AND operator (&) to combine the data with a bit mask. Every set bit in the mask retains the value of the equivalent bit in the data. On the other hand, every unset bit in the mask turns off the equivalent bit in the data. In the preceding function, the line

```
runCount = data & 0x3f
```

is the same as the line

```
runCount = data - 192
```

because the mask `0x3f` (0011111 in binary) turns off the upper two bits of `data`.

Displaying a PCX Picture

Now that you know how to read and interpret the PCX file header, and how to decode each line of compressed PCX picture data, you probably want to move on to the next step, which is to display the picture on the screen. To do so, you must first set the computer's palette to that of the picture. Thanks to the difficulties inherent in the 16-color VGA graphics mode, this task is a little tricky.

A VGA graphics card has two sets of color registers. One set of 16 registers provides backward compatibility with EGA graphics modes. Although an EGA graphics card uses a similar set of 16 registers to hold actual color values, on a VGA card these registers hold indexes into the VGA card's second set of 256 18-bit DAC (digital-to-analog converter) registers. On a VGA card, the DAC registers contain actual color values. A VGA card simulates EGA graphics modes by setting the 16 index registers so that they point to the appropriate colors in the DAC registers.

In 16-color VGA modes, the graphics card also uses the 16 index registers to point to 16 colors in the DAC registers. These 16 colors make up the current palette. To change a color, then, you should change the value in a DAC register, not the value in an index register. Unfortunately, finding the right DAC register for a particular color is trickier than juggling eggs while blindfolded. This is because the index registers don't point to the first 16 DAC registers. Instead, the 16 index registers point to DAC registers 0, 1, 2, 3, 4, 5, 20, 7, 56, 57, 58, 59, 60, 61, 62, and 63, respectively, as shown in figure 6.1.

Luckily, there's an easy way to straighten out this mess. First, change the 16 index registers so that they point to the first 16 DAC registers. Then set the first 16 DAC registers to the colors that you need. After you do this, you have each index register pointing to the equivalent DAC register (see fig. 6.2), which makes handling colors in your programs easier than flying a kite on a windy autumn day.

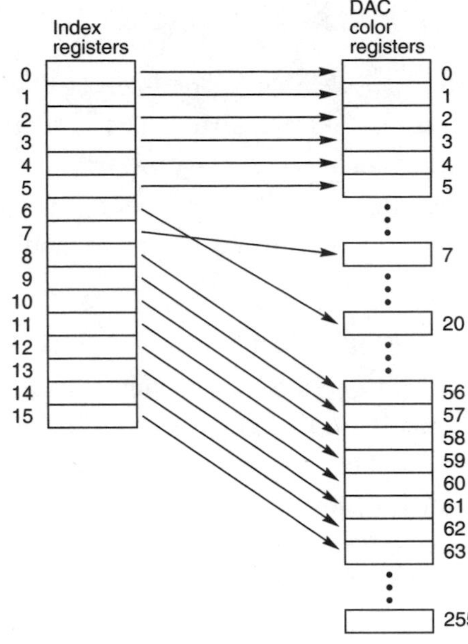

Fig. 6.1
The index and DAC registers.

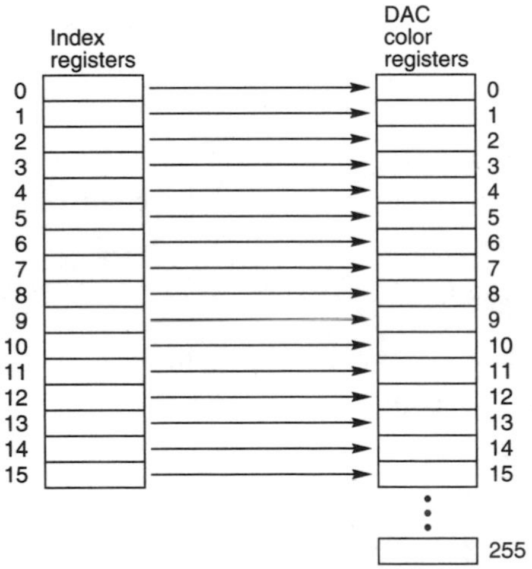

Fig. 6.2
The index and DAC registers after remapping.

Juggling a VGA card's registers may sound like a high-tech job, but Turbo C++ can handle it easily. The following function, taken from this chapter's PCX class, takes care of these register-setting tasks:

```
void PCX::SetPalette()
{
   // Map EGA registers to first 16 DAC registers.
   for (int x=0; x<15; ++x)
      setpalette(x, x);

   // Store the palette in the DAC registers.
   for (x=0; x<15; ++x)
      setrgbpalette(x, pcxPalette[x*3]>>2,
         pcxPalette[x*3+1]>>2, pcxPalette[x*3+2]>>2);
}
```

This function first calls Turbo C++'s graphics function `setpalette()` 16 times to set the contents of the index registers to the values 0 through 15. The program then calls the Turbo C++ graphics function `setrgbpalette()` once for each of the first 16 DAC registers. The values given to `setrgbpalette()` are one set of the RGB triples found in the current picture's palette. Note that you must shift these RGB values two bits to the right because the actual RGB value needed is in the upper six bits of each byte. If you forget to perform this shift, you do not get the colors you expect.

Note

Just as you can use the bitwise AND operator to turn off (mask out) certain bits in a value, you can use the right-shift operator (>>) to shift bits a certain number of times to the right. Shifting the bits of a value to the right once is the same as dividing that value by 2. That is, the line

```
result = num >> 2
```

is the same as the line

```
result = num / 4
```

because shifting a value two places to the right is the same as performing integer division by 2 twice. Similarly, you can use the left-shift operator (<<) to shift the bits of a value to the left. Each left shift is the same as multiplying the value by 2. Shifting bits is much quicker than performing multiplication or division.

As previously mentioned, to display a 16-color PCX file, you must display four separate bit planes that combine to create the final on-screen image. What's the story with these bit planes?

The `ReadPCXLine()` function, shown in the previous section, extracts a full line of picture data into a 320-byte buffer. The four bit planes are arranged consecutively in this buffer, as shown in figure 6.3.

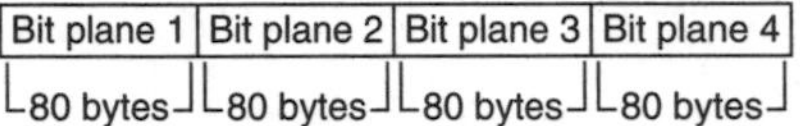

Fig. 6.3
Bit planes in a buffer.

To determine the value that you must place in screen memory, you combine a bit from each plane. For example, the first pixel on the screen is the value that you get by combining the first bit in each of the four bit planes, as shown in figure 6.4. The second pixel's value is the combination of the second bit in each of the four bit planes, and so on.

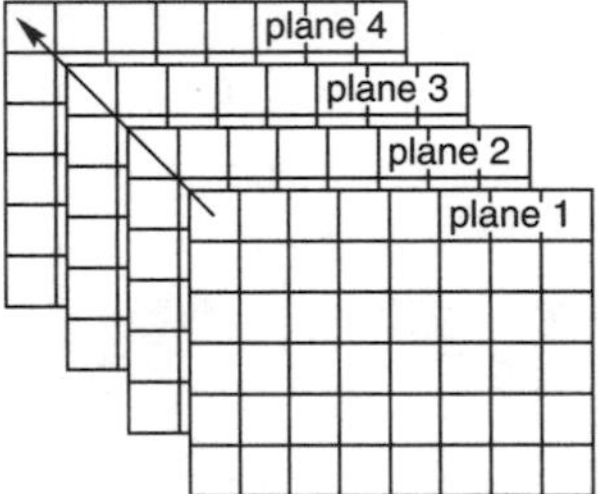

Fig. 6.4
Creating pixel values from bit planes.

Because a PCX file has four bits that allow values from 0 to 15, PCX is called a 16-color graphics format. Likewise, a 16-color picture is sometimes called a four-bit image.

Fortunately, you don't have to combine the bit planes manually in your program. You can access a VGA graphics card directly to switch between the bit planes and write to them one at a time. To do this, you use Turbo C++'s `outp()` function to write values to a VGA card's control registers. To switch to a specific plane, you send a 2 to register number 0x3C4, and the plane number to register number 0x3C5. The lower four bits of the value sent to register 0x3C5 represent each of the four bit planes. That is, the binary value 0001 (decimal 1) selects bit plane 1, 0010 (decimal 2) selects plane 2, 0100 (decimal 4) selects plane 3, and 1000 (decimal 8) selects plane 4. As you'll soon see, you can select all the planes at once by sending register 0x3C5 the binary value 1111 (decimal 15).

The following code, taken from this chapter's PCX class, shows how to write a PCX picture into screen memory, taking into account the four bit planes:

```
void PCX::ShowPCX(void)
{
   // If the file is not open, do nothing.
   if (pcxFile == NULL)
      return;

   // Seek to the beginning of the picture data.
   fseek(pcxFile, (unsigned long) sizeof(pcxHeader), SEEK_SET);

   // Set the VGA palette.
   SetPalette();

   // Create PCX line buffer.
   char *buffer = new char[320];

   // Read and display 480 lines with four bit planes each.
   for (int line=0; line<480; ++line)
   {
      // Decode one PCX line.
      ReadPCXLine(buffer);

      // Output four bit planes.
      ShowBitPlane(1, line, buffer);
      ShowBitPlane(2, line, &buffer[80]);
      ShowBitPlane(4, line, &buffer[160]);
      ShowBitPlane(8, line, &buffer[240]);
   }

   outp(0x3c4, 2);
   outp(0x3c5, 15);
   delete buffer;
}
```

`ShowPCX()` first checks that the PCX file is open. If the file is open, `ShowPCX()` positions the file pointer at the beginning of the picture data in the PCX file. Then the function calls `SetPalette()` to set the palette to the picture's colors. Next, the `ShowPCX()` function creates a 320-byte buffer named `buffer` in which the function can store each decompressed line of picture data. The `for` loop then iterates 480 times (once for each line in a 640X480 picture file), reading and decompressing a line of PCX picture data in each iteration and sending that data to the appropriate bit planes.

The function `ShowBitPlane( )` handles the plane-switching tasks:

```
void PCX::ShowBitPlane(int n, int line, char *buffer)
{
   outp(0x3c4, 2);
   outp(0x3c5, n);
   for (int byte=0; byte<80; ++byte)
      screenLinePointers[line][byte] = buffer[byte];
}
```

`ShowBitPlane( )` takes as its arguments the bit plane number, the picture line number, and a pointer to the buffer that contains the picture data for the current plane. This function calls `outp( )` twice to send appropriate values to the VGA card's control registers. These calls to `outp( )` switch on the needed bit plane. The `for` loop then transfers the 80 bytes of picture data to the plane. (`screenLinePointers[]` is an array of pointers to the 480 lines of screen memory.)

After `ShowPCX()` calls `ShowBitPlane( )` four times (once for each bit plane), it switches all four bit planes back on and deletes `buffer`.

The PCX Class

You now know how to read, decompress, and display a 16-color PCX picture. So that you can easily add these capabilities to your own programs, the following C++ class for 16-color, 640X480 PCX files contains not only the previously covered functions, but also some extra goodies. Listing 6.1 shows the header file for the `PCX` class.

Listing 6.1 PCX.H—the Header File for the *PCX* Class

```
///////////////////////////////////////////////////////////////////
// PCX.H: Header file for the PCX class.
///////////////////////////////////////////////////////////////////

#ifndef __PCX_H
#define __PCX_H

#include <stdio.h>
#include <dos.h>
#include <string.h>

// PCX header structure type.
struct PCXHeader
{
   char pcxID;
   char version;
   char rleEncoding;
```

```
    char bitsPerPixel;
    int x1, y1;
    int x2, y2;
    int hRes;
    int vRes;
    unsigned char palette[48];
    char reserved;
    char colorPlanes;
    int bytesPerLine;
    int paletteType;
    char unused[58];
};

// PCX palette type.
typedef unsigned char PCXPalette[48];

// PCX class declaration.
class PCX
{
protected:
    PCXHeader pcxHeader;
    PCXPalette pcxPalette;
    char pcxFileName[80];
    FILE *pcxFile;
    char *screenLinePointers[480];

public:
    PCX(char *fileName);
    ~PCX();
    int OpenPCXFile(void);
    void ShowPCX(void);
    void GetPCXHeader(PCXHeader &header);
    void GetPCXPalette(PCXPalette &palette);

protected:
    void ReadPCXLine(char *buffer);
    void PCX::ShowBitPlane(int n, int line, char *buffer);
    void SetPalette();
};

#endif
```

Following the `#include` statements, PCX.H declares the PCX header structure, a PCX palette type, and the `PCX` class itself. The class's data members include instances of `PCXHeader` and `PCXPalette`, as well as a character array to hold the PCX picture's file name, a pointer to the file's `FILE` structure, and an array of pointers that the program will use to point to each line of a 640X480 VGA screen.

The `PCX` class has six public member functions, including its constructor and destructor. The other public functions are `OpenPCXFile()`, which opens a PCX file and reads its header; `ShowPCX()`, which displays the PCX file;

GetPCXHeader( ), which returns a copy of the PCX picture's header structure; and GetPCXPalette( ), which returns a copy of the PCX file's palette. The three protected functions—ReadPCXLine( ), ShowBitPlane( ), and SetPalette( )—were discussed in the previous sections.

When you create a PCX object in your program, the PCX class's constructor gets called for that object:

```
PCX::PCX(char *fileName)
{
   // Set addresses of screen lines.
   for (int x=0; x<480; ++x)
      screenLinePointers[x] = (char *) MK_FP(0xa000, x*80);

   // Store the picture's file name.
   strcpy(pcxFileName, fileName);

   // Initialize the FILE structure pointer.
   pcxFile = NULL;
}
```

The constructor's single argument is the file name of the PCX file that you want to associate with this PCX object. The constructor first sets each of the pointers in screenLinePointers[] to the addresses of the screen's 480 lines. It then copies the given file name into the data member pcxFileName and sets the pcxFile pointer to NULL, which indicates that the file is not yet open.

Note

Calculating locations in screen memory means converting segment and offset addresses to far pointers. To help with this tricky calculation, Turbo C++ provides the MK_FP (*make far pointer*) macro. Because the VGA screen address begins at segment 0xA000 and offset 0x0000, you can use the line

```
screenAdr = (char *) MK_FP(0xA000, 0x0000)
```

to create a far pointer to the beginning of screen memory. Moreover, because each line of 16-color VGA screen memory uses 80 bytes, you can use the line

```
screenLinePtr = (char *) MK_FP(0xA000, line * 80)
```

to create a far pointer to the VGA screen line line, where line is a value from 0 to 479 (assuming that the screen resolution is 640X480).

After you create your PCX object, you should call the class's OpenPCXFile( ) member function to open the file and read its header. If this function succeeds, it returns a value of 0. A return value of 1 indicates that the function couldn't open the file, a 2 indicates a read error on the header, a 3 indicates that the file is not a PCX picture, and a 4 indicates that the file is not in the 640X480 resolution.

If you want to copy the PCX picture's header structure, you can call the class's GetPCXHeader( ) function, supplying a reference to a PCXHeader structure as the function's single argument:

```
void PCX::GetPCXHeader(PCXHeader &header)
{
   // If the file is open, copy the header...
   if (pcxFile)
      memcpy(&header, &pcxHeader, sizeof(header));

   // ...else return all zeros.
   else
      memset(&header, 0, sizeof(header));
}
```

This function first checks that the PCX file is open. If not, the function copies all zeros into the given header structure. Otherwise, it copies into that header structure the contents of the class's pcxHeader data member.

You can copy the PCX file's palette by calling the class's GetPCXPalette( ) function, providing a reference to a PCXPalette structure as its single argument:

```
void PCX::GetPCXPalette(PCXPalette &palette)
{
   // If the file is open, copy the palette...
   if (pcxFile)
      memcpy(&palette, &pcxPalette, sizeof(palette));

   // ...else send back all zeros.
   else
      memset(&palette, 0, sizeof(palette));
}
```

This function works exactly like GetPCXHeader( ), except it copies the palette rather than the header.

You examined the other functions in this class earlier in this chapter, so there's no need to go over them here. Note, however, that before you call ShowPCX(), you must have already set the appropriate graphics mode. Otherwise, the results are unpredictable.

Listing 6.2 is the PCX class's complete implementation file, and listing 6.3 is TESTPCX, a program that puts the PCX class through its paces. When you run TESTPCX, it asks you for the name of a 16-color PCX picture file in the 640X480 resolution. Your companion disk includes the TESTPCX program's source code as well as the PCX file DRAGON.PCX, which is a set of images that you use in Chapter 8, "Dragonlord." You can use TESTPCX to view this picture file. After you provide the file name DRAGON.PCX, the program loads and displays the picture. To exit the program, press Enter.

Listing 6.2 PCX.CPP—the Implementation File for the *PCX* Class

```
///////////////////////////////////////////////////////////////////
// PCX.CPP: Implementation file for the PCX class. This
//          class works only with 16-color, 640x480
//          PCX picture files!
///////////////////////////////////////////////////////////////////

#include <graphics.h>
#include "pcx.h"

// Default VGA palette.
char defaultPalette[48] =
{
   0x00,0x00,0x0E,0x00,0x52,0x07,0x2C,0x00,
   0x0E,0x00,0x00,0x00,0xF8,0x01,0x2C,0x00,
   0x85,0x0F,0x42,0x00,0x21,0x00,0x00,0x00,
   0x00,0x00,0x6A,0x24,0x9B,0x49,0xA1,0x5E,
   0x90,0x5E,0x18,0x5E,0x84,0x14,0xD9,0x95,
   0xA0,0x14,0x12,0x00,0x06,0x00,0x68,0x1F
};

///////////////////////////////////////////////////////////////////
// PCX::PCX()
//
// This is the PCX class's constructor, which initializes
// a PCX object.
///////////////////////////////////////////////////////////////////
PCX::PCX(char *fileName)
{
   // Set addresses of screen lines.
   for (int x=0; x<480; ++x)
      screenLinePointers[x] = (char *) MK_FP(0xa000, x*80);

   // Store the picture's file name.
   strcpy(pcxFileName, fileName);

   // Initialize the FILE structure pointer.
   pcxFile = NULL;
}
```

```
///////////////////////////////////////////////////////////
// PCX::~PCX()
//
// This is the PCX class's destructor, which performs
// cleanup for a PCX object before the object is
// destroyed.
///////////////////////////////////////////////////////////
PCX::~PCX()
{
   // Close the PCX picture file.
   if (pcxFile)
      fclose(pcxFile);
}

///////////////////////////////////////////////////////////
// PCX::OpenPCXFile()
//
// This function opens a PCX picture file and reads the
// picture's header and palette. A nonzero return value
// indicates an error.
///////////////////////////////////////////////////////////
int PCX::OpenPCXFile(void)
{
   // If the file is already open, return.
   if (pcxFile)
      return 0;

   // Open the file.
   pcxFile = fopen(pcxFileName, "rb");
   if (pcxFile == NULL)
      return 1;

   // Read the picture's header.
   int bytesRead =
      fread((char *) &pcxHeader, 1, sizeof(pcxHeader), pcxFile);
   if (bytesRead != sizeof(pcxHeader))
      return 2;

   // Make sure this is a PCX file.
   if (pcxHeader.pcxID != 10)
      return 3;

   // Make sure this file is 640x480.
   if ((pcxHeader.x2 != 639) || (pcxHeader.y2 != 479))
      return 4;

   // Store the picture's palette.
   if (pcxHeader.version == 3)
      memcpy(pcxPalette, defaultPalette, 48);
   else
      memcpy(pcxPalette, pcxHeader.palette, 48);

   return 0;
}
```

(continues)

Listing 6.2 Continued

```
/////////////////////////////////////////////////////////////
// PCX::GetPCXHeader()
//
// This function returns a copy of the picture's header.
/////////////////////////////////////////////////////////////
void PCX::GetPCXHeader(PCXHeader &header)
{
   // If the file is open, copy the header...
   if (pcxFile)
      memcpy(&header, &pcxHeader, sizeof(header));

   // ...else return all zeros.
   else
      memset(&header, 0, sizeof(header));
}

/////////////////////////////////////////////////////////////
// PCX::GetPCXPalette()
//
// This function returns a copy of the picture's palette.
/////////////////////////////////////////////////////////////
void PCX::GetPCXPalette(PCXPalette &palette)
{
   // If the file is open, copy the palette...
   if (pcxFile)
      memcpy(&palette, &pcxPalette, sizeof(palette));

   // ...else send back all zeros.
   else
      memset(&palette, 0, sizeof(palette));
}

/////////////////////////////////////////////////////////////
// PCX::ShowPCX()
//
// This function displays the PCX picture file. Your
// program must set the correct video mode before calling
// this function!
/////////////////////////////////////////////////////////////
void PCX::ShowPCX(void)
{
   // If the file is not open, do nothing.
   if (pcxFile == NULL)
      return;

   // Seek to the beginning of the picture data.
   fseek(pcxFile, (unsigned long) sizeof(pcxHeader), SEEK_SET);

   // Set the VGA palette.
   SetPalette();

   // Create the PCX line buffer.
   char *buffer = new char[320];
```

```
   // Read and display 480 lines with four bit planes each.
   for (int line=0; line<480; ++line)
   {
      // Decode one PCX line.
      ReadPCXLine(buffer);

      // Output four bit planes.
      ShowBitPlane(1, line, buffer);
      ShowBitPlane(2, line, &buffer[80]);
      ShowBitPlane(4, line, &buffer[160]);
      ShowBitPlane(8, line, &buffer[240]);
   }

   outp(0x3c4, 2);
   outp(0x3c5, 15);
   delete buffer;
}

///////////////////////////////////////////////////////////
// PCX::ReadPCXLine()
//
// This function decodes a line of PCX data and transfers
// the data to a buffer.
///////////////////////////////////////////////////////////
void PCX::ReadPCXLine(char *buffer)
{
   int byteCount, data, runCount, x;

   byteCount = 0;
   while (byteCount < 320)
   {
      // Get a byte of data.
      data = fgetc(pcxFile);

      // If this is a run-count byte...
      if (data > 192)
      {
         // Calculate the run count.
         runCount = data & 0x3f;

         // Get the data byte.
         data = fgetc(pcxFile);

         // Duplicate the data byte runCount times.
         for (x=0; x<runCount; ++x)
            buffer[byteCount++] = data;
      }
      // ...else if it's a data byte,
      // just write it to the buffer.
      else buffer[byteCount++] = data;
   }
}
```

(continues)

Listing 6.2 Continued

```
///////////////////////////////////////////////////////////
// PCX::ShowBitPlane()
//
// This function writes data from the buffer to the
// appropriate bit plane.
///////////////////////////////////////////////////////////
void PCX::ShowBitPlane(int n, int line, char *buffer)
{
   outp(0x3c4, 2);
   outp(0x3c5, n);
   for (int byte=0; byte<80; ++byte)
      screenLinePointers[line][byte] = buffer[byte];
}

///////////////////////////////////////////////////////////
// PCX::SetPalette()
//
// This function sets the VGA palette to the picture's
// palette.
///////////////////////////////////////////////////////////
void PCX::SetPalette()
{
   // Map EGA registers to first 16 DAC registers.
   for (int x=0; x<15; ++x)
      setpalette(x, x);

   // Store the palette in the DAC registers.
   for (x=0; x<15; ++x)
      setrgbpalette(x, pcxPalette[x*3]>>2,
         pcxPalette[x*3+1]>>2, pcxPalette[x*3+2]>>2);
}
```

Listing 6.3 TESTPCX.CPP—the *PCX* Test Program

```
///////////////////////////////////////////////////////////
// TESTPCX.CPP: Test program for the PCX class.
///////////////////////////////////////////////////////////

#include <stdlib.h>
#include <conio.h>
#include <iostream.h>
#include <graphics.h>
#include "pcx.h"

// Function prototype.
void StartGraphics(void);
```

```
/////////////////////////////////////////////////////////////
// main()
/////////////////////////////////////////////////////////////
int main(void)
{
   PCXHeader header;
   PCXPalette palette;
   char fileName[81];

   // Get PCX file name.
   clrscr();
   cout << "Enter PCX filename: ";
   cin >> fileName;
   cout << endl;

   // Construct a PCX object.
   PCX pcx(fileName);

   // Open the PCX file.
   int errorCode = pcx.OpenPCXFile();
   if (errorCode != 0)
   {
      switch (errorCode)
      {
         case 1: cout << "Couldn't open PCX file" << endl;
                 break;
         case 2: cout << "Couldn't read PCX header" << endl;
                 break;
         case 3: cout << "Not a PCX file" << endl;
                 break;
         case 4: cout << "Not a 640x480 PCX picture" << endl;
      }
      exit(1);
   }

   // Get a copy of the PCX header.
   pcx.GetPCXHeader(header);

   // Get a copy of the palette.
   pcx.GetPCXPalette(palette);

   // Show the PCX picture.
   StartGraphics();
   pcx.ShowPCX();

   // Wait for a key press and then exit.
   getch();
   closegraph();
   return 1;
}
```

(continues)

Listing 6.3 Continued

```
//////////////////////////////////////////////////////////////
// StartGraphics()
//
// This function initializes Borland's graphics driver
// for the high-resolution VGA screen.
//////////////////////////////////////////////////////////////
void StartGraphics(void)
{
   int gdriver = VGA, gmode = VGAHI, errorcode;

   errorcode = registerbgidriver(EGAVGA_driver);
   if (errorcode < 0)
   {
      cout << "Graphics not initialized: ";
      cout << errorcode << endl;
      cout << "Press any key.";
      getch();
      abort();
   }

   initgraph(&gdriver, &gmode, "");
   if ((errorcode = graphresult()) != grOk)
   {
      cout << "Graphics not initialized: ";
      cout << errorcode << endl;
      cout << "Press any key.";
      getch();
      abort();
   }
}
```

Summary

Most of your game graphics will begin as some sort of picture file, generated by a paint program. There are many kinds of picture-file formats, but this book focuses on the 16-color, 640X480 VGA PCX file format, which is the most useful format for games (not everybody has a 256-color system). The 16-color PCX format is hardest to handle of the PCX formats. Now that you understand this format, you should be able to modify the code presented in this chapter so that it can load and display other types of PCX files. If you plan to modify the code, though, you should pick up a good reference book on PCX picture file formats.

In the next chapter, you learn to extract images from a PCX picture file, images that you can use as the icons, sprites, and other small graphics elements that are so important to game programming.

Chapter 7

Creating Game Images

So far, you've discovered that you use a paint program to create most game graphics. In Chapter 2, "Designing Computer Game Graphics," you learned a few tricks that professional computer artists use when creating images for games, and in Chapter 6, "Loading and Displaying Pictures," you learned how to display PCX pictures on your computer's screen. But, unless you're using a PCX picture as a full-screen background for your game, you now must have a way to extract images from your picture files.

In this chapter, you learn how to incorporate the PCX picture class into a program so that you can easily load and display PCX pictures. In addition, you learn how to cut images from the picture and save those images to disk in a format that Turbo C++ can handle. After you finish this chapter, you'll have at your disposal a useful utility, The Image Machine, that makes creating images for your programs a snap.

Turbo C++'s Image Format

Turbo C++'s BGI (Borland Graphics Interface) library doesn't provide many image-handling functions. For example, although you can draw lines and shapes with the BGI, you can't load picture files or convert them to different formats. But because programs frequently must deal with small graphics images—including icons, screen decorations, and map tiles—the BGI does include two functions for transferring such images between screen memory and RAM. As you learned in Chapter 4, "Graphical Controls and Windows," the function `putimage()` transfers an image from RAM to the screen, and the function `getimage()` captures an image from the screen and stores it in RAM.

These functions are perfect for most of your game-programming needs. The problem is that the BGI image format is not much like the PCX picture format. In fact, Turbo C++ BGI images have a unique format that you can handle directly only with a Borland C++ or Borland Pascal compiler. However, once you are able to display a picture file on-screen—as you already can with the `PCX` class—you can use Borland's `getimage()` function to capture a portion of the screen in the proper format for the `putimage()` image function.

This, however, presents another problem. To capture an image, you must first display the picture from which you are cutting the image. (Figure 7.1 shows such a picture file. The images in this picture are used in Dragonlord, the game presented in Chapter 8.) This means that, when you run your game program, you must first display the picture file that contains the game's images, use `getimage()` to cut the images on-screen and save them in RAM, and then finally replace the picture that contains the images with your game's main screen. Are you cringing? You should be. The last thing you want is your program's user to watch all this image capturing going on. What you really need is a way to have the BGI images ready to go when the user runs your program.

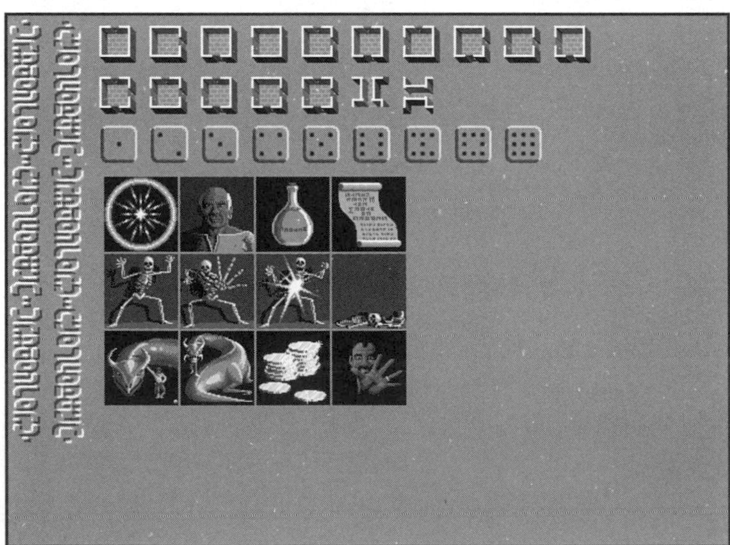

Fig. 7.1
A PCX picture containing game images.

Presenting The Image Machine

The Image Machine is a graphics utility that enables you to capture BGI-format images on-screen and then save them in disk files. Once you have the images on disk, you can load them into memory when you need them and then display them with Borland's `putimage()` function.

Because The Image Machine uses Borland's `getimage()` and `putimage()` functions extensively, this chapter gives you a lot of practice handling images. As you study The Image Machine's source code, pay careful attention to how `getimage()` and `putimage()` are used, because it's very difficult to write a good computer game in Turbo C++ without these two powerful functions. (You could, of course, resort to assembly language programming. You could also sprinkle pepper into your eyes, but why would you want to?)

Listing 7.1 is IMAGEMCH.H, The Image Machine's header file. Listing 7.2 is IMAGEMCH.CPP, the Turbo C++ source code for The Image Machine. In addition to these files, The Image Machine also uses PCX.H and PCX.CPP, which were presented in Chapter 6.

Listing 7.1 IMAGEMCH.H—The Image Machine's Header File

```
//////////////////////////////////////////////////////////////
// IMAGEMCH.H: The Image Machine's header file.
//////////////////////////////////////////////////////////////

#ifndef --IMAGEMCH_H
#define --IMAGEMCH_H

// Program constants.
const TRUE       = 1;
const FALSE      = 0;
const LEFTARROW  = 0x4b00;
const RIGHTARROW = 0x4d00;
const UPARROW    = 0x4800;
const DOWNARROW  = 0x5000;
const ENTER      = 0x1c0d;
const ESC        = 0x011b;
const F1         = 0x3b00;
const F2         = 0x3c00;
const F3         = 0x3d00;
const F4         = 0x3e00;
const F5         = 0x3f00;
const F10        = 0x4400;

// Function prototypes.
void KeyEvent(int &key, int &shift);
PCX *OpenPCXFile(void);
void StartGraphics(void);
void ShowInstructions(void);
void DispatchEvent(int key, int shift);
void DoRightArrow(int shift);
void DoLeftArrow(int shift);
void DoUpArrow(int shift);
void DoDownArrow(int shift);
```

(continues)

Listing 7.1 Continued

```
void DoEnter(void);
void SetLineColor(void);
void SetTextColor(void);
void SetBoxColor(void);
void TogglePaletteSave(void);
void SaveImage(void);
void ShowText(const char *str);
void ShowSize(void);
void StartImage(void);
void StoreImage(char *image, unsigned imageSize);
void EraseAllSelectionLines(void);
void CaptureImage(char *&imagePtr, unsigned &imageSize);
void DoImagePreview(char *image, unsigned imageSize);
void DrawLine(int x1, int y1, int x2, int y2);
int DrawTextBox(int x1, int y1, int x2, int y2, char *&ptr);

#endif
```

Listing 7.2 IMAGEMCH.CPP—the Main Source Code File for The Image Machine

```
///////////////////////////////////////////////////////////
// The Image Machine
// by Clayton Walnum
// Developed with Turbo C++ 3.0
///////////////////////////////////////////////////////////

#include <stdlib.h>
#include <bios.h>
#include <conio.h>
#include <iostream.h>
#include <graphics.h>
#include "pcx.h"
#include "imagemch.h"

// Global variables.
int repeat, imageNumber, lineX, lineY, upperLeftX;
int upperLeftY, lowerRightX, lowerRightY;
int doingUpperCorner, savePalette;
int lineColor, textColor, boxColor;

// Pointer to a PCX object.
PCX *pcx;

///////////////////////////////////////////////////////////
// main()
///////////////////////////////////////////////////////////
int main(void)
{
   int key, shift;

   // Create a PCX object, and open its
   // associated file.
   pcx = OpenPCXFile();
```

```
    // Start up the VGA graphics mode.
    StartGraphics();

    // Display the PCX picture.
    pcx->ShowPCX();

    // Initialize program variables.
    textColor = 0;
    lineColor = 2;
    boxColor = 3;
    imageNumber = 0;
    savePalette = TRUE;
    upperLeftX = 15;
    upperLeftY = 15;

    // Display program instructions.
    ShowInstructions();

    // Initialize variables for first image.
    StartImage();

    // Get and dispatch the user's input.
    repeat = TRUE;
    while (repeat)
    {
       KeyEvent(key, shift);
       if (key)
          DispatchEvent(key, shift);
    }

    // Delete the PCX object, close the graphics
    // driver, and exit the program.
    delete pcx;
    closegraph();
    return 1;
}

////////////////////////////////////////////////////////////
// DispatchEvent()
//
// This function routes key events to the appropriate
// function.
////////////////////////////////////////////////////////////
void DispatchEvent(int key, int shift)
{
    switch (key)
    {
       case F1:         ShowInstructions(); break;
       case F2:         SetLineColor(); break;
       case F3:         SetTextColor(); break;
       case F4:         SetBoxColor(); break;
       case F5:         TogglePaletteSave(); break;
       case F10:        repeat = FALSE; break;
       case RIGHTARROW: DoRightArrow(shift); break;
       case LEFTARROW:  DoLeftArrow(shift); break;
       case UPARROW:    DoUpArrow(shift); break;
```

(continues)

Listing 7.2 Continued

```
      case DOWNARROW:  DoDownArrow(shift); break;
      case ENTER:      DoEnter(); break;
   }
}

///////////////////////////////////////////////////////////
// OpenPCXFile()
//
// This function gets a PCX file name from the user,
// creates a PCX object, and attempts to open the PCX
// file. If errors occur when trying to open the file,
// the program halts.
///////////////////////////////////////////////////////////
PCX *OpenPCXFile(void)
{
   char fileName[80];

   // Get a file name from the user.
   clrscr();
   cout << "Enter the name of 16-color, ";
   cout << "640x480 PCX file:" << endl;
   cin >> fileName;

   // Create a new PCX object.
   PCX *p = new PCX(fileName);

   // Open the associated PCX picture file.
   int errorCode = p->OpenPCXFile();
   if (errorCode != 0)
   {
      cout << "Couldn't open the PCX file!" << endl;
      exit(1);
   }

   // Return a pointer to the PCX object.
   return p;
}

///////////////////////////////////////////////////////////
// TogglePaletteSave()
//
// This function toggles the value of the savePalette
// flag. When savePalette is TRUE, the program saves
// both an image and its palette. When savePalette is
// FALSE, the program saves only the image data.
///////////////////////////////////////////////////////////
void TogglePaletteSave(void)
{
   if (savePalette)
      ShowText("Palette saver off");
   else
      ShowText("Palette saver on");
   savePalette = !savePalette;
}
```

```
////////////////////////////////////////////////////////////
// SetLineColor()
//
// This function responds to an F2 key press, changing the
// color of the image-selection lines.
////////////////////////////////////////////////////////////
void SetLineColor(void)
{
   // Erase old lines. If the user has already selected
   // the image's upper-left corner, the lines erased
   // will be the lines used to select the lower-right
   // corner of the image. Otherwise, the lines erased will
   // be those for selecting the upper-left corner.
   DrawLine(0, lineY, 639, lineY);
   DrawLine(lineX, 0, lineX, 479);

   // If the user has already selected the image's
   // upper-left corner, the previous code erases
   // the lines for selecting the image's lower-
   // right corner. Now the program must erase the
   // lines that selected the upper-left corner of
   // the image.
   if (!doingUpperCorner)
   {
      DrawLine(0, upperLeftY, 639, upperLeftY);
      DrawLine(upperLeftX, 0, upperLeftX, 479);
   }

   // Set the new line color.
   lineColor += 1;
   if (lineColor > 15)
      lineColor = 0;
   setcolor(lineColor);

   // Redraw all lines in the new color.
   if (!doingUpperCorner)
   {
      DrawLine(0, upperLeftY, 630, upperLeftY);
      DrawLine(upperLeftX, 0, upperLeftX, 479);
   }
   DrawLine(0, lineY, 639, lineY);
   DrawLine(lineX, 0, lineX, 479);
}

////////////////////////////////////////////////////////////
// SetTextColor()
//
// This function responds to the F4 key press, changing
// the text color.
////////////////////////////////////////////////////////////
```

(continues)

Listing 7.2 Continued

```
void SetTextColor(void)
{
   // Change the text color.
   textColor += 1;
   if (textColor > 15)
      textColor = 0;

   // Redraw the image-size box.
   ShowSize();
}

///////////////////////////////////////////////////////////
// SetBoxColor()
//
// This function responds to an F5 key press, changing the
// background color of text boxes.
///////////////////////////////////////////////////////////
void SetBoxColor(void)
{
   // Change the box color.
   boxColor += 1;
   if (boxColor > 15)
      boxColor = 0;

   // Redraw the image-size box.
   ShowSize();
}

///////////////////////////////////////////////////////////
// DoRightArrow()
//
// This function responds to a right-arrow key press,
// moving the current vertical image-selection line to
// the right. The distance the line moves depends on
// the status of the left Shift key.
///////////////////////////////////////////////////////////
void DoRightArrow(int shift)
{
   // Erase the old vertical image-selection line.
   DrawLine(lineX, 0, lineX, 479);

   // Calculate the new line position.
   if (shift)
      lineX += 3;
   else
      lineX += 1;
   if (lineX > 639)
      lineX = 639;

   // Draw the line in its new position.
   DrawLine(lineX, 0, lineX, 479);

   // Update the image-size box.
   ShowSize();
}
```

```
////////////////////////////////////////////////////////////
// DoLeftArrow()
//
// This function responds to a left-arrow key press,
// moving the current vertical image-selection line to the
// left. The distance that the line moves depends on the
// status of the left Shift key. If the user is currently
// selecting the image's lower-right corner, this function
// does not let the vertical image-selection line move
// past the vertical image-selection line for the upper-
// left corner.
////////////////////////////////////////////////////////////
void DoLeftArrow(int shift)
{
   // Erase the old vertical image-selection line.
   DrawLine(lineX, 0, lineX, 479);

   // Calculate the line's new position.
   if (shift)
      lineX -= 3;
   else
      lineX -= 1;
   if (lineX < 0)
      lineX = 0;
   else if (!doingUpperCorner && lineX < upperLeftX + 1)
      lineX = upperLeftX + 1;

   // Draw the line in its new position.
   DrawLine(lineX, 0, lineX, 479);

   // Update the image-size box.
   ShowSize();
}

////////////////////////////////////////////////////////////
// DoUpArrow()
//
// This function responds to an up-arrow key press,
// moving the current horizontal image-selection line up.
// The distance that the line moves depends on the status
// of the left Shift key. If the user is currently selecting
// the image's lower-right corner, this function does not
// let the horizontal image-selection line move past the
// horizontal image-selection line for the upper-left corner.
////////////////////////////////////////////////////////////
void DoUpArrow(int shift)
{
   // Erase the old horizontal image-selection line.
   DrawLine(0, lineY, 639, lineY);

   // Calculate the line's new position.
   if (shift)
      lineY -= 3;
   else
      lineY -= 1;
   if (lineY < 0)
      lineY = 0;
```

(continues)

Listing 7.2 Continued

```
else if (!doingUpperCorner && lineY < upperLeftY + 1)
      lineY = upperLeftY + 1;

   // Draw the line in its new position.
   DrawLine(0, lineY, 639, lineY);

   // Update the image-size box.
   ShowSize();
}

///////////////////////////////////////////////////////////
// DoDownArrow()
//
// This function responds to an down-arrow key press,
// moving the current horizontal image-selection line down.
// The distance that the line moves depends on the status
// of the left Shift key.
///////////////////////////////////////////////////////////
void DoDownArrow(int shift)
{
   // Erase the old horizontal image-selection line.
   DrawLine(0, lineY, 639, lineY);

   // Calculate the line's new position.
   if (shift)
      lineY += 3;
   else
      lineY += 1;
   if (lineY > 479)
      lineY = 479;

   // Draw the line in its new position.
   DrawLine(0, lineY, 639, lineY);

   // Update the image-size box.
   ShowSize();
}

///////////////////////////////////////////////////////////
// DoEnter()
//
// This function responds to the Enter key by finalizing
// the coordinates selected by the user. If the user is
// finalizing the coordinates of the image's upper-left
// corner, the image selection lines for the lower-right
// corner are displayed. If the user is finalizing the
// coordinates of the lower-right corner, it's time to
// save the image.
///////////////////////////////////////////////////////////
```

```
void DoEnter(void)
{
   // If the user is selecting the upper-left corner,
   // store the corner's final coordinates and display
   // the second set of image-selection lines so that
   // the user can select the image's lower-right corner.
   if (doingUpperCorner)
   {
      upperLeftX = lineX;
      upperLeftY = lineY;
      doingUpperCorner = FALSE;
      lineX += 2;
      lineY += 2;
      DrawLine(lineX, 0, lineX, 479);
      DrawLine(0, lineY, 639, lineY);
   }
   // Otherwise, store the coordinates of the lower-
   // right corner, save the selected image, and
   // get set up for the selection of the next image.
   else
   {
      lowerRightX = lineX;
      lowerRightY = lineY;
      SaveImage();
      StartImage();
   }
}

////////////////////////////////////////////////////////////
// StartImage()
//
// This function initializes the program for the selection
// of a new image.
////////////////////////////////////////////////////////////
void StartImage(void)
{
   // Set the image-selection line coordinates.
   lineX = upperLeftX;
   lineY = upperLeftY;

   // Indicate that the user is about to select
   // the image's upper-left corner.
   doingUpperCorner = TRUE;

   // Draw the new image-selection lines.
   DrawLine(lineX, 0, lineX, 479);
   DrawLine(0, lineY, 639, lineY);
}

////////////////////////////////////////////////////////////
// SaveImage()
//
// This function calls the various functions that enable
// the user to save the selected image.
////////////////////////////////////////////////////////////
```

(continues)

Listing 7.2 Continued

```
void SaveImage(void)
{
   char *image;
   unsigned imageSize;

   EraseAllSelectionLines();
   CaptureImage(image, imageSize);
   if (image)
   {
      DoImagePreview(image, imageSize);
      delete image;
   }
}

////////////////////////////////////////////////////////////
// CaptureImage()
//
// This function captures the screen image at the
// coordinates selected by the user. The calling function
// should check the value returned in imagePtr for a NULL,
// which indicates that the image could not be captured.
////////////////////////////////////////////////////////////
#pragma warn -rng
void CaptureImage(char *&imagePtr, unsigned &imageSize)
{
   // Get the size of the image that the user wants
   // to capture.
   imageSize = imagesize(upperLeftX,
      upperLeftY, lowerRightX, lowerRightY);

   // If imageSize is -1, the image is larger than
   // 64K and cannot be captured.
   if (imageSize == -1)
   {
      ShowText("Image too large!");
      imagePtr = NULL;
      return;
   }

   // Get a buffer in which to store the image.
   imagePtr = new char[imageSize];

   // If imagePtr is NULL, there's not enough
   // memory for the image the user wants to capture.
   if (imagePtr == NULL)
   {
      ShowText("Not enough memory!");
      return;
   }

   // Capture the image at the coordinates the
   // user selected. imagePtr now points to the
   // image in memory.
   getimage(upperLeftX, upperLeftY,
      lowerRightX, lowerRightY, imagePtr);
```

```
}

////////////////////////////////////////////////////////////
// DoImagePreview()
//
// This function displays the currently selected image
// and gives the user a chance to save the image or
// to discard the image and start a new one.
////////////////////////////////////////////////////////////
void DoImagePreview(char *image, unsigned imageSize)
{
   char *screenImage;

   // Calculate the size of a box big enough
   // to hold the image and the box's text.
   int boxWidth = lowerRightX - upperLeftX + 11;
   if (boxWidth < 160)
      boxWidth = 180;
   int boxHeight = lowerRightY - upperLeftY + 31;

   // Create the preview box.
   int errorCode =
      DrawTextBox(0, 0, boxWidth, boxHeight, screenImage);

   // If the preview box can't be displayed, display
   // an error and save the image without showing
   // it in the preview box.
   if (errorCode)
   {
      ShowText("Image too large to display");
      StoreImage(image, imageSize);
      return;
   }

   // Add the image and text to the text box.
   putimage(5, 5, image, COPY_PUT);
   setcolor(textColor);
   outtextxy(5, boxHeight - 19, "Return = Store image");
   outtextxy(5, boxHeight - 9, "Esc = Discard image");

   // Get the user's input.
   int key = 0;
   int shift = 0;
   while (key != ESC && key != ENTER)
      KeyEvent(key, shift);

   // Store the image if the user pressed Enter.
   if (key == ENTER)
      StoreImage(image, imageSize);

   // Restore the screen, and delete the saved
   // screen background.
   putimage(0, 0, screenImage, COPY_PUT);
   delete screenImage;
}
```

(continues)

Listing 7.2 Continued

```
///////////////////////////////////////////////////////////
// StoreImage()
//
// This function writes the image data to disk. If
// the user has set the savePalette flag to TRUE,
// the image's palette is also saved.
///////////////////////////////////////////////////////////
void StoreImage(char *image, unsigned imageSize)
{
   char fileName[15];
   FILE *imageFile;

   // Construct the image's file name. The first image is
   // IMAGE0.IMA, the second is IMAGE1.IMA, and so on.
   sprintf(fileName, "IMAGE%d.IMA", imageNumber);
   ++imageNumber;

   // Write the image out to disk.
   imageFile = fopen(fileName, "wb");
   fwrite(image, 1, imageSize, imageFile);
   fclose(imageFile);

   // Save the image's palette.
   if (savePalette)
   {
      // Get a copy of the PCX object's palette.
      PCXPalette palette;
      pcx->GetPCXPalette(palette);

      // Construct the palette's file name, based
      // on the image's file name. For example,
      // if the image's file name is IMAGE0.IMA, the
      // palette's file name will be IMAGE0.PAL.
      int len = strlen(fileName);
      strcpy(&fileName[len-3], "PAL");

      // Write the palette out to disk.
      imageFile = fopen(fileName, "wb");
      fwrite(palette, 1, sizeof(palette), imageFile);
      fclose(imageFile);
   }
}

///////////////////////////////////////////////////////////
// ShowInstructions()
//
// This function displays a box containing instructions
// for running the program.
///////////////////////////////////////////////////////////
```

```
void ShowInstructions(void)
{
   char *screenImage;

   // Display the instructions box.
   int errorCode =
      DrawTextBox(180, 100, 460, 210, screenImage);
   if (errorCode)
   {
      ShowText("Error creating instruction box.");
      return;
   }

   // Add text to the instruction box.
   setcolor(textColor);
   outtextxy(205, 110, "Arrows: Outline image");
   outtextxy(205, 120, "Enter:  Finalize coordinate");
   outtextxy(205, 130, "F1:     Show instructions");
   outtextxy(205, 140, "F2:     Change line color");
   outtextxy(205, 150, "F3:     Change text color");
   outtextxy(205, 160, "F4:     Change box color");
   outtextxy(205, 170, "F5:     Toggle palette saver");
   outtextxy(205, 180, "F10:    Quit");
   outtextxy(205, 195, "   PRESS ENTER TO CONTINUE");
   getch();

   // Restore the screen, and delete the screen image.
   putimage(100, 100, screenImage, COPY_PUT);
   delete screenImage;
}

///////////////////////////////////////////////////////////
// ShowSize()
//
// This function displays the currently selected image
// size in the lower-right corner of the screen.
///////////////////////////////////////////////////////////
void ShowSize(void)
{
   int width, height;
   char s[20];

   // If the user hasn't yet selected the upper-
   // left corner, the image has no width or height.
   if (doingUpperCorner)
   {
      width = 0;
      height = 0;
   }
   // Otherwise, calculate the currently
   // selected image size.
   else
   {
      width = lineX - upperLeftX + 1;
      height = lineY - upperLeftY + 1;
   }
```

(continues)

Listing 7.2 Continued

```
   // Display the image-size box.
   setfillstyle(SOLID_FILL, boxColor);
   setcolor(textColor);
   bar(540, 455, 639, 479);
   sprintf(s, " Width: %d  ", width);
   outtextxy(550, 460, s);
   sprintf(s, "Height: %d  ", height);
   outtextxy(550, 470, s);
}

////////////////////////////////////////////////////////////
// ShowText()
//
// This function displays a message in a text box.
////////////////////////////////////////////////////////////
void ShowText(const char *str)
{
   char *screenImage;

   // Create and display a text box.
   int errorCode =
      DrawTextBox(200, 200, 440, 300, screenImage);
   if (errorCode)
   {
      cout << "Not enough memory for The Image Machine.";
      cout << endl;
      return;
   }

   // Show the text in the text box.
   setcolor(textColor);
   outtextxy(320-(strlen(str)/2)*8, 230, str);
   outtextxy(274, 270, "PRESS ENTER");
   getch();

   // Restore the screen, and delete the screen image.
   putimage(200, 200, screenImage, COPY_PUT);
   delete screenImage;
}

////////////////////////////////////////////////////////////
// DrawTextBox()
//
// This function draws an empty text box on-screen,
// saving the image behind the box in a buffer. A pointer
// to this buffer is returned to the calling function in
// the ptr parameter. If an error occurs, this function
// returns a 1 to the calling function.
////////////////////////////////////////////////////////////
```

```
int DrawTextBox(int x1, int y1, int x2, int y2, char *&ptr)
{
   // Get the size of the screen image that the
   // text box will cover.
   unsigned imageSize = imagesize(x1, y1, x2, y2);
   if (imageSize == -1)
      return 1;

   // Get a buffer in which to store the screen image.
   ptr = new char[imageSize];
   if (ptr == NULL)
      return 1;

   // Capture the screen image.
   getimage(x1, y1, x2, y2, ptr);

   // Draw the text box.
   setfillstyle(SOLID_FILL, boxColor);
   setwritemode(COPY_PUT);
   bar(x1, y1, x2, y2);

   return 0;
}

//////////////////////////////////////////////////////////////
// EraseAllSelectionLines()
//
// This function erases both sets of image-selection lines
// from the screen.
//////////////////////////////////////////////////////////////
void EraseAllSelectionLines(void)
{
   DrawLine(lineX, 0, lineX, 479);
   DrawLine(0, lineY, 639, lineY);
   DrawLine(upperLeftX, 0, upperLeftX, 479);
   DrawLine(0, upperLeftY, 639, upperLeftY);
}

//////////////////////////////////////////////////////////////
// DrawLine()
//
// This function draws an image-selection line in XOR
// mode. If the line being drawn has the same coordinates
// as a previously drawn image-selection line, the
// previous line is erased, rather than a new line being
// drawn.
//////////////////////////////////////////////////////////////
void DrawLine(int x1, int y1, int x2, int y2)
{
   setwritemode(XOR_PUT);
   setcolor(lineColor);
   moveto(x1, y1);
   lineto(x2, y2);
}
```

(continues)

Listing 7.2 Continued

```
////////////////////////////////////////////////////////////
// StartGraphics()
//
// This function initializes Borland's graphics driver
// for the high-resolution VGA screen.
////////////////////////////////////////////////////////////
void StartGraphics(void)
{
   int gdriver = VGA, gmode = VGAHI, errorcode;

   errorcode = registerbgidriver(EGAVGA_driver);
   if (errorcode < 0)
   {
      cout << "Graphics not initialized: ";
      cout << errorcode << '\n';
      cout << "Press any key.";
      getch();
      abort();
   }

   initgraph(&gdriver, &gmode, "");
   if ((errorcode = graphresult()) != grOk)
   {
      cout << "Graphics not initialized: ";
      cout << errorcode << '\n';
      cout << "Press any key.";
      getch();
      abort();
   }
}

////////////////////////////////////////////////////////////
// KeyEvent()
//
// This function checks for and retrieves key events.
////////////////////////////////////////////////////////////
void KeyEvent(int &key, int &shift)
{
   // Check for key press.
   key = bioskey(1);

   // Get key if one is available.
   if (key)
   {
      key = bioskey(0);
      shift = bioskey(2) & 0x02;
   }
}
```

Using The Image Machine

When you run The Image Machine, the program asks you for the name of the PCX file that you want to load. Because The Image Machine uses the `PCX` class that you developed in Chapter 6, the file that you load must be a 16-color PCX picture in the 640×480 resolution. After The Image Machine loads the PCX file, you see a screen such as that shown in figure 7.2. (Your screen's appearance depends, of course, on the PCX file that you chose to load.)

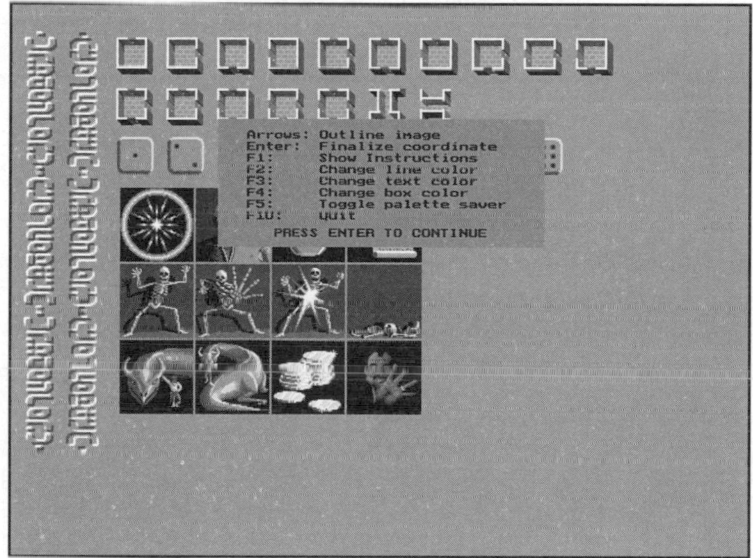

Fig. 7.2
The Image Machine's main screen.

The text box that appears gives brief instructions for using the program. Table 7.1 summarizes The Image Machine's commands.

Table 7.1 The Image Machine's Commands

Keystroke	Result
Arrow	Moves the image-selection lines
Left Shift	Increases the line-movement speed
Enter	Finalizes coordinates set by the image-selection lines
F1	Displays the instructions box

(continues)

Table 7.1 Continued	
F2	Changes the color of the image-selection lines
F3	Changes the color of text displayed in the program's text boxes
F4	Changes the background color of text boxes
F5	Toggles the program's palette saver on or off
F10	Quits The Image Machine

To help you get started with The Image Machine, the companion disk includes the file DRAGON.PCX in the same directory as the program files. DRAGON.PCX is a 16-color, 640×480 PCX picture that contains the images that you need for Dragonlord, the game you write in the next chapter. When The Image Machine requests a file name, type **DRAGON.PCX**. The Image Machine loads the picture file and displays the instructions text box. Press Enter to remove the text box. When you do, the first set of image-selection lines appear on-screen, as shown in figure 7.3.

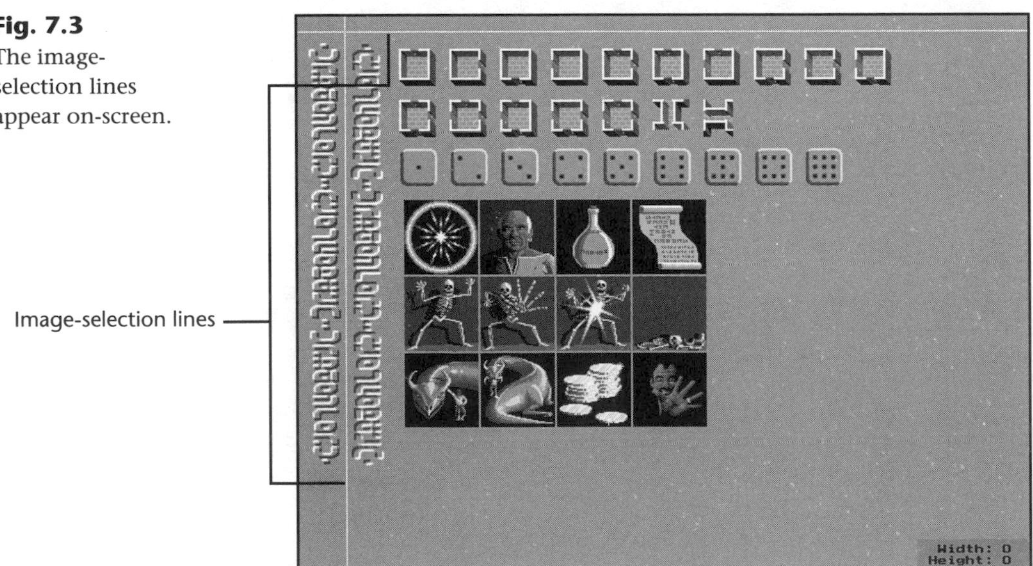

Fig. 7.3
The image-selection lines appear on-screen.

Suppose that you want to extract the skeleton image from the PCX picture. First, hold down the right-arrow key until the vertical image-selection line is on the skeleton image's left edge (on top of the edge, not to the left of the edge). Then, hold down the down-arrow key until the horizontal image-selection line is on top of the skeleton image's top edge. (If you press and hold the left Shift key before pressing an arrow key, the image selection lines move faster.) Your screen should now look like figure 7.4. Press Enter to finalize the coordinates of the image's upper-left corner. Two new image-selection lines then appear on the screen, as shown in figure 7.5.

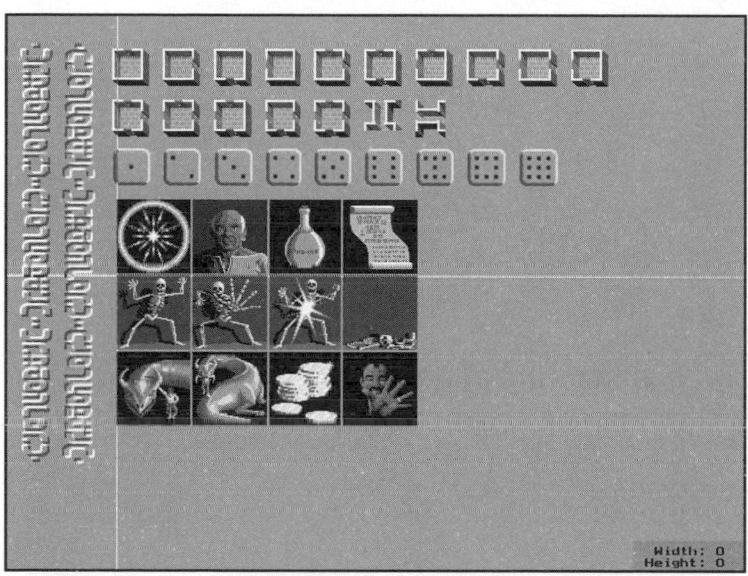

Fig. 7.4
Selecting the skeleton's upper-left corner.

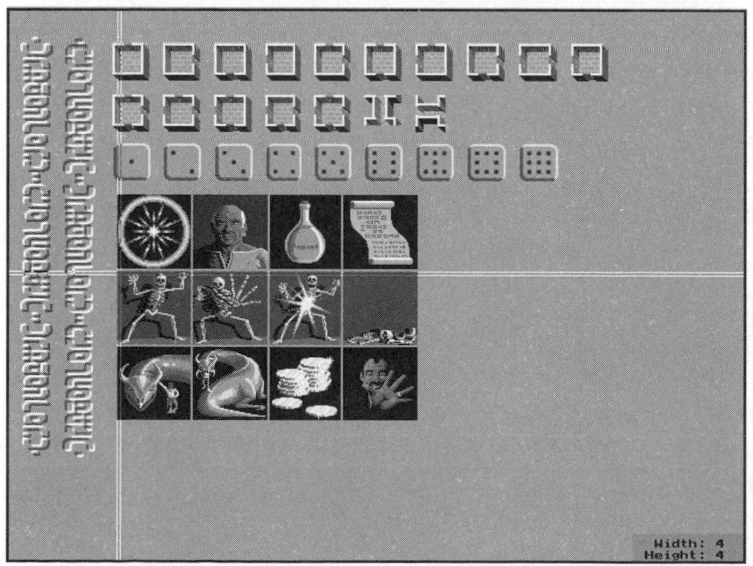

Fig. 7.5
The second set of image-selection lines.

You are now ready to select the image's lower-right corner. You do this in the same way as you selected the upper-left corner. Just position the second set of image-selection lines on top of the image's right and bottom edges. When you have the image-selection lines correctly positioned, the size box in the lower-right of the screen should indicate a width and height of 64 pixels, as shown in figure 7.6. Press Enter to finalize the selection of the image's lower-right corner. The image preview box should then appear in the screen's upper-left corner, as shown in figure 7.7.

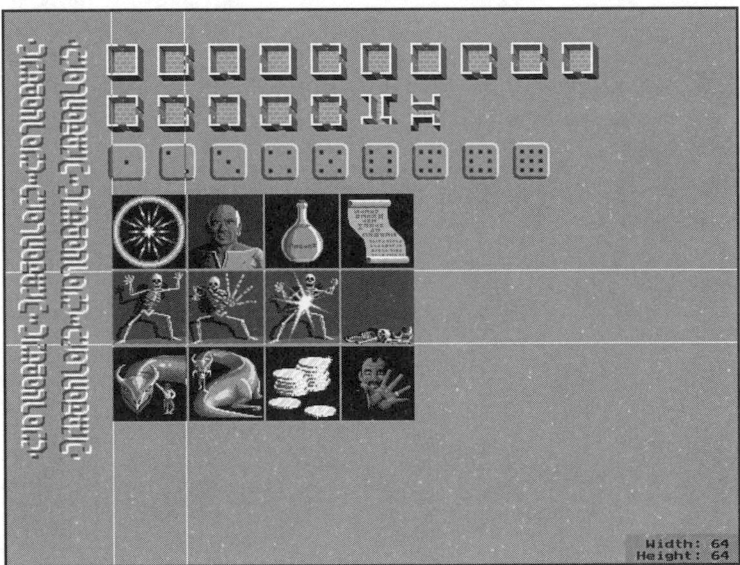

Fig. 7.6 Selecting the image's lower-right corner.

> **Note**
>
> Although a mouse is appropriate for manipulating on-screen buttons and windows, it is often too difficult to control for some tasks. For example, trying to use a mouse to outline an image on a high-resolution screen is a frustrating experience, to say the least. For this reason, The Image Machine doesn't support a mouse and instead relies on keyboard input. Using the keyboard, you can easily move the selection lines one pixel at a time, which enables you to select exactly the image that you want the first time you try.

When the image preview box appears, you can press Enter to save the selected image to disk, or press Esc to cancel the image and start over. If you selected the skeleton image correctly, press Enter to save it to disk. Otherwise, press Esc and try again.

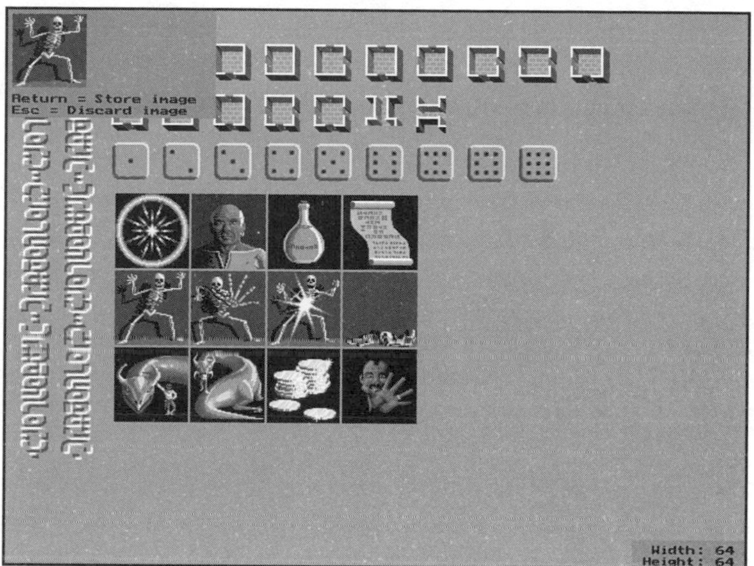

Fig. 7.7
The image preview box.

The first image that you save to disk is assigned the file name IMAGE0.IMA, the second image is assigned the file name IMAGE1.IMA, and so on. After you save a set of images and exit The Image Machine, you should change these file names to something more descriptive. For example, you might name the dragon image DRAGON.IMA. If you don't rename the image files after exiting The Image Machine, you run the risk of overwriting them the next time you run The Image Machine, which starts numbering images from 0 each time that you start it.

Caution

BGI images can be no larger than 64K. If you attempt to select an image larger than 64K, The Image Machine displays the error message `Image too large`. Because of the image preview box's limitations, The Image Machine cannot preview large images that approach but still stay within the 64K limit. When this problem occurs, The Image Machine displays the `Image to large to display` error message and automatically saves the image to disk.

In addition to saving the image's data, The Image Machine also saves the image's palette (unless you've turned off the palette saver). The palette files are named exactly the same as the image files except that they get the file extension PAL. Therefore, when you save the dragon image to disk, The Image Machine creates two files: IMAGE0.IMA and IMAGE0.PAL. The first file contains the actual image data, and the second file contains the palette information for the image. You use the palette file to set colors in your program so that the loaded image looks right.

Now that you've saved your first image, you're ready to select the next. But first, press F5 to turn off The Image Machine's palette saver. Because all the images have the same palette, and you will use all of them in the same program (Dragonlord), you need not save the palette more than once. When you press F5, a text box appears, telling you the current status of the palette saver. In this case, the text box should inform you that the palette saver is off.

Before selecting the next image, try changing the color of the image-selection lines. To do this, press F2. The image-selection lines change to the next available color. Keep pressing F2 until the lines are easy to see. You'll probably need to change the line color every time you load a new picture, because, depending on the loaded picture's palette, the default color can be hard to see. In fact, the lines may even be invisible until you change their color.

The colors used to display text boxes and text can also present similar problems. To change the text color, press F3. You can see the effect of the color change by viewing the image-size box in the lower-right of your screen. Now try changing the box's background color. Press F4 while viewing the image-size box.

Note

You can't change text or box colors when a text box or image preview box is already on-screen. The only exception to this rule is the image-size box, which remains on-screen at all times.

Programming The Image Machine

The Image Machine is a pretty large program, so there's no room here to go over every line of code. However, this section presents some of the more interesting functions and describes the programming techniques that they incorporate. Because the program code is heavily commented, you should be able to figure out how the sections not covered here work.

The Event Loop

The Image Machine uses a slightly modified version of `KeyEvent()`, the keyboard event handler that you developed in Chapter 3, "Event-Driven Programming." This difference is first evident in The Image Machine's event loop:

```
repeat = TRUE;
   while (repeat)
   {
      KeyEvent(key, shift);
      if (key)
         DispatchEvent(key, shift);
   }
```

Notice that `KeyEvent()` no longer directly returns an integer key value, but instead stores the key value in its first argument. In addition, `KeyEvent()` returns in its second argument the status of the left Shift key. Here's the new version of `KeyEvent()`:

```
void KeyEvent(int &key, int &shift)
{
   // Check for key press.
   key = bioskey(1);

   // Get key if one is available.
   if (key)
   {
      key = bioskey(0);
      shift = bioskey(2) & 0x02;
   }
}
```

The call to `bioskey()` with an argument of 2 returns the status of the Ins, Caps Lock, Num Lock, Scroll Lock, Alt, Ctrl, left Shift, and right Shift keys as an integer. Each key's status is indicated by a particular bit, as follows:

Key	Bit
Right Shift	0
Left Shift	1
Ctrl	2
Alt	3
Scroll Lock	4
Num Lock	5
Caps Lock	6
Ins	7

To determine the status of a particular key, you must mask out the unneeded bits. In the preceding code, the return value from `bioskey()` is ANDed with 2 (which is 00000010 in binary), which turns off every bit except bit 1. If bit 1 is set, the user is pressing the left Shift key.

The Event Dispatcher

The Image Machine doesn't capture mouse events, so only keyboard events need be handled by the event dispatcher. The keys to which the dispatcher must respond are defined as constants in the IMAGEMCH.H file, as follows:

```
const LEFTARROW  = 0x4b00;
const RIGHTARROW = 0x4d00;
const UPARROW    = 0x4800;
const DOWNARROW  = 0x5000;
const ENTER      = 0x1c0d;
const ESC        = 0x011b;
const F1         = 0x3b00;
const F2         = 0x3c00;
const F3         = 0x3d00;
const F4         = 0x3e00;
const F5         = 0x3f00;
const F10        = 0x4400;
```

The values assigned to the constants are the values that the `bioskey(0)` function call returns for those keys. The event dispatcher, `DispatchEvent()`, uses the constants to determine which key was pressed:

```
void DispatchEvent(int key, int shift)
{
   switch (key)
   {
      case F1:         ShowInstructions(); break;
      case F2:         SetLineColor(); break;
      case F3:         SetTextColor(); break;
      case F4:         SetBoxColor(); break;
      case F5:         TogglePaletteSave(); break;
      case F10:        repeat = FALSE; break;
      case RIGHTARROW: DoRightArrow(shift); break;
      case LEFTARROW:  DoLeftArrow(shift); break;
      case UPARROW:    DoUpArrow(shift); break;
      case DOWNARROW:  DoDownArrow(shift); break;
      case ENTER:      DoEnter(); break;
   }
}
```

The Color Change Functions

When the user presses F2, F3, or F4, the line, text, or box color changes to a new color. To change the color of the image-selection lines, the program must erase the old lines, and then redraw new ones with the new color. This process is complicated by the fact that the user may have one or two sets of image-selection lines on the screen, depending on which corner of the image the user currently is selecting. Another complication is that the program's line drawing must not change the on-screen image.

To draw lines that can be erased without disturbing the image that they cover, The Image Machine uses the `DrawLine()` function:

```
void DrawLine(int x1, int y1, int x2, int y2)
{
   setwritemode(XOR_PUT);
   setcolor(lineColor);
   moveto(x1, y1);
   lineto(x2, y2);
}
```

`DrawLine()` draws its lines in XOR mode. What is XOR mode? Technically speaking, the XOR graphics-writing mode exclusive-ORs the source pixels (in this case, the pixels of a line) with the screen pixels. This has the effect of highlighting the screen pixels. Practically speaking, any image that's XORed to the screen can be erased simply by XORing the same image over the first one, which "unhighlights" the screen pixels. The best part is that anything that was on-screen is still on-screen after the line is erased.

So, to change the color of the image-selection lines, the program must erase the old lines (that is, redraw them in XOR mode) and redraw the new lines using the new line color. The function `SetLineColor()` handles these tasks. First, `SetLineColor()` erases the currently active image-selection lines:

```
DrawLine(0, lineY, 639, lineY);
DrawLine(lineX, 0, lineX, 479);
```

The global variables `lineX` and `lineY` indicate the location of the currently active image-selection lines. If the user is selecting the upper-left corner of the image, `lineX` and `lineY` give the coordinates of the first set of image-selection lines. If the user is selecting the lower-right corner of the image, `lineX` and `lineY` indicate the coordinates of the second set of image-selection lines, which means that the program has already stored the coordinates of the first set in the variables `upperLeftX` and `upperLeftY`. `SetLineColor()` checks the Boolean variable `doingUpperCorner` to see whether the user is working on the upper-left corner; if he isn't, the first set of calls to `DrawLine()` erases the second set of image-selection lines, after which `SetLineColor()` must erase the first set of lines:

```
if (!doingUpperCorner)
{
   DrawLine(0, upperLeftY, 639, upperLeftY);
   DrawLine(upperLeftX, 0, upperLeftX, 479);
}
```

Next, `SetLineColor()` increments and sets the line color:

```
lineColor += 1;
if (lineColor > 15)
   lineColor = 0;
setcolor(lineColor);
```

Finally, `SetLineColor()` redraws the image-selection lines using the new line color. Depending on the value of `doingUpperCorner`, one or two sets of lines may need to be redrawn:

```
if (!doingUpperCorner)
{
   DrawLine(0, upperLeftY, 639, upperLeftY);
   DrawLine(upperLeftX, 0, upperLeftX, 479);
}
DrawLine(0, lineY, 639, lineY);
DrawLine(lineX, 0, lineX, 479);
```

Note that, because the old image-selection lines have been erased, these calls to `DrawLine()` display the lines by highlighting the pixels over which they were drawn. (XOR graphics-writing mode, remember?)

Note

There are many writing modes that you can use when displaying images on a computer screen. Turbo C++, however, defines constants only for the two most useful: `XOR_PUT` and `COPY_PUT`. To change the writing mode, you call the BGI function `setwritemode()`, using one of the write-mode constants as the function's single argument. The function call `setwritemode(XOR_PUT)` selects the XOR writing mode, whereas `setwritemode(COPY_PUT)` selects the copy mode. In the copy mode, an image placed on-screen overwrites whatever it is drawn over.

The Image-Selection Lines

When the user presses an arrow key, the program moves the appropriate image-selection line in the chosen direction. To do this, the program calls `DoRightArrow()`, `DoLeftArrow()`, `DoUpArrow()`, or `DoDownArrow()`, depending on which arrow key the user pressed. For example, when the user presses the right-arrow key, `DoRightArrow()` springs into action. This function moves the active vertical image-selection line to the right. To accomplish this feat, the function first erases the old vertical image-selection line:

```
DrawLine(lineX, 0, lineX, 479);
```

The function then calculates the line's new position, taking into account the status of the left Shift key:

```
if (shift)
   lineX += 3;
else
   lineX += 1;
if (lineX > 639)
   lineX = 639;
```

If the user is holding down the left Shift key, `DoRightArrow()` moves the line three pixels at a time. Otherwise, the function moves the line only one pixel at a time. In either case, the line must not go past the right edge of the screen, which is located at column 639.

After calculating the new x coordinate, `DoRightArrow()` draws the vertical image-selection line in its new location and calls `ShowSize()`, which redraws the image-size box to update the displayed size of the currently selected image:

```
DrawLine(lineX, 0, lineX, 479);
ShowSize();
```

The other arrow-handling functions work similarly, except that `DoLeftArrow()` and `DoUpArrow()` do not enable the user to move the second set of image-selection lines past the first set, which would result in negative image sizes.

BGI Images

The purpose of The Image Machine program is to enable you to capture images from a PCX picture and save them in Turbo C++'s image format. So, after the user outlines an image on-screen and finalizes her choice, The Image Machine must capture the selected image. The actual image capturing occurs in the function `CaptureImage()`. This function first gets the size in bytes of the image by calling Borland's `imagesize()` function:

```
imageSize = imagesize(upperLeftX,
   upperLeftY, lowerRightX, lowerRightY);
```

The `imagesize()` function takes as its four arguments the x,y coordinates of the image's upper-left corner and the x,y coordinates of the image's lower-right corner. The function returns the image's size in bytes. If `imagesize()` returns a size of –1, the image is too large (that is, it is larger than the 64K limit).

```
if (imageSize == -1)
{
   ShowText("Image too large!");
   imagePtr = NULL;
   return;
}
```

After getting the image's size, `CaptureImage()` creates a buffer in which to store the image:

```
imagePtr = new char[imageSize];
```

This line of code creates a character array that is `imageSize` bytes long, returning a pointer to the array into `imagePtr`. If you've dealt with memory allocation in your programs before, you probably have used `malloc()` to create buffers. However, for consistency, C++ programs should use the `new` operator to allocate memory, because you can use `new` for almost all memory allocation chores, including creating new objects.

If `imagePtr` is NULL after `CaptureImage()` attempts to allocate the buffer, there isn't enough memory for the buffer:

```
if (imagePtr == NULL)
{
   ShowText("Not enough memory!");
   return;
}
```

If the buffer is allocated adequately, `CaptureImage()` can finally do what it was designed to do: capture the image from the screen and into the buffer:

```
getimage(upperLeftX, upperLeftY,
   lowerRightX, lowerRightY, imagePtr);
```

The BGI function `getimage()` handles this task. Its five arguments are the x,y coordinates of the image's upper-left corner, the x,y coordinates of the lower-right corner, and a pointer to the buffer in which `getimage()` will store the image. After `getimage()` does its stuff, the image is safely tucked away in memory, where the program can do what it wants with it.

The Image Machine now attempts to display the image in the preview box so that the user can decide whether it's really the image he wants. (Perhaps he misjudged slightly when he set the image-selection lines.) The function `DoImagePreview()` displays the image for the user. First, `DoImagePreview()` displays a text box, similar to the one used for the instruction box. `DoImagePreview()` displays the image by calling the BGI function `putimage()`:

```
putimage(5, 5, image, COPY_PUT);
```

This function's four arguments are the upper-left x,y coordinates that specify where the image should be placed, the memory address of the image, and the writing mode to use.

After the user presses Enter to indicate that the image is okay, The Image Machine saves the image to disk. When the image was captured, Turbo C++ took care of any necessary graphics conversions, so saving the image to disk is just a matter of writing out the buffer in which the image is stored. The function `StoreImage()` handles this task. First, the function creates the image's file name, using the global variable `imageNumber` to determine the number of the image file:

```
sprintf(fileName, "IMAGE%d.IMA", imageNumber);
++imageNumber;
```

Then `StoreImage()` simply opens a file and writes the image data out to it:

```
imageFile = fopen(fileName, "wb");
fwrite(image, 1, imageSize, imageFile);
fclose(imageFile);
```

Finally, if the user still has the palette saver turned on, `StoreImage()` saves the image's palette to disk in exactly the same way that it saved the image, except it must first retrieve the palette from the `pcx` object:

```
if (savePalette)
{
   PCXPalette palette;
   pcx->GetPCXPalette(palette);

   int len = strlen(fileName);
   strcpy(&fileName[len-3], "PAL");

   imageFile = fopen(fileName, "wb");
   fwrite(palette, 1, sizeof(palette), imageFile);
   fclose(imageFile);
}
```

Note

Borland devised a relatively simple format for its BGI images. No image compression is used. An image is simply two integers representing the image's size followed by the actual image data. Note that the size values are zero-based—that is, values of 99 and 99, for example, actually mean an image size of 100×100.

Summary

The function descriptions and explanations should be all you need to get started using image files in your own programs. The rest of the functions in The Image Machine's program are straightforward Turbo C++, so you should have little difficulty figuring them out. Of course, now that you know how to store your image files on disk, you'll want to know how to use them in a program. Coincidentally (or maybe not so coincidentally), that's the subject of the next chapter, in which you not only load and display images created with The Image Machine, but also create the Dragonlord dungeon game.

Chapter 8

Dragonlord

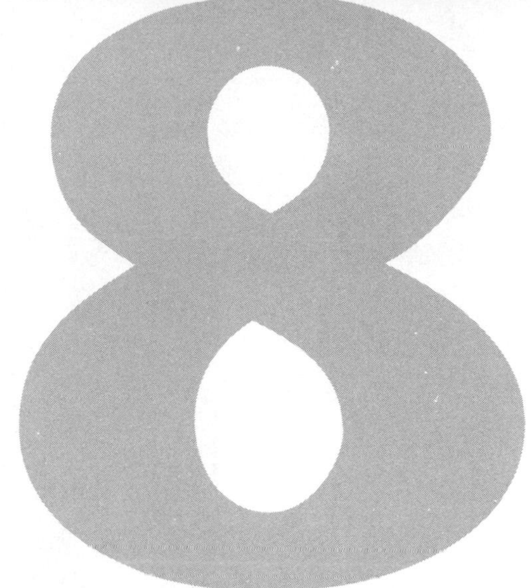

You've spent the last couple of chapters struggling with PCX picture files and laboring over game images. You're probably eager to actually do something with your new graphics abilities. You'll be pleased to know that, in this chapter, you develop a full-fledged dungeon adventure game in which it is your task to locate and tame a dragon hidden within a dungeon maze.

To develop the Dragonlord program, you use many of the techniques that you have learned so far. Not only do you deal with BGI images, but you also create interesting sounds, a dungeon map, and customized versions of the windows that you developed in Chapter 4, "Graphical Controls and Windows."

Playing Dragonlord

The full program listing for Dragonlord is shown later in this chapter. You should compile the program now (see this book's introduction for compiling instructions) so that it's ready to run. Eventually, you'll explore exactly what makes Dragonlord tick, but for now, it's game-playing time!

When you run Dragonlord, you see the screen shown in figure 8.1. The About Dragonlord box gives you pertinent information about the game's author and copyright holder. To remove the box from the screen, click its OK button or press Esc on your keyboard. (You can view the About Dragonlord box at any time by clicking the game's ABOUT button or by pressing Ctrl-A.)

Fig. 8.1
Dragonlord's starting screen.

When the About Dragonlord box closes, you see the entire game screen. Most of the screen consists of the dungeon map. At first, you can see only one room, which is the room in which you're currently located. The locations of other rooms on the map are marked by red squares, as shown in figure 8.2. The screen always indicates your current location in the dungeon, using a yellow square to mark the room in which you are currently located.

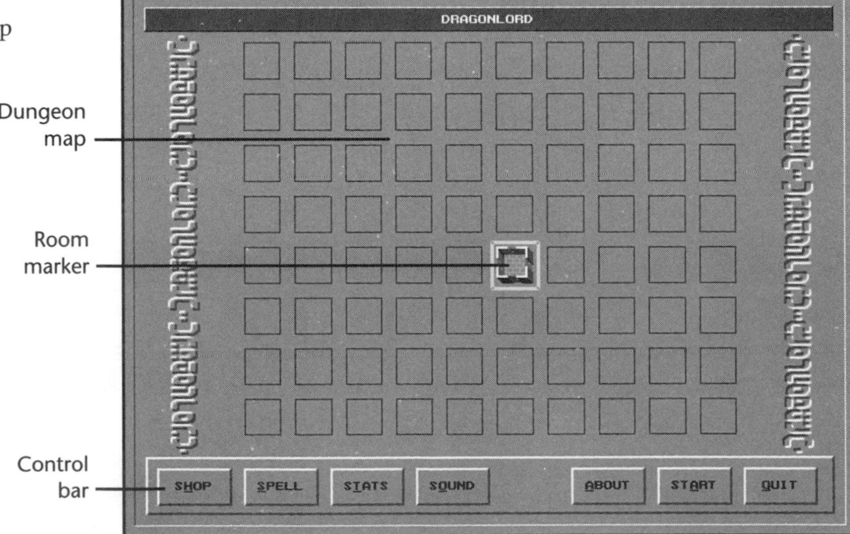

Fig. 8.2
The dungeon map and control bar.

Below the dungeon map is Dragonlord's control bar, which displays the game's command buttons. Just as with the Conway's Life program that you developed in Chapter 5, "The Game of Life," you issue a command to the game by clicking a button on the control bar. Table 8.1 lists the commands and what they do.

Table 8.1 Dragonlord's Commands

Command	Effect
SHOP	Calls the shopkeeper
SPELL	Casts a spell
STATS	Displays a statistics box for the game in progress
SOUND	Toggles the game's sounds on or off
ABOUT	Displays the About Dragonlord box
START	Restarts the game from the beginning
QUIT	Exits Dragonlord and returns to DOS

Shopping for Supplies

Before you explore the game any further, you need supplies. These supplies are available from the shopkeeper. To visit the shopkeeper, click the SHOP button or press Ctrl-H. When you do, you see the Ye Olde Shoppe dialog box (fig. 8.3). You then must choose the department in which you want to shop by clicking the appropriate button or pressing the appropriate Ctrl-key combination, which is indicated by the underlined character on the button.

Fig. 8.3
The Ye Olde Shoppe dialog box.

The Health Department. When you click the HEALTH button or press Ctrl-H, you see the Health Department box (fig. 8.4), which lists three items: PIE, LODGE, and DOCTOR. The box also lists the prices of the items. You can buy five meat pies for 10 gold pieces, a visit to the inn for 15 gold pieces, or a visit to the doctor for 15 gold pieces. When you click one of the buttons, the program deducts the appropriate amount of gold, and thanks you for your purchase. If you purchase a stay at the inn or a visit to the doctor, you also see the number of strength or hit points that you've gained, as shown in figure 8.5. To buy more of an item, you must reselect its button.

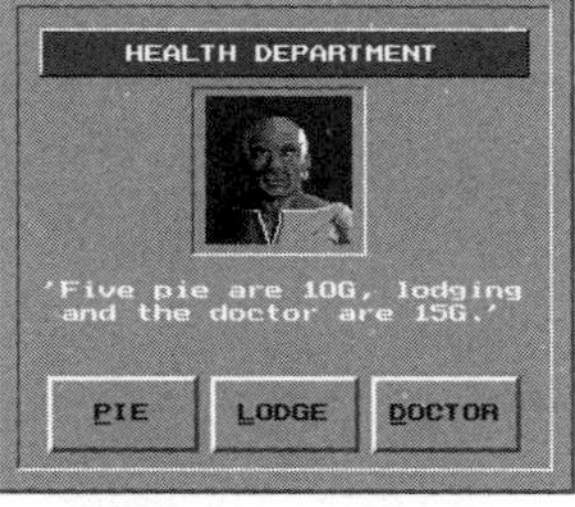

Fig. 8.4
The health department.

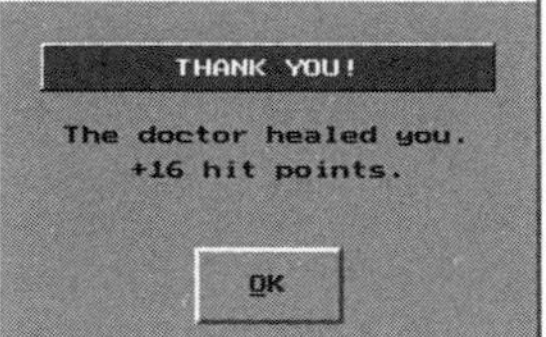

Fig. 8.5
The doctor's thank-you box.

To maintain your strength in the dungeon, you need meat pie. Every time you move to a new room, you consume one-third of a pie, so the pies go pretty quickly. If you can handle the incredibly complex math, you already realize that the five meat pies that you get for 10 gold pieces last for only 15 moves. Of course, you can have more than five pies at a time, but you should do your best to conserve your gold.

Caution

When your pie is gone, your strength diminishes twice as quickly.

When you need to restore some of your strength, you should visit the lodge. After a good night's sleep, you'll restore 21 to 35 strength points. However, you can never have more than 100 strength points, so it's probably unwise to visit the inn if you've got more than 70 strength points. When your strength drops to 0, you run in panic from the dungeon—and panicked adventurers always stumble upon an angry dragon. Aside from keeping you in the game, strength also affects how well you fight.

Hit points measure the injuries that you've sustained. When they're gone, so are you, so if your hit points start getting low, you should visit the doctor. For a reasonable 15 gold pieces, he'll patch you up, restoring 16 to 25 hit points. You can never have more than 50 hit points, so don't visit the doctor too often. As with strength, when your hit points reach 0, you run in panic from the dungeon, which always means a nasty meeting with the dragon. (Panicking adventurers don't pay much attention to where they're going.)

The Magic Department. When you click the MAGIC button or press Ctrl-M, you move to the magic department (fig. 8.6), where you can buy spells, advice, and dragon brew. Spells are 10 gold pieces each, advice is 20 gold pieces per session, and the dragon brew is a whopping 80 gold pieces.

Fig. 8.6 The magic department.

Spells enable you to move instantly to any room on the map. This is an extremely useful power when you need to get somewhere fast. For example, you may enter a teleport room that transfers you far from where you want to be in the dungeon. A spell can get you right back on track. Although you can buy spells from the magic department, you can also find them lying around in the dungeon, so you shouldn't purchase any until you're desperate.

When you buy advice, the shopkeeper tells you the direction of the dragon's room in relation to your current location. Getting advice at the beginning of the game is a good way to avoid the dragon until you're ready to take him on. If you stumble upon the dragon before you have the dragon brew, you're dragon chow.

Dragon brew is the most important item in the game. Normally the dragon is completely invincible in battle, so you must tame him with this magical potion. This means that you must buy the brew before you run into the dragon. When you have the brew and find the dragon's room, you and the dragon become good buddies. Otherwise...well, let's just say that dragons are always hungry, thanks to those huge bellies that they've got.

The Weapon Department. The dragon's dungeon is full of undead skeletons that would like nothing better than to make you one of them. When you find a skeleton, you must fight to the death. Obviously, the better your weapon, the better your chance of surviving a battle, so consider buying a decent weapon as soon as possible. To buy a weapon, click the WEAPON button or press Ctrl-W. This takes you to the shopkeeper's weapon department, shown in figure 8.7.

Fig. 8.7
The weapon department.

Generally, the better your weapon, the easier the game is to beat. The sword is the best weapon, but it is expensive. If you choose to buy the sword at the beginning of the game, you'll have no gold left for getting meat pie or asking the shopkeeper for advice.

When choosing a weapon, you can employ several strategies. You can spend all your gold on the sword and then hope you don't encounter the dragon before you can afford either advice or dragon brew. Or you might want to get advice from the very start, and make do with a knife, which is almost as good as a sword. A club, on the other hand, is only slightly more effective than no weapon at all. However, buying a club leaves you with a lot of gold to spend.

Keep in mind, though, that the other weapons are expensive. It's not likely that you'll be able to afford another one any time during the game, so choose wisely at the start. (By the way, if you don't buy a weapon, you fight with your fists.)

Moving through the Dungeon

Each room in the dungeon has one or more doors. To move to another room, you must move in the direction of an exit. If you want to move north, for example, the north wall of your current room must include a door. If there is a door, simply click the room to which you want to move. The new room appears on the map, and you see whatever, if anything, is in that room. Keep in mind that each move consumes one strength point and one-third of a pie.

Discovering Objects in the Dungeon

As you move from room to room, you'll stumble upon various objects, including gold, spells, serums, teleporters, skeletons, the thief, and, of course, the dragon. If you move to a room that has such an object, the Discovery box appears. This box tells you what you've found and, when you close the box, performs whatever action is related to that object. After you discover an item in a room, that item is no longer in the room if you return there later in the game. The exceptions are skeletons and gold pieces, which can appear randomly in any room.

Gold Pieces. You use gold pieces (fig. 8.8) to buy items from the shopkeeper. Whenever you enter an empty room, you may find a small cache of gold. Also, whenever you defeat a skeleton, you get to keep his gold. Dragon brew is expensive, so you must spend your gold wisely. You'll not have much to spare.

Fig. 8.8
Gold pieces.

Spells. The spells (fig. 8.9) that you find in the dungeon are exactly like those that you buy from the shopkeeper. They enable you to move instantly to any room. To use a spell, click the control bar's SPELL button or press Ctrl-S. A dialog box appears, telling you to click the room (or room square, if the room isn't on the map yet) to which you want to move. When you click the room, you move there instantly.

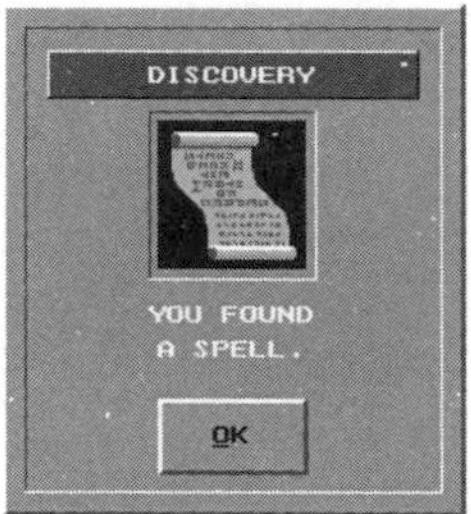

Fig. 8.9
A spell.

Serums. Serums (fig. 8.10) restore a portion of your strength. You cannot buy these magical potions from the shopkeeper. The only way that you can obtain them is to find them in the dungeon. You drink a serum automatically after a battle in which your strength drops below 20 points. Of course, if you have no serums, the only way to restore your strength is to visit the shopkeeper and purchase a stay at the lodge.

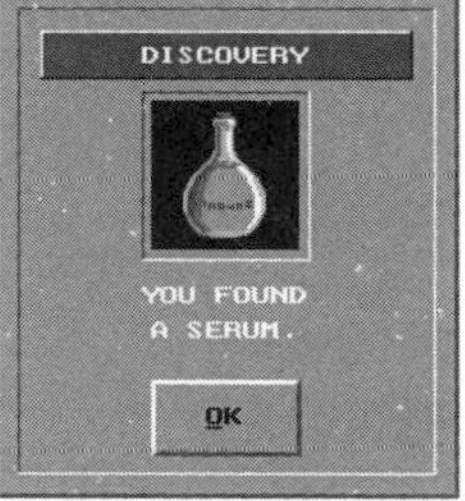

Fig. 8.10
A serum.

Teleporters. A few of the rooms in the dungeon contain teleporter fields (fig. 8.11) that instantly transfer you to another room. Often, this surprise move is helpful, placing you at a new area to explore. However, just as often, the teleporter plops you down near the dragon. In this case, your best bet is to use a spell to get back to where you were. At the very least, if you don't have a spell or don't want to use one, you should take the most direct route to safety. If you stumble into the dragon's room without the dragon brew, the dragon will have a tasty, warm meal.

Fig. 8.11
A teleporter.

The Thief. One room in the dungeon hides the thief (fig. 8.12). After you run into this pesky fellow, you'll find that 25 percent of your gold pieces are missing. If you are carrying a lot of gold, the thief is an annoyance, but otherwise he does no harm. After the thief robs you once, he never appears again. With any luck, you'll manage to avoid him completely. (Fat chance of that!)

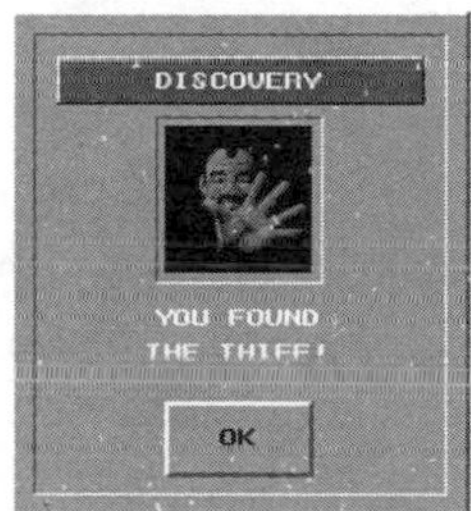

Fig. 8.12
The thief.

Skeletons. The dragon's dungeon is positively packed with skeletons (fig. 8.13), nasty creatures that have nothing better to do than to make exploring miserable for innocent adventurers like yourself.

Fig. 8.13
A skeleton.

When you discover a skeleton, you must battle him to the death (yours or his). To start the battle, choose OK to exit the skeleton's Discovery box. The battle box then appears, as shown in figure 8.14.

Fig. 8.14
The battle box.

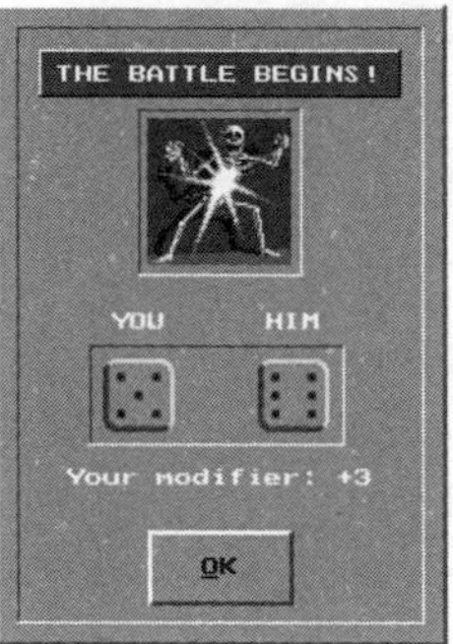

The green die on the left represents your attack, while the green die on the right represents the skeleton's. For each attack, the fighter with the highest attack score delivers a blow to his opponent. Below the dice is your modifier score. This modifier is added to your roll to come up with your final attack score. For example, if you roll a six and have an attack modifier of +2, your total attack is eight. Then, if the skeleton rolls an eight or less, you win. (You win all ties.)

Each hit, on either you or the skeleton, scores between one and five points of damage. This damage is subtracted from the loser's hit points. Because a skeleton starts with five hit points, you can kill him with one to five hits. Each time that you attack, you consume one strength point. If you're out of pie, you consume your strength twice as fast, which is two points for each attack.

After you defeat a skeleton, you get his cache of gold, the amount of which varies from skeleton to skeleton. If you fail to defeat the skeleton, the game ends, because either your strength or hit points will have dropped to zero.

The Dragon. Like most objects in the dungeon, the dragon (fig. 8.15) stays in the same room throughout the entire game. He doesn't come looking for you, and really couldn't care less that you're reducing his skeleton army to heaps of moldy bones. However, the dragon doesn't like visitors, and if you stumble into his room, you better have the dragon brew to tame him. Otherwise, it's munch, munch, munch. If you do have the dragon brew when you discover His Scaly Majesty, you tame the dragon and win the game.

Fig. 8.15
The dragon.

Programming Dragonlord

Now that you've explored the dungeon a little, let's explore the program listings. Listings 8.1 through 8.6 are the new listings that make up Dragonlord. In addition to these listings, Dragonlord also uses the WINDW.H, WINDW.CPP, EVENT.H, EVENT.CPP, MOUS.H, MOUS.CPP, and EGAVGA.OBJ files, which you learned about earlier in this book.

Listing 8.1 DRAGON.H—Dragonlord's Header File

```
///////////////////////////////////////////////////////////
// DRAGON.H: Header file for the Dragonlord game.
///////////////////////////////////////////////////////////

#ifndef __DRAGON_H
#define __DRAGON_H

// Colors in the palette.
enum { C_BLACK, C_DARKBROWN, C_LIGHTBROWN, C_FLESH, C_DARKRED,
       C_PURPLE, C_DARKGREEN, C_MEDIUMGRAY, C_DARKGRAY,
       C_LIGHTGREEN, C_MEDIUMGREEN, C_EXDARKGRAY, C_RED,
       C_LIGHTGRAY, C_YELLOW, C_WHITE };

// Game items.
enum { I_EMPTY, I_SKELETON, I_DRAGON, I_TELEPORT,
       I_SPELL, I_GOLD, I_SERUM, I_THIEF };

// Movement directions.
enum { NORTH, EAST, SOUTH, WEST };

// Function prototypes.
int KeyEvent(void);
void GetEvent(EventMsg &eventMsg);
void DispatchEvent(EventMsg eventMsg);
void LoadGraphics(void);
void LoadImage(char *fileName, char *&imagePtr);
void Move(EventMsg eventMsg);
void CalcMoveDirection(int newRoom,
    unsigned &color, int &direction);
int CalcRoomNumber(int pixelX, int pixelY);
```

(continues)

Listing 8.1 Continued

```
void DrawRoom(void);
void DrawHallway(int direction);
void DrawRoomMarker(void);
void GetPixelXY(int room, int &pixelX, int &pixelY);
void LoadDice(char *dice[]);
int UpdateStats(void);
void CheckForRandomItem(int room);
void GetHallPixelXY(int roomPixelX, int roomPixelY,
   int &hallPixelX, int &hallPixelY, int direction);
void SpellMove(EventMsg eventMsg);
void MoveToRoom(int newRoom, int direction);
void ShowItem(int room);
void Discovery(char *imageFileName, char *text);
void Teleport(void);
void FightSkeleton(void);
int RollDice(char *dice[], int x, int y);
int DoBattle(int modifier);
void Dead(void);
void ShowNoExit(void);
void Spell(void);
void Shop(void);
void BuyHealth(char *shopKeeper);
void BuyPie(void);
void BuyLodging(void);
void SeeDoctor(void);
void BuyMagic(char *shopKeeper);
void BuySpell(void);
void BuyAdvice(void);
void GetAdvice(char *s);
void DrinkSerum(void);
void BuyBrew(void);
void BuyWeapon(char *shopKeeper);
void GetWeapon(int weapon, int cost);
int CheckPurse(int cost);
void RestartGame(void);
void ShowAboutBox(void);
void Quit(void);
void FoundDragon(void);
void DrawImageFrame(int x1, int y1, int x2, int y2);
void DragonSound(void);
void ToggleSound(void);
void DiscoverSound(void);
void WinSound(void);
void LoseSound(void);
void DiceSound(void);
void WalkSound(void);
void SpellSound(void);
void StartGraphics(void);
void DrawScreen(void);
void InitMouse(void);
void InitGame(void);
void CleanUp(void);

#endif
```

Listing 8.2 DRAGON.CPP—Dragonlord's Main File

```
///////////////////////////////////////////////////////
// DRAGONLORD by Clayton Walnum
// Developed with Turbo C++ 3.0
///////////////////////////////////////////////////////

#include <graphics.h>
#include <conio.h>
#include <iostream.h>
#include <stdlib.h>
#include <stdio.h>
#include <dos.h>
#include <io.h>
#include "mous.h"
#include "windw.h"
#include "event.h"
#include "stats.h"
#include "newwndws.h"
#include "dragon.h"

// Event message structure.
EventMsg eventMsg;
// Image pointers.
char *vertHall, *horzHall, *rooms[15];

// Global game variables.
int repeat, dragonRoom, soundOn;
int items[80];

// Room types for the dungeon map.
int map[80] =
   { 7, 13, 13, 13, 13, 13,  8,  8, 13,  9,
    10, 14, 14, 14, 14, 12,  7, 13, 14, 12,
    10, 14, 14, 14, 14, 12,  0, 10, 12,  5,
    10, 14, 14, 14, 14, 12,  1, 11,  6,  5,
    10, 14, 11, 14, 14, 14,  8, 13,  8, 12,
     5,  0,  7,  6,  5,  5,  2,  5,  7, 12,
     5,  7,  6,  7, 12,  5, 10, 11, 12,  5,
     4, 11,  8, 11, 11, 11, 11,  8,  6,  0 };

// Player status object.
Stats stats;

// Windows and controls for the main screen.
CapWindw wnd1(0, 0, 639, 479, TRUE, FALSE, "DRAGONLORD");
Windw wnd2(20, 409, 599, 50, FALSE, FALSE);
Button shopButton(30, 419, "S^HOP");
Button spellButton(105, 419, "^SPELL");
Button statsButton(180, 419, "S^TATS");
Button soundButton(255, 419, "S^OUND");
Button aboutButton(390, 419, "^ABOUT");
Button restartButton(465, 419, "ST^ART");
Button quitButton(540, 419, "^QUIT");
```

(continues)

Listing 8.2 Continued

```
////////////////////////////////////////////////////////////
// Main program.
////////////////////////////////////////////////////////////
void main(void)
{
   StartGraphics();
   LoadGraphics();
   DrawScreen();
   InitMouse();
   ShowAboutBox();
   InitGame();
   soundOn = TRUE;

   // Repeat event loop until Quit.
   repeat = 1;
   while (repeat)
   {
      GetEvent(eventMsg);
      DispatchEvent(eventMsg);
   }
   closegraph();
}

////////////////////////////////////////////////////////////
// DispatchEvent()
//
// This function checks the current event message and
// branches to the function chosen by the user.
////////////////////////////////////////////////////////////
void DispatchEvent(EventMsg eventMsg)
{

   if (shopButton.Clicked(eventMsg))
      Shop();
   else if (spellButton.Clicked(eventMsg))
      Spell();
   else if (statsButton.Clicked(eventMsg))
      stats.Show();
   else if (soundButton.Clicked(eventMsg))
      ToggleSound();
   else if (aboutButton.Clicked(eventMsg))
      ShowAboutBox();
   else if (restartButton.Clicked(eventMsg))
      RestartGame();
   else if (quitButton.Clicked(eventMsg))
      Quit();
   else if (eventMsg.type == MBUTTON)
      if (stats.castingSpell)
         SpellMove(eventMsg);
      else
         Move(eventMsg);
   mouse.ButtonUp();
}
```

```
////////////////////////////////////////////////////////////
// Quit()
//
// This function displays the Quit box, which gives the
// user a chance to cancel the Quit command.
////////////////////////////////////////////////////////////
void Quit(void)
{
   YesNoWindw wndw("QUIT", "Are you sure you",
      "want to quit?");
   wndw.DrawWindow();
   wndw.RunWindow();
   if (wndw.GetButton() == YES)
      repeat = 0;
}

////////////////////////////////////////////////////////////
// RestartGame()
//
// This function displays the Restart box, which gives
// the user a chance to cancel the Restart command.
////////////////////////////////////////////////////////////
void RestartGame(void)
{
   YesNoWindw *wndw = new YesNoWindw("RESTART",
      "Restart the game?", "");
   wndw->DrawWindow();
   wndw->RunWindow();
   int button = wndw->GetButton();
   delete wndw;
   if (button == YES)
   {
      DrawScreen();
      InitGame();
   }
}

////////////////////////////////////////////////////////////
// ShowAboutBox()
//
// This function displays a box containing information
// about the program.
////////////////////////////////////////////////////////////
void ShowAboutBox(void)
{
   mouse.HideMouse();
   char *image;
   DisplayWindw wndw(218, 100, 200, 280,
      TRUE, TRUE, "ABOUT DRAGONLORD");
   wndw.DrawWindow();
   LoadImage("DRAGON1.IMA", image);
   putimage(286, 150, image, COPY_PUT);
   delete image;
   DrawImageFrame(282, 146, 354, 218);
   setcolor(C_RED);
   outtextxy(278, 230, "DRAGONLORD");
```

(continues)

Listing 8.2 Continued

```
   setcolor(C_WHITE);
   outtextxy(250, 245, "by Clayton Walnum");
   setcolor(C_BLACK);
   outtextxy(250, 275, "Copyright 1994 by");
   outtextxy(260, 290, "Prentice Hall");
   outtextxy(242, 305, "Computer Publishing");
   mouse.ShowMouse();
   wndw.RunWindow();
}

////////////////////////////////////////////////////////////////
// ToggleSound()
//
// This function turns the game sound on or off when the
// player selects the Sound button.
////////////////////////////////////////////////////////////////
void ToggleSound(void)
{
   char s[5];
   soundOn = !soundOn;
   stats.soundOn = !stats.soundOn;
   if (soundOn)
      strcpy(s, "ON");
   else
      strcpy(s, "OFF");
   OKWindw wndw("TOGGLE SOUND", "Sound is now", s);
   wndw.DrawWindow();
   wndw.RunWindow();
}

////////////////////////////////////////////////////////////////
// Move()
//
// This function responds to the Move command, determining
// which room the user clicked and whether or not
// there is an exit from the user's current room to the
// selected room.
////////////////////////////////////////////////////////////////
void Move(EventMsg eventMsg)
{
   int direction;
   unsigned color;
   int newRoom;

   // Check that the user has clicked within the
   // on-screen dungeon's coordinates.
   if ((eventMsg.mx > 100) && (eventMsg.mx < 540) &&
       (eventMsg.my > 44) && (eventMsg.my < 398))
   {
      // Calculate the new room number.
      newRoom = CalcRoomNumber(eventMsg.mx, eventMsg.my);
```

```
      // Determine the direction of the move.
      CalcMoveDirection(newRoom, color, direction);
   }
   else
      return;

   // Check whether the retrieved color is
   // the color of a wall.
   if (color == C_WHITE)
      ShowNoExit();
   else
      MoveToRoom(newRoom, direction);
}

////////////////////////////////////////////////////////////
// SpellMove()
//
// This function moves the player to the room chosen as
// the destination of a spell.
////////////////////////////////////////////////////////////
void SpellMove(EventMsg eventMsg)
{
   // Make sure the player clicked the dungeon.
   if ((eventMsg.mx > 100) && (eventMsg.mx < 540) &&
       (eventMsg.my > 44) && (eventMsg.my < 398))
   {
      // Turn off spell-casting flag, and make spell sound.
      stats.castingSpell = FALSE;
      SpellSound();

      // Calculate the coordinates of the new room.
      int newRoom =
         CalcRoomNumber(eventMsg.mx, eventMsg.my);

      mouse.HideMouse();

      // Erase the room marker.
      DrawRoomMarker();

      // Set the player's location to the new room.
      stats.room = newRoom;

      // Display the room.
      DrawRoom();

      // Draw the room marker around the new room.
      DrawRoomMarker();

      // Turn mouse back on, and then display whatever
      // item may be in the new room.
      mouse.ShowMouse();
      ShowItem(newRoom);
   }
}
```

(continues)

Listing 8.2 Continued

```
///////////////////////////////////////////////////////////////
// MoveToRoom()
//
// This function moves the player to the selected room,
// updating the player's stats and displaying the new
// room and the connecting hallway.
///////////////////////////////////////////////////////////////
void MoveToRoom(int newRoom, int direction)
{
   // Subtract from the stats.
   int stillAlive = UpdateStats();

   // If the player is still alive...
   if (stillAlive)
   {
      // Hide the mouse pointer and erase
      // the current room marker.
      mouse.HideMouse();
      DrawRoomMarker();

      // Set the new location.
      stats.room = newRoom;

 // Display the new room and hallway.
      DrawRoom();
      DrawHallway(direction);

      // Draw the new room marker, show the mouse
      // pointer, and show what's in the new room.
      DrawRoomMarker();
      mouse.ShowMouse();
      ShowItem(newRoom);
   }
}

///////////////////////////////////////////////////////////////
// ShowItem()
//
// This function handles the items that may be in a room.
// If the player moves into an empty room, there's a 3/10
// chance that he'll meet a wandering skeleton and a 2/10
// chance that he'll find gold.
///////////////////////////////////////////////////////////////
void ShowItem(int room)
{
   char text[20];
   int amount, loss;

   // Determine what item is in the room.
   CheckForRandomItem(room);
   int item = items[room];
   items[room] = I_EMPTY;
```

```
   // Route the program to the appropriate function
   // based on the item in the room.
   switch (item)
   {
      case I_GOLD     : amount = random(3) + 2;
                        sprintf(text, "%d GOLD PIECES.",
                           amount);
                        Discovery("GOLD.IMA", text);
                        stats.gold += amount;
                        break;
      case I_SPELL    : Discovery("SPELL.IMA", "A SPELL.");
                        stats.spells += 1;
                        break;
      case I_SERUM    : Discovery("SERUM.IMA", "A SERUM.");
                        stats.serums += 1;
                        break;
      case I_THIEF    : Discovery("THIEF.IMA",
                           "THE THIEF!");
                        loss = stats.gold / 4;
                        stats.gold -= loss;
                        break;
      case I_TELEPORT: Discovery("TELEPORT.IMA",
                           "A TELEPORTER");
                        Teleport();
                        break;
      case I_SKELETON: Discovery("SKEL1.IMA",
                           "A SKELETON!");
                        FightSkeleton();
                        break;
      case I_DRAGON   : FoundDragon();
                        break;
      case I_EMPTY    : WalkSound();
                        break;

   }
}

///////////////////////////////////////////////////////////
// CheckForRandomItem()
//
// This function determines whether a monster or cache of
// gold will appear in an empty room.
///////////////////////////////////////////////////////////
void CheckForRandomItem(int room)
{
   if (items[room] == I_EMPTY)
   {
      int randomItem = random(10);
      if ((randomItem == 8) || (randomItem == 9))
         items[room] = I_GOLD;
      else if (randomItem > 4 && randomItem < 8)
         items[room] = I_SKELETON;
   }
}
```

(continues)

Listing 8.2 Continued

```
//////////////////////////////////////////////////////////////
// FoundDragon()
//
// This function gets called when the player enters the
// room that holds the dragon.
//////////////////////////////////////////////////////////////
void FoundDragon(void)
{
   DisplayWindw *wndw;
   char *image;
   char text1[30], text2[30];

   // Make the dragon sound and hide the mouse.
   DragonSound();
   mouse.HideMouse();

   // Prepare the proper image and text, based
   // on whether the player has the dragon brew.
   if (stats.brew)
   {
      LoadImage("DRAGON1.IMA", image);
      strcpy(text1, "   and tamed him");
      strcpy(text2, "  with dragon brew.");
   }
   else
 {
      LoadImage("DRAGON2.IMA", image);
      strcpy(text1, "and he's not happy!");
      strcpy(text2, "(Munch, munch, munch)");
   }

   // Display the dragon window.
   wndw = new DisplayWindw(218, 100, 200, 240,
      TRUE, TRUE, "DRAGON");
   wndw->DrawWindow();
   putimage(286, 150, image, COPY_PUT);
   delete image;
   DrawImageFrame(282, 146, 354, 218);
   outtextxy(236, 230, "You found the dragon,");
   outtextxy(240, 245, text1);
   outtextxy(234, 260, text2);
   mouse.ShowMouse();
   wndw->RunWindow();
   delete wndw;

   // Restart the game.
   DrawScreen();
   InitGame();
}
```

```
////////////////////////////////////////////////////////////
// Teleport()
//
// This function teleports the player to a randomly
// selected room.
////////////////////////////////////////////////////////////
void Teleport(void)
{
   mouse.HideMouse();
   DrawRoomMarker();
   int newRoom = random(80);
   stats.room = newRoom;
   DrawRoom();
   DrawRoomMarker();
   mouse.ShowMouse();
   ShowItem(newRoom);
}

////////////////////////////////////////////////////////////
// Discovery()
//
// This function displays the Discovery box when the
// player enters a room that contains an item.
////////////////////////////////////////////////////////////
void Discovery(char *imageFileName, char *text)
{
   mouse.HideMouse();
   DiscoverSound();
   DisplayWindw wndw(218, 100, 200, 220,
      TRUE, TRUE, "DISCOVERY");
   wndw.DrawWindow();
   char *image;
   LoadImage(imageFileName, image);
   putimage(286, 150, image, COPY_PUT);
   delete image;
   DrawImageFrame(282, 146, 354, 218);
   outtextxy(282, 230, "YOU FOUND");
   int len = strlen(text);
   outtextxy(318-(len*8)/2, 245, text);
   mouse.ShowMouse();
   wndw.RunWindow();
}

////////////////////////////////////////////////////////////
// DisplayBattleWindow()
//
// This function displays the window that's displayed for
// all fights with skeletons. It returns a pointer to the
// window in wndw, so the calling function can delete the
// window when it's done with it.
////////////////////////////////////////////////////////////
void DisplayBattleWindow(int modifier, DisplayWindw *&wndw)
{
   wndw = new DisplayWindw(218, 100, 200, 280,
         TRUE, TRUE, "THE BATTLE BEGINS!");
```

(continues)

Listing 8.2 Continued

```
   wndw->DrawWindow();
   mouse.HideMouse();
   char *skeleton;
   LoadImage("SKEL1.IMA", skeleton);
   putimage(286, 150, skeleton, COPY_PUT);
   delete skeleton;
   DrawImageFrame(282, 146, 354, 218);
   DrawImageFrame(260, 249, 373, 292);
   outtextxy(270, 235, "YOU");
   outtextxy(339, 235, "HIM");
   char s[20];
   if (modifier >= 0)
      sprintf(s, "Your modifier: +%d", modifier);
   else
      sprintf(s, "Your modifier: %d", modifier);
   outtextxy(250, 303, s);
   mouse.ShowMouse();
}

//////////////////////////////////////////////////////////////
// FightSkeleton()
//
// This function calls the functions that handle a battle
// between the player and a skeleton. It then rewards the
// player with gold if the player is still alive or ends
// the game if the player is dead.
//////////////////////////////////////////////////////////////
void FightSkeleton(void)
{
   DisplayWindw *wndw;
   char s[20];

   int modifier = stats.weapon - 4 + stats.strength / 20;
   DisplayBattleWindow(modifier, wndw);
   int playerAlive = DoBattle(modifier);
   if (playerAlive)
   {
      wndw->RunWindow();
      delete wndw;
      if ((stats.strength < 20) && (stats.serums > 0))
         DrinkSerum();
      int amount = random(5) + 5;
      sprintf(s, "%d GOLD PIECES.", amount);
      Discovery("GOLD.IMA", s);
      stats.gold += amount;
   }
   else
   {
      delete wndw;
      Dead();
   }
}
```

```
//////////////////////////////////////////////////////////////
// DoBattle()
//
// This function handles the details of a battle between
// the player and a skeleton.
//////////////////////////////////////////////////////////////
int DoBattle(int modifier)
{
   char *dice[9], *skeleton;
   int damage, playerRoll, skeletonRoll;

   LoadDice(dice);
   mouse.HideMouse();
   putimage(266, 255, dice[8], COPY_PUT);
   putimage(335, 255, dice[8], COPY_PUT);
   int monsterHitPoints = 5;
   int battleOver = FALSE;
   int alive = TRUE;
   do
   {
      playerRoll = RollDice(dice, 266, 255);
      delay(500);
      skeletonRoll = RollDice(dice, 335, 255);
      damage = random(5) + 1;
      stats.SetStrength(-1 - 1 * (stats.pie < 1));
      if (playerRoll+modifier >= skeletonRoll)
      {
         LoadImage("SKEL3.IMA", skeleton);
         putimage(286, 150, skeleton, COPY_PUT);
         delete skeleton;
         WinSound();
         monsterHitPoints -= damage;
         if (monsterHitPoints < 1)
            battleOver = TRUE;
      }
      else
      {
         LoadImage("SKEL2.IMA", skeleton);
         putimage(286, 150, skeleton, COPY_PUT);
         delete skeleton;
         stats.SetHitPoints(-damage);
         LoseSound();
         if ((stats.strength <= 0) || (stats.hitPoints <= 0))
         {
            battleOver = TRUE;
            alive = FALSE;
         }
      }
      if (!battleOver)
      {
         LoadImage("SKEL1.IMA", skeleton);
         putimage(286, 150, skeleton, COPY_PUT);
         delete skeleton;
      }
   }
   while (!battleOver);
```

(continues)

Listing 8.2 Continued

```
   LoadImage("SKEL4.IMA", skeleton);
   putimage(286, 150, skeleton, COPY_PUT);
   delete skeleton;
   mouse.ShowMouse();
   for (int x=0; x<9; ++x)
      delete dice[x];
   return alive;
}

////////////////////////////////////////////////////////////
// RollDice()
//
// This function rolls a die at the location given in the
// parameter x and y. Pointers to the dice images must be
// found in the dice[] array. The function returns a value
// 1 to 9.
////////////////////////////////////////////////////////////
int RollDice(char *dice[], int x, int y)
{
   int num;

   for (int roll=0; roll<5; ++roll)
   {
      num = random(9);
      putimage(x, y, dice[num], COPY_PUT);
      DiceSound();
      delay(100);
   }
   return num;
}

////////////////////////////////////////////////////////////
// LoadDice()
//
// This function loads all nine dice images and returns
// pointers to the images in the dice[] pointer array.
////////////////////////////////////////////////////////////
void LoadDice(char *dice[])
{
   LoadImage("DICE1.IMA", dice[0]);
   LoadImage("DICE2.IMA", dice[1]);
   LoadImage("DICE3.IMA", dice[2]);
   LoadImage("DICE4.IMA", dice[3]);
   LoadImage("DICE5.IMA", dice[4]);
   LoadImage("DICE6.IMA", dice[5]);
   LoadImage("DICE7.IMA", dice[6]);
   LoadImage("DICE8.IMA", dice[7]);
   LoadImage("DICE9.IMA", dice[8]);
}

////////////////////////////////////////////////////////////
// DrinkSerum()
//
// This function causes the player to drink a serum when
// his strength is below 15.
////////////////////////////////////////////////////////////
```

```
void DrinkSerum(void)
{
   mouse.HideMouse();
   stats.serums -= 1;
   DisplayWindw wndw(218, 100, 200, 220,
      TRUE, TRUE, "LIQUID REFRESHMENT");
   wndw.DrawWindow();
   char *image;
   LoadImage("SERUM.IMA", image);
   putimage(286, 150, image, COPY_PUT);
   delete image;
   DrawImageFrame(282, 146, 354, 218);
   outtextxy(246, 230, "YOU DRINK A SERUM.");
   int newStrength = random(15) + 15;
   char s[20];
   sprintf(s, "+%d strength points.", newStrength);
   outtextxy(240, 245, s);
   stats.SetStrength(+newStrength);
   mouse.ShowMouse();
   wndw.RunWindow();
}

///////////////////////////////////////////////////////////
// Dead()
//
// This function is called when the player's hit points
// or strength fall to zero or less. It shows a dialog
// box telling the player he's dead and then restarts the
// game.
///////////////////////////////////////////////////////////
void Dead(void)
{
   DisplayWindw *wndw;

   mouse.HideMouse();
   wndw = new DisplayWindw(218, 100, 200, 240,
      TRUE, TRUE, "YOU'RE DEAD");
   wndw->DrawWindow();
   char *image;
   LoadImage("DRAGON2.IMA", image);
   putimage(286, 150, image, COPY_PUT);
   delete image;
   DrawImageFrame(282, 146, 354, 218);
   outtextxy(254, 230, "You run for your");
   outtextxy(250, 245, "life, and stumble");
   outtextxy(255, 260, "upon the dragon.");
   mouse.ShowMouse();
   wndw->RunWindow();
   delete wndw;
   DrawScreen();
   InitGame();
}
```

(continues)

Listing 8.2 Continued

```
///////////////////////////////////////////////////////////////
// ShowNoExit()
//
// This function is called when the player tries to move
// to a room that he can't reach from his current location.
///////////////////////////////////////////////////////////////
void ShowNoExit(void)
{
   mouse.ButtonUp();
   OKWindw wndw("BAD MOVE", "You can't enter that",
      "room from where you are.");
   wndw.DrawWindow();
   wndw.RunWindow();
}

///////////////////////////////////////////////////////////////
// Spell()
//
// This function responds to the player's Spell command,
// setting the castingSpell flag to TRUE. When castingSpell
// is TRUE, the player is teleported to the next room he
// selects.
///////////////////////////////////////////////////////////////
void Spell(void)
{
   OKWindw *wndw;

   if (stats.spells > 0)
   {
      wndw = new OKWindw("CAST SPELL",
         "Click on the room to",
         "which you want to move.");
      wndw->DrawWindow();
      wndw->RunWindow();
      int button = wndw->GetButton();
      if (button == OK)
      {
         stats.castingSpell = TRUE;
         stats.spells -= 1;
      }
   }
   else
   {
      wndw = new OKWindw("CAST SPELL",
         "You have no spells.", "");
      wndw->DrawWindow();
      wndw->RunWindow();
   }
   delete wndw;
}
```

```
////////////////////////////////////////////////////////////
// Shop()
//
// This function displays and runs the main shopkeeper
// window from which the player can select a department
// in which to shop.
////////////////////////////////////////////////////////////
void Shop(void)
{
   char *shopKeeper;

   mouse.HideMouse();
   LoadImage("SHOPKEEP.IMA", shopKeeper);
   ShopWindw *wndw = new ShopWindw(shopKeeper,
      "YE OLDE SHOPPE", "'Choose the department in",
      "which you want to shop.'",
      "^HEALTH", "^MAGIC", "^WEAPON");
   wndw->DrawWindow();
   DrawImageFrame(279, 126, 354, 198);
   mouse.ShowMouse();
   wndw->RunWindow();
   int button = wndw->GetButton();
   mouse.ButtonUp();
   delete wndw;
   switch (button)
   {
      case HEALTHBUTN: BuyHealth(shopKeeper); break;
      case MAGICBUTN : BuyMagic(shopKeeper); break;
      case WEAPONBUTN: BuyWeapon(shopKeeper); break;
      case CANCEL    : delete shopKeeper;
   }
}

////////////////////////////////////////////////////////////
// BuyHealth()
//
// This function responds when the player chooses the
// health department from the main shopkeeper window, and
// allows the player to select the type of health service
// he would like to buy.
////////////////////////////////////////////////////////////
void BuyHealth(char *shopKeeper)
{
   mouse.HideMouse();
   ShopWindw *wndw = new ShopWindw(shopKeeper,
      "HEALTH DEPARTMENT", "'Five pie are 10G, lodging",
      "and the doctor are 15G.'",
      "^PIE", "^LODGE", "^DOCTOR");
   wndw->DrawWindow();
   DrawImageFrame(279, 126, 354, 198);
   mouse.ShowMouse();
   wndw->RunWindow();
   int button = wndw->GetButton();
```

(continues)

Listing 8.2 Continued

```
   mouse.ButtonUp();
   delete wndw;
   delete shopKeeper;
   switch (button)
   {
      case PIEBUTN : BuyPie(); break;
      case LODGEBUTN: BuyLodging(); break;
      case DOCTORBUTN: SeeDoctor();
   }
}

////////////////////////////////////////////////////////////
// BuyPie()
//
// This function allows the user to buy pie from the
// shopkeeper. The function CheckPurse() ensures that the
// player has enough gold for pie. If he does, the gold
// is deducted from his purse and his pie count is
// increased by five.
////////////////////////////////////////////////////////////
void BuyPie(void)
{
   int canAfford = CheckPurse(10);
   if (canAfford)
   {
      stats.gold -= 10;
      stats.SetPie(+5);
      OKWindw wndw("THANK YOU!",
         "Thank you for your purchase.", "");
      wndw.DrawWindow();
      wndw.RunWindow();
   }
}

////////////////////////////////////////////////////////////
// BuyLodging()
//
// This function allows the user to buy lodging from the
// shopkeeper. The function CheckPurse() ensures that the
// player has enough gold for lodging. If he does, the gold
// is deducted from his purse and his strength is increased
// by a random value from 21 to 35.
////////////////////////////////////////////////////////////
void BuyLodging(void)
{
   int canAfford = CheckPurse(15);
   if (canAfford)
   {
      stats.gold -= 15;
      int amount = random(15) + 21;
      stats.SetStrength(+amount);
      char s[25];
      sprintf(s, "+%d strength points.", amount);
      OKWindw wndw("THANK YOU!",
         "You had a good night's sleep.", s);
```

```
      wndw.DrawWindow();
      wndw.RunWindow();
   }
}

////////////////////////////////////////////////////////////
// SeeDoctor()
//
// This function allows the user to buy the doctor's
// services. The function CheckPurse() ensures that the
// player has enough gold to pay the doctor. If he does,
// the gold is deducted from his purse and his hit points
// are increased by a random value from 16 to 25.
////////////////////////////////////////////////////////////
void SeeDoctor(void)
{
   int canAfford = CheckPurse(15);
   if (canAfford)
   {
      stats.gold -= 15;
      int amount = random(10) + 16;
      stats.SetHitPoints(+amount);
      char s[20];
      sprintf(s, "+%d hit points.", amount);
      OKWindw wndw("THANK YOU!",
         "The doctor healed you.", s);
      wndw.DrawWindow();
      wndw.RunWindow();
   }
}

////////////////////////////////////////////////////////////
// BuyMagic()
//
// This function responds when the player chooses the
// magic department from the main shopkeeper window and
// allows the player to choose the type of magic he wants
// to buy.
////////////////////////////////////////////////////////////
void BuyMagic(char *shopKeeper)
{
   mouse.HideMouse();
   ShopWindw *wndw = new ShopWindw(shopKeeper,
      "MAGIC DEPARTMENT", "'Spells are 10G, advice is",
      "20G, and brew is 80G.'",
      "^SPELL", "^ADVICE", "^BREW");
   wndw->DrawWindow();
   DrawImageFrame(282, 126, 354, 198);
   mouse.ShowMouse();
   wndw->RunWindow();
   int button = wndw->GetButton();
   mouse.ButtonUp();
   delete wndw;
   delete shopKeeper;
   switch (button)
```

(continues)

Listing 8.2 Continued

```
{
      case SPELLBUTN : BuySpell(); break;
      case ADVICEBUTN: BuyAdvice(); break;
      case BREWBUTN  : BuyBrew();
   }
}

////////////////////////////////////////////////////////////
// BuySpell()
//
// This function allows the user to buy a spell from the
// shopkeeper. The function CheckPurse() ensures that the
// player has enough gold for a spell. If he does, the gold
// is deducted from his purse and his spell count is
// increased by one.
////////////////////////////////////////////////////////////
void BuySpell(void)
{
   int canAfford = CheckPurse(10);
   if (canAfford)
   {
      stats.gold -= 10;
      stats.spells += 1;
      OKWindw wndw("THANK YOU!",
         "Thank you for your purchase.", "");
      wndw.DrawWindow();
      wndw.RunWindow();
   }
}

////////////////////////////////////////////////////////////
// BuyAdvice()
//
// This function allows the user to buy advice from the
// shopkeeper. The function CheckPurse() ensures that the
// player has enough gold for advice. If he does, the gold
// is deducted from his purse and the shopkeeper tells the
// player in which direction, relative to the player, the
// dragon's lair is located.
////////////////////////////////////////////////////////////
void BuyAdvice(void)
{
   int canAfford = CheckPurse(20);
   if (canAfford)
   {
      stats.gold -= 20;
      char direction[6];
      GetAdvice(direction);
      char s[30];
      sprintf(s, "The dragon is %s", direction);
      OKWindw wndw("THANK YOU!", s,
         "of your current location.");
      wndw.DrawWindow();
      wndw.RunWindow();
   }
```

```
}

////////////////////////////////////////////////////////////
// GetAdvice()
//
// This function determines in which direction, relative
// to the player's current location, the dragon's lair
// is located.
////////////////////////////////////////////////////////////
void GetAdvice(char *s)
{
   int dragonX = dragonRoom % 10;
   int dragonY = dragonRoom / 10;
   int playerX = stats.room % 10;
   int playerY = stats.room / 10;
   if (dragonX == playerX)
      if (dragonY < playerY)
         strcpy(s, "North");
      else
         strcpy(s, "South");
   else if (dragonY == playerY)
      if (dragonX < playerX)
         strcpy(s, "West");
      else
         strcpy(s, "East");
   else if ((dragonX<playerX) && (dragonY<playerY))
      if (random(2))
         strcpy(s, "North");
      else
         strcpy(s, "West");
   else if ((dragonX>playerX) && (dragonY<playerY))
      if (random(2))
         strcpy(s, "North");
      else
         strcpy(s, "East");
   else if ((dragonX>playerX) && (dragonY>playerY))
      if (random(2))
         strcpy(s, "South");
      else
         strcpy(s, "East");
   else if ((dragonX<playerX) && (dragonY>playerY))
      if (random(2))
         strcpy(s, "South");
      else
         strcpy(s, "West");
}

////////////////////////////////////////////////////////////
// BuyBrew()
//
// This function allows the user to buy dragon brew from
// the shopkeeper. The function CheckPurse() ensures that
// the player has enough gold for the brew. If he does, the
// gold is deducted from his purse and the brew is added
// to the player's inventory.
////////////////////////////////////////////////////////////
```

(continues)

Listing 8.2 Continued

```
void BuyBrew(void)
{
   int canAfford = CheckPurse(80);
   if (canAfford)
   {
      stats.gold -= 80;
      stats.brew = 1;
      OKWindw wndw("THANK YOU!",
         "You now have the dragon brew!", "");
      wndw.DrawWindow();
      wndw.RunWindow();
   }
}

//////////////////////////////////////////////////////////////
// BuyWeapon()
//
// This function responds when the player chooses the
// weapon department from the main shopkeeper window, and
// allows the player to choose the type of weapon he'd
// like to buy.
//////////////////////////////////////////////////////////////
void BuyWeapon(char *shopKeeper)
{
   mouse.HideMouse();
   ShopWindw *wndw = new ShopWindw(shopKeeper,
      "WEAPON DEPARTMENT", "'Clubs are 15G, knives are",
      "40G, and swords are 60G.'",
      "^CLUB", "^KNIFE", "^SWORD");
   wndw->DrawWindow();
   DrawImageFrame(279, 126, 354, 198);
   mouse.ShowMouse();
   wndw->RunWindow();
   int button = wndw->GetButton();
   mouse.ButtonUp();
   delete wndw;
   delete shopKeeper;
   switch (button)
   {
      case CLUBBUTN: GetWeapon(CLUB, 15); break;
      case KNIFEBUTN: GetWeapon(KNIFE, 40); break;
      case SWORDBUTN: GetWeapon(SWORD, 60);
   }
}

//////////////////////////////////////////////////////////////
// GetWeapon()
//
// This function allows the user to buy a weapon from the
// shopkeeper. The function CheckPurse() ensures that the
// player has enough gold for the selected weapon. If he
// does, the gold is deducted from his purse and the player
// is given the weapon.
//////////////////////////////////////////////////////////////
```

```
void GetWeapon(int weapon, int cost)
{
   int canAfford = CheckPurse(cost);
   if (canAfford)
   {
      stats.gold -= cost;
      stats.weapon = weapon;
      OKWindw wndw("THANK YOU!",
         "Thank you for your purchase.", "");
      wndw.DrawWindow();
      wndw.RunWindow();
   }
}

///////////////////////////////////////////////////////////////
// CheckPurse()
//
// The function checks that the player has a given amount
// of gold. If he doesn't, a dialog tells him that he
// doesn't have enough to make his purchase.
///////////////////////////////////////////////////////////////
int CheckPurse(int cost)
{
   if (stats.gold < cost)
   {
      OKWindw wndw("NOT ENOUGH GOLD",
         "Your purse is much too meager", "");
      wndw.DrawWindow();
      wndw.RunWindow();
      return FALSE;
   }
   return TRUE;
}

///////////////////////////////////////////////////////////////
// StartGraphics()
//
// This function initializes Borland's graphics driver
// for the high-resolution VGA screen.
///////////////////////////////////////////////////////////////
void StartGraphics(void)
{
   int gdriver = VGA, gmode = VGAHI, errorcode;

   errorcode = registerbgidriver(EGAVGA_driver);
   if (errorcode < 0)
   {
      cout << "Graphics not initialized: ";
      cout << errorcode << '\n';
      cout << "Press any key.";
      getch();
      abort();
   }

   initgraph(&gdriver, &gmode, "");
   if ((errorcode = graphresult()) != grOk)
```

(continues)

Listing 8.2 Continued

```
{
      cout << "Graphics not initialized: ";
      cout << errorcode << '\n';
      cout << "Press any key.";
      getch();
      abort();
   }
}

////////////////////////////////////////////////////////
// DrawScreen()
//
// This function draws the main screen.
////////////////////////////////////////////////////////
void DrawScreen(void)
{
   mouse.HideMouse();
   wnd1.DrawWindow();
   wnd2.DrawWindow();
   spellButton.DrawWindow();
   shopButton.DrawWindow();
   statsButton.DrawWindow();
   soundButton.DrawWindow();
   restartButton.DrawWindow();
   aboutButton.DrawWindow();
   quitButton.DrawWindow();
   setcolor(4);
   for (int y=0; y<8; ++y)
      for (int x=0; x<10; ++x)
         rectangle(x*44+106, y*44+50, x*44+137, y*44+81);

   char *runes1, *runes2;
   LoadImage("RUNES1.IMA", runes1);
   LoadImage("RUNES2.IMA", runes2);
   putimage(40, 44, runes1, COPY_PUT);
   putimage(574, 44, runes2, COPY_PUT);
   delete runes1;
   delete runes2;
   mouse.ShowMouse();
}

////////////////////////////////////////////////////////
// InitMouse()
//
// This function initializes the user's mouse.
////////////////////////////////////////////////////////
void InitMouse(void)
{
   if (!mouse.GotMouse())
   {
      cout << "You have no mouse.\n";
      cout << "Press any key.";
      getch();
   }
   mouse.SetLimits(0,getmaxx(),0,getmaxy());
   mouse.ShowMouse();
```

```
}

////////////////////////////////////////////////////////////
// LoadGraphics()
//
// This function loads the program's color palette and
// room graphics. The VGA palette is mapped to the first
// 16 DAC registers on the graphics card.
////////////////////////////////////////////////////////////
void LoadGraphics(void)
{
   FILE *imageFile;
   unsigned char palette[48];

   // Load and set the palette.
   imageFile = fopen("PALETTE.PAL", "rb");
   fread(palette, 1, 48, imageFile);
   fclose(imageFile);
   for (int x=0; x<16; ++x)
      setpalette(x, x);
   for (x=0; x<16; ++x)
   {
      setrgbpalette(x, palette[x*3]>>2,
      palette[x*3+1]>>2, palette[x*3+2]>>2);
   }

   // Load the room and hall images.
   LoadImage("ROOM1.IMA", rooms[0]);
   LoadImage("ROOM2.IMA", rooms[1]);
   LoadImage("ROOM3.IMA", rooms[2]);
   LoadImage("ROOM4.IMA", rooms[3]);
   LoadImage("ROOM5.IMA", rooms[4]);
   LoadImage("ROOM6.IMA", rooms[5]);
   LoadImage("ROOM7.IMA", rooms[6]);
   LoadImage("ROOM8.IMA", rooms[7]);
   LoadImage("ROOM9.IMA", rooms[8]);
   LoadImage("ROOM10.IMA", rooms[9]);
   LoadImage("ROOM11.IMA", rooms[10]);
   LoadImage("ROOM12.IMA", rooms[11]);
   LoadImage("ROOM13.IMA", rooms[12]);
   LoadImage("ROOM14.IMA", rooms[13]);
   LoadImage("ROOM15.IMA", rooms[14]);
   LoadImage("VERTHALL.IMA", vertHall);
   LoadImage("HORZHALL.IMA", horzHall);
}

////////////////////////////////////////////////////////////
// LoadImage()
//
// This function loads the image file given in the fileName
// parameter and returns a pointer to the image in the
// second parameter, imagePtr. Any errors cause the program
// to terminate.
////////////////////////////////////////////////////////////
void LoadImage(char *fileName,  char *&imagePtr)
{
   FILE *imageFile = fopen(fileName, "rb");
```

(continues)

Listing 8.2 Continued

```
   if (imageFile == NULL)
   {
      cout << "Could not load image file." << endl;
      exit(1);
   }
   int fileHandle = fileno(imageFile);
   long imageFileSize = filelength(fileHandle);
   imagePtr = (char *) malloc(imageFileSize);
   if (imagePtr == NULL)
   {
      cout << "Not enough memory for images." << endl;
      exit(1);
   }
   long bytesRead= fread(imagePtr, 1,
      imageFileSize, imageFile);
   if (bytesRead != imageFileSize)
   {
      cout << "Error reading image file." << endl;
      exit(1);
   }
   fclose(imageFile);
}

///////////////////////////////////////////////////////////
// InitGame()
//
// This function initializes all game variables and sets
// up the room contents for the current map.
///////////////////////////////////////////////////////////
void InitGame(void)

{
   int i, temp;

   // Items to be stored in random locations in the
   // final dungeon map array.
   int startItems[] =
      { 2, 7, 1, 1, 1, 1, 1, 1, 1, 1, 1, 1, 1, 1, 1, 1, 1,
        1, 1, 1, 1, 1, 1, 3, 3, 3, 3, 4, 4, 4, 4, 4, 5, 5,
        5, 5, 5, 5, 5, 6, 6, 6, 6, 6, 0, 0, 0, 0, 0, 0, 0,
        0, 0, 0, 0, 0, 0, 0, 0, 0, 0, 0, 0, 0, 0, 0, 0, 0,
        0, 0, 0, 0, 0, 0, 0, 0, 0, 0, 0, 0 };

   // Seed the random-number generator.
   randomize();

   // Reset all player stats.
   stats.Reset();

   // Copy the items to the dungeon map.
   memcpy(items, startItems, sizeof(startItems));

   // Randomly swap items in order to shuffle the
   // contents of the dungeon map. Room 45 always
   // stays empty. The variable dragonRoom stores
```

```
    // the dragon's location.
    for (int x=0; x<80; ++x)
    {
       i = random(80);

       if ((x != 45) && (i != 45))
       {
          temp = items[x];
          items[x] = items[i];
          items[i] = temp;
          if (items[x] == I_DRAGON)
             dragonRoom = x;
          else if (items[i] == I_DRAGON)
             dragonRoom = i;
       }
    }

    // Draw starting room.
    mouse.HideMouse();
    int pixelX = (stats.room % 10) * 44 + 106;
    int pixelY = (stats.room / 10) * 44 + 50;
    putimage(pixelX, pixelY,
       rooms[map[stats.room]], COPY_PUT);
    DrawRoomMarker();
    mouse.ShowMouse();
}

////////////////////////////////////////////////////////////
// This function draws an "indented" frame for images in
// a dialog box.
////////////////////////////////////////////////////////////
void DrawImageFrame(int x1, int y1, int x2, int y2)
{
   setcolor(C_DARKGRAY);
   moveto(x1, y2);
   lineto(x1, y1);
   lineto(x2, y1);
   setcolor(C_WHITE);
   lineto(x2, y2);
   lineto(x1, y2);
}

////////////////////////////////////////////////////////////
// DrawRoom()
//
// This function displays the current room on-screen, if
// the room isn't already displayed.
////////////////////////////////////////////////////////////
void DrawRoom(void)
{
   int roomPixelX, roomPixelY;

   GetPixelXY(stats.room, roomPixelX, roomPixelY);
   int color = getpixel(roomPixelX, roomPixelY);
   if (color != C_WHITE)
      putimage(roomPixelX, roomPixelY,
         rooms[map[stats.room]], COPY_PUT);
```

(continues)

Listing 8.2 Continued

```
}

////////////////////////////////////////////////////////////
// DrawHallway()
//
// This function draws the connecting hallway between
// two rooms.
////////////////////////////////////////////////////////////
void DrawHallway(int direction)
{
   int roomPixelX, roomPixelY, hallPixelX, hallPixelY;

   mouse.HideMouse();

   GetPixelXY(stats.room, roomPixelX, roomPixelY);
   GetHallPixelXY(roomPixelX, roomPixelY,
      hallPixelX, hallPixelY, direction);

   if ((direction == NORTH) || (direction == SOUTH))
      putimage(hallPixelX, hallPixelY, horzHall, COPY_PUT);
   else
      putimage(hallPixelX, hallPixelY, vertHall, COPY_PUT);

   mouse.ShowMouse();
}

////////////////////////////////////////////////////////////
// GetHallPixelXY()
//
// Get the pixel coordinates of the hallway that will
// connect the old room to the new room.
////////////////////////////////////////////////////////////
void GetHallPixelXY(int roomPixelX, int roomPixelY,
   int &hallPixelX, int &hallPixelY, int direction)
{
   switch (direction)
   {
      case NORTH: hallPixelX = roomPixelX;
                  hallPixelY = roomPixelY + 25;
                  break;
      case EAST : hallPixelX = roomPixelX - 19;
                  hallPixelY = roomPixelY;
                  break;
      case SOUTH: hallPixelX = roomPixelX;
                  hallPixelY = roomPixelY - 19;
                  break;
      case WEST : hallPixelX = roomPixelX + 25;
                  hallPixelY = roomPixelY;
                  break;
   }
}
```

```
/////////////////////////////////////////////////////////////
// UpdateStats()
//
// This function adjusts the player's game variables each
// time he moves. Specifically, it reduces strength by
// one for each move and pie by one for each three moves.
// If strength drops to 0, the player dies.
/////////////////////////////////////////////////////////////
int UpdateStats(void)
{
   stats.SetStrength(-1 - 1 * (stats.pie < 1));
   if (stats.strength < 1)
   {
      Dead();
      return 0;
   }
   stats.pieMoveCount += 1;
   if (stats.pieMoveCount == 3)
   {
      stats.SetPie(-1);
      stats.pieMoveCount = 0;
   }
   return 1;
}

/////////////////////////////////////////////////////////////
// CalcRoomNumber()
//
// This function translates x,y pixel coordinates to
// a room number. The rooms are numbered from 0 to 79
// starting in the upper-left corner of the dungeon.
/////////////////////////////////////////////////////////////
int CalcRoomNumber(int pixelX, int pixelY)
{
   int mapX = (pixelX - 100) / 44;
   int mapY = (pixelY - 44) / 44;
   int room = mapY * 10 + mapX;
   return room;
}

/////////////////////////////////////////////////////////////
// CalcMoveDirection()
//
// This function determines the direction of the selected
// move. The color retrieved by getpixel() is used to
// check whether the current room has an exit in the
// direction the user wants to move.
/////////////////////////////////////////////////////////////
void CalcMoveDirection(int newRoom,
   unsigned &color, int &direction)
{
   // Calculate the current room's pixel coordinates.
   int pixelX, pixelY;
   GetPixelXY(stats.room, pixelX, pixelY);

   // Determine move direction, and get the pixel
   // color of the current room's exit area.
```

(continues)

Listing 8.2 Continued

```
   if (newRoom == stats.room-10)
   {
      color = getpixel(pixelX+12, pixelY+1);
      direction = NORTH;
   }
   else if (newRoom == stats.room+1)
   {
      color = getpixel(pixelX+26, pixelY+12);
      direction = EAST;
   }
   else if (newRoom == stats.room+10)
   {
      color = getpixel(pixelX+12, pixelY+25);
      direction = SOUTH;
   }
   else if (newRoom == stats.room-1)
   {
      color = getpixel(pixelX+1, pixelY+12);
      direction = WEST;
   }
   else
      color = C_WHITE;
}

////////////////////////////////////////////////////////////
// DrawRoomMarker()
//
// This function draws the rectangle that encloses the
// player's current room. Because the rectangle is
// drawn in XOR mode, drawing the rectangle twice in the
// same location erases the rectangle.
////////////////////////////////////////////////////////////
void DrawRoomMarker(void)

{
   // Get screen coordinates of the current room.
   int pixelX, pixelY;
   GetPixelXY(stats.room, pixelX, pixelY);

   // Draw the rectangle in XOR mode.
   setwritemode(XOR_PUT);
   setlinestyle(SOLID_LINE, 0, THICK_WIDTH);
   setcolor(C_LIGHTGREEN);
   rectangle(pixelX-4, pixelY-4,
      pixelX+36, pixelY+36);

   // Restore graphics settings.
   setlinestyle(SOLID_LINE, 0, NORM_WIDTH);
   setwritemode(COPY_PUT);
}

////////////////////////////////////////////////////////////
// GetPixelXY()
//
// This function determines a room's pixel coordinates.
////////////////////////////////////////////////////////////
```

```
void GetPixelXY(int room, int &pixelX, int &pixelY)
{
   pixelX = (room % 10) * 44 + 106;
   pixelY = (room / 10) * 44 + 50;
}

////////////////////////////////////////////////////////////
// CleanUp()
//
// This function deletes the loaded graphics before ending
// the program.
////////////////////////////////////////////////////////////
void CleanUp(void)
{
   for (int x=0; x<15; ++x)
      delete rooms[x];
   delete vertHall;
   delete horzHall;
}

////////////////////////////////////////////////////////////
// The remaining functions create the game's sound effects.
////////////////////////////////////////////////////////////

void WinSound(void)
{
   if (!soundOn)
   {
      delay(500);
      return;
   }
   for (int x=0; x<20; ++x)
   {
      if (x % 2)
         sound(50+x*2);
      else
         sound(500+x*15);
      delay(30);
   }
   nosound();
}

void LoseSound(void)
{
   if (!soundOn)
   {
      delay(500);
      return;
   }
   for (int x=0; x<20; ++x)
   {
      if (x % 2)
         sound(90-x*2);
      else
         sound(800-x*15);
      delay(30);
```

(continues)

Listing 8.2 Continued

```
   }
   nosound();
}

void DiceSound(void)
{
   if (!soundOn)
      return;
   sound(100);
   delay(10);
   nosound();
}

void WalkSound(void)
{
   if (!soundOn)
      return;
   sound(50);
   delay(100);
   nosound();
}

void DiscoverSound(void)
{
   if (!soundOn)
      return;
   for (int x=0; x<200; ++x)
   {
      sound(x);
      delay(1);
   }
   nosound();
}

void SpellSound(void)
{
   if (!soundOn)
      return;
   for (int x=0; x<20; ++x)
   {
      if (x % 2)
         sound(400);
      else
         sound(800);
      delay(30);
   }
   nosound();
}

void DragonSound(void)
{
   if (!soundOn)
      return;
   int x, z;
```

```
   for (z=0; z<3; ++z)
   {
      for (int x=0; x<20; ++x)
      {
         if (x % 2)
            sound(1000+z*100);
         else
            sound(1200+z*200);
         delay(30);
      }
   }
   nosound();
}
```

Listing 8.3 NEWWNDWS.H—the Header File for the New Window Classes

```
///////////////////////////////////////////////////////////
// NEWWNDWS.H: Header file for the DisplayWindw and
//             ShopWindw classes.
///////////////////////////////////////////////////////////
#ifndef __NEWWNDWS_H
#define __NEWWNDWS_H
#include "windw.h"

// Constants for button values.
const BUTTON1     = 5;
const BUTTON2     = 6;
const BUTTON3     = 7;
const HEALTHBUTN = 5;
const MAGICBUTN  = 6;
const WEAPONBUTN = 7;
const PIEBUTN     = 5;
const LODGEBUTN  = 6;
const DOCTORBUTN = 7;
const SPELLBUTN  = 5;
const ADVICEBUTN = 6;
const BREWBUTN    = 7;
const CLUBBUTN    = 5;
const KNIFEBUTN  = 6;
const SWORDBUTN  = 7;


// The DisplayWindw class's declaration.
class DisplayWindw: public CapWindw
{
protected:
   Button *butn;

public:
   DisplayWindw(int x, int y, int w, int h,
      int brd, int buf, char *s);
   ~DisplayWindw();
   void DrawWindow();
```

(continues)

Listing 8.3 Continued

```
    void RunWindow(void);
};

// The ShopWindw class's declaration.
class ShopWindw: public CapWindw
{
protected:
    Button *butn1, *butn2, *butn3;
    char *imagePtr;
    char *t1, *t2, *bt1, *bt2, *bt3;
    int button;

public:
    ShopWindw(char *image, char *title, char *text1,
        char *text2, char *bText1, char *bText2, char *bText3);
    ~ShopWindw();
    void DrawWindow();
    void RunWindow(void);
    int GetButton(void) { return button; }
};

#endif
```

Listing 8.4 NEWWINDWS.CPP—the Implementation File for the New Window Classes

```
///////////////////////////////////////////////////////////
// NEWWNDWS.CPP: Implementation file for the DisplayWindw
//               and ShopWindw classes.
///////////////////////////////////////////////////////////

#include <graphics.h>
#include "mous.h"
#include "windw.h"
#include "dragon.h"
#include "newwndws.h"

///////////////////////////////////////////////////////////
// Implementation of the DisplayWindw class.
///////////////////////////////////////////////////////////

///////////////////////////////////////////////////////////
// DisplayWindw::DisplayWindw()
//
// This is the DisplayWindw class's constructor.
///////////////////////////////////////////////////////////
DisplayWindw::DisplayWindw(int x, int y, int w,
    int h, int brd, int buf, char *s) :
    CapWindw(x, y, w, h, brd, buf, s)
{
    butn = NULL;
}
```

```
///////////////////////////////////////////////////////////////
// DisplayWindw::~DisplayWindw()
//
// This is the DisplayWindw class's destructor.
///////////////////////////////////////////////////////////////
DisplayWindw::~DisplayWindw()
{
   if (butn)
      delete butn;
}

///////////////////////////////////////////////////////////////
// DisplayWindw::DrawWindow()
//
// This function draws a DisplayWindw.
///////////////////////////////////////////////////////////////
void DisplayWindw::DrawWindow()
{
   mouse.HideMouse();
   CapWindw::DrawWindow();
   butn = new Button(wx+(ww/2)-32, wy+wh-50, "^OK");
   butn->DrawWindow();
   mouse.ShowMouse();
}
///////////////////////////////////////////////////////////////
// DisplayWindw::RunWindow()
//
// This function allows the user to interact with a
// DisplayWindw. It handles both mouse and keyboard events
// in order to respond to button clicks and the Esc key.
///////////////////////////////////////////////////////////////
void DisplayWindw::RunWindow(void)
{
   int done = FALSE;
   while (!done)
   {
      GetEvent(eventMsg);
      if (butn->Clicked(eventMsg))
         done = TRUE;
      else if (eventMsg.type == KEYBD)
      {
         char k = eventMsg.key & 0x00ff;
         if (k == ESC)
            done = TRUE;
      }
   }
}

///////////////////////////////////////////////////////////////
// Implementation of the ShopWindw class.
///////////////////////////////////////////////////////////////

///////////////////////////////////////////////////////////////
// ShopWindw::ShopWindw()
//
// This is the ShopWindw class's constructor.
///////////////////////////////////////////////////////////////
```

(continues)

Listing 8.4 Continued

```
ShopWindw::ShopWindw(char *image, char *title, char *text1,
   char *text2, char *bText1, char *bText2, char *bText3) :
   CapWindw(194, 81, 251, 220, TRUE, TRUE, title)
{
   butn1 = NULL;
   butn2 = NULL;
   butn3 = NULL;
   imagePtr = image;
   t1 = text1;
   t2 = text2;
   bt1 = bText1;
   bt2 = bText2;
   bt3 = bText3;
}

///////////////////////////////////////////////////////////
// ShopWindw::~ShowWindw()
//
// This is the ShopWindw class's destructor.
///////////////////////////////////////////////////////////
ShopWindw::~ShopWindw()
{
   if (butn1)
      delete butn1;
   if (butn2)
      delete butn2;
   if (butn3)
      delete butn3;
}

///////////////////////////////////////////////////////////
// ShopWindw::DrawWindow()
//
// This function draws a ShopWindw.
///////////////////////////////////////////////////////////
void ShopWindw::DrawWindow()
{
   mouse.HideMouse();
   CapWindw::DrawWindow();
   putimage(285, 130, imagePtr, COPY_PUT);
   setcolor(C_WHITE);
   int len = strlen(t1);
   outtextxy(wx+(ww/2)-(len*8)/2, 210, t1);
   len = strlen(t2);
   outtextxy(wx+(ww/2)-(len*8)/2, 220, t2);
   butn1 = new Button(wx+23, wy+wh-50, bt1);
   butn2 = new Button(wx+93, wy+wh-50, bt2);
   butn3 = new Button(wx+163, wy+wh-50, bt3);
   butn1->DrawWindow();
   butn2->DrawWindow();
   butn3->DrawWindow();
   mouse.ShowMouse();
}
```

```
/////////////////////////////////////////////////////////////
// ShopWindw::RunWindow()
//
// This function allows the user to interact with a
// ShopWindw. It handles both mouse and keyboard events
// in order to respond to button clicks and the Esc key.
/////////////////////////////////////////////////////////////
void ShopWindw::RunWindow(void)
{
   button = 0;
   while (!button)
   {
      GetEvent(eventMsg);
      if (butn1->Clicked(eventMsg))
         button = BUTTON1;
      else if (butn2->Clicked(eventMsg))
         button = BUTTON2;
      else if (butn3->Clicked(eventMsg))
         button = BUTTON3;
      else if (eventMsg.type == KEYBD)
      {
         char k = eventMsg.key & 0x00ff;
         if (k == ESC)
            button = CANCEL;
      }
   }
}
```

Listing 8.5 STATS.H—the Header File for the *Stats* Class

```
/////////////////////////////////////////////////////////////
// STATS.H: Header file for the Stats class.
/////////////////////////////////////////////////////////////

#ifndef __STATS_H
#define __STATS_H

// Weapon types.
enum { FIST, CLUB, KNIFE, SWORD };

// The Stats class's declaration
class Stats
{
public:
   int hitPoints, strength, pie, gold;
   int spells, serums, brew, room, weapon;
   int pieMoveCount, castingSpell;
   int soundOn;

   Stats(void);
   void Show(void);
   void Set(int stat, int value);
```

(continues)

Listing 8.5 Continued

```
      void Reset(void);
      void SetHitPoints(int num);
      void SetStrength(int num);
      void SetPie(int num);

   private:
      void CheckStatsSound(void);
   };

   #endif
```

Listing 8.6 STATS.CPP—the Implementation File for the *Stats* Class

```
///////////////////////////////////////////////////////////////
// STATS.CPP: Implementation file for the Stats class.
///////////////////////////////////////////////////////////////
#include <stdio.h>
#include <graphics.h>
#include "mous.h"
#include "newwndws.h"
#include "stats.h"

// Weapon strings.
char *weapons[] = {"Fist", "Club", "Knife", "Sword"};

///////////////////////////////////////////////////////////////
// Stats::Stats()
//
// This is the Stats class's constructor.
///////////////////////////////////////////////////////////////
Stats::Stats()
{
   soundOn = TRUE;
   Reset();
}

///////////////////////////////////////////////////////////////
// Stats::Show()
//
// This function displays the player's statistics in a
// DisplayWindw.
///////////////////////////////////////////////////////////////
void Stats::Show(void)
{
   char s[10];

   DisplayWindw wndw(217, 80, 200, 235, TRUE,
      TRUE, "Player Stats");
   wndw.DrawWindow();
   mouse.HideMouse();
   outtextxy(242, 135, "Hit Points:");
   outtextxy(242, 150, "  Strength:");
```

```
   outtextxy(242, 165, "       Pie:");
   outtextxy(242, 180, "      Gold:");
   outtextxy(242, 195, "    Spells:");
   outtextxy(242, 210, "    Serums:");
   outtextxy(242, 225, "      Brew:");
   outtextxy(242, 240, "    Weapon:");
   sprintf(s, "%d  ", hitPoints);
   outtextxy(335, 135, s);
   sprintf(s, "%d  ", strength);
   outtextxy(335, 150, s);
   sprintf(s, "%d  ", pie);
   outtextxy(335, 165, s);
   sprintf(s, "%d  ", gold);
   outtextxy(335, 180, s);
   sprintf(s, "%d  ", spells);
   outtextxy(335, 195, s);
   sprintf(s, "%d  ", serums);
   outtextxy(335, 210, s);
   sprintf(s, "%d  ", brew);
   outtextxy(335, 225, s);
   outtextxy(335, 240, weapons[weapon]);
   mouse.ShowMouse();
   wndw.RunWindow();
}
///////////////////////////////////////////////////////////
// Stats::Reset()
//
// This function resets the player's statistics to their
// starting values.
///////////////////////////////////////////////////////////
void Stats::Reset(void)
{
   hitPoints = 50;
   strength = 100;
   pie = 1;
   gold = 60;
   spells = 0;
   serums = 0;
   brew = 0;
   room = 45;
   weapon = FIST;
   pieMoveCount = 0;
   castingSpell = FALSE;
}

///////////////////////////////////////////////////////////
// Stats::SetHitPoints()
//
// This function adjusts hitPoints by the value given in
// num. hitPoints is not allowed to exceed 50. If hitPoints
// drops below 15, an alarm sounds.
///////////////////////////////////////////////////////////
void Stats::SetHitPoints(int num)
{
   hitPoints += num;
   if (hitPoints > 50)
      hitPoints = 50;
   if (hitPoints < 15)
```

(continues)

Listing 8.6 Continued

```
      CheckStatsSound();
}

///////////////////////////////////////////////////////////////
// Stats::SetStrength()
//
// This function adjusts strength by the value given in
// num. Strength is not allowed to exceed 100. If strength
// drops below 15, an alarm sounds.
///////////////////////////////////////////////////////////////
void Stats::SetStrength(int num)
{
   strength += num;
   if (strength > 100)
      strength = 100;
   if (strength < 15)
      CheckStatsSound();
}
///////////////////////////////////////////////////////////////
// Stats::SetPie()
//
// This function adjusts pie by the value given in num.
// If pie drops below 2, an alarm sounds.
///////////////////////////////////////////////////////////////
void Stats::SetPie(int num)
{
   pie += num;
   if (pie <= 0)
      pie = 0;
   if (pie < 2)
      CheckStatsSound();
}

///////////////////////////////////////////////////////////////
// Stats::CheckStatsSound()
//
// This function turns on an alarm sound to warn the player
// that he should check his statistics.
///////////////////////////////////////////////////////////////
void Stats::CheckStatsSound(void)
{
   if (!soundOn)
      return;
   for (int x=0; x<20; ++x)
   {
      if (x % 2)
         sound(20);
      else
         sound(800);
      delay(30);
   }
   nosound();
}
```

The New Window Classes

One of the advantages of object-oriented programming is that you can derive new classes from older ones. In Chapter 4, "Graphical Controls and Windows," you developed a library of window classes that you implemented in the WINDW.CPP file. However, Dragonlord requires a couple of window types that are not available in the WINDW library. These window types are provided by the new classes in listings 8.3 and 8.4. The window classes in these listings derive from a window class in the WINDW library.

The first new window class is `DisplayWindw`, which is a blank window with a caption, a frame, and an OK button. A `DisplayWindw` can be just about any size (as long as it can save the image over which you draw the window) and leaves its window area blank so that you can fill it in with whatever data or images you want. The `DisplayWindw` class derives from the `CapWindw` class.

Also deriving from `CapWindw` is the `ShopWindw` class, which creates windows for the shop and its various departments. A `ShopWindw` has a caption, a frame, an image, two lines of text, and three buttons. The text and the button labels depend on which shop department the window is to represent and are parameters received by the constructor. A `ShopWindw` is always the same size.

These new window classes are used throughout the main program. For example, the `DisplayWindw` class provides the basis for the Discovery boxes that you see whenever you enter a dungeon room that contains an item. Of course, the `ShopWindw` class is used whenever you call the shopkeeper.

Dungeon Maps

Near the beginning of DRAGON.CPP (listing 8.2), you see the following array definition:

```
int map[80] =
   { 7, 13, 13, 13, 13, 13,  8,  8, 13,  9,
    10, 14, 14, 14, 14, 12,  7, 13, 14, 12,
    10, 14, 14, 14, 14, 12,  0, 10, 12,  5,
    10, 14, 14, 14, 14, 12,  1, 11,  6,  5,
    10, 14, 11, 14, 14, 14,  8, 13,  8, 12,
     5,  0,  7,  6,  5,  5,  2,  5,  7, 12,
     5,  7,  6,  7, 12,  5, 10, 11, 12,  5,
     4, 11,  8, 11, 11, 11, 11,  8,  6,  0 };
```

This is the dungeon map as it's stored in memory. Each number in the map represents a room. Because there are 15 possible combinations of exits from a room, there are 15 types of rooms, numbered from 0 to 14. For example, in the upper-left corner of the map, there is a room type 7. This room has exits on the east and south walls, as shown in figure 8.16. The next room in the map is type 13, which has exits on the east, south, and west walls.

Fig. 8.16 The 15 room types.

To create a different dungeon layout, you need only put different numbers in the `map[]` array. Of course, all the numbers must be between 0 and 14, inclusive, and you must ensure that the exits line up properly with other rooms—that is, a north exit from a room should always lead to a south entrance to the destination room.

You might want to create several versions of the `map[]` array and then choose one randomly when the game begins. That way, the player can never be sure exactly which dungeon layout she's currently playing. The more dungeons you create, the harder it is for the player to memorize any dungeon layout.

Handling Graphics

Dragonlord uses many graphics, including 15 room images, nine die images, and a dozen item images. If you were to try to load all these images into memory at once, you would have little room left for the program. To conserve memory, Dragonlord loads images only as it needs them. But because the program needs the room images constantly throughout the entire game, it loads those images at the beginning of the game and keeps them in memory until the player quits.

The function `LoadGraphics()` prepares the room images for use. It first loads and sets the game's palette:

```
imageFile = fopen("PALETTE.PAL", "rb");
fread(palette, 1, 48, imageFile);
fclose(imageFile);
for (int x=0; x<16; ++x)
   setpalette(x, x);
for (x=0; x<16; ++x)
{
```

```
    setrgbpalette(x, palette[x*3]>>2,
    palette[x*3+1]>>2, palette[x*3+2]>>2);
}
```

It then calls `LoadImage()` 17 times to load the 15 room images and the two hallway images:

```
LoadImage("ROOM1.IMA", rooms[0]);
LoadImage("ROOM2.IMA", rooms[1]);
LoadImage("ROOM3.IMA", rooms[2]);
LoadImage("ROOM4.IMA", rooms[3]);
LoadImage("ROOM5.IMA", rooms[4]);
LoadImage("ROOM6.IMA", rooms[5]);
LoadImage("ROOM7.IMA", rooms[6]);
LoadImage("ROOM8.IMA", rooms[7]);
LoadImage("ROOM9.IMA", rooms[8]);
LoadImage("ROOM10.IMA", rooms[9]);
LoadImage("ROOM11.IMA", rooms[10]);
LoadImage("ROOM12.IMA", rooms[11]);
LoadImage("ROOM13.IMA", rooms[12]);
LoadImage("ROOM14.IMA", rooms[13]);
LoadImage("ROOM15.IMA", rooms[14]);
LoadImage("VERTHALL.IMA", vertHall);
LoadImage("HORZHALL.IMA", horzHall);
```

`LoadImage()` takes as parameters the file name of the image to load and a reference to a `char` pointer. The function allocates memory for the image and loads the image into the allocated memory, returning a pointer to the image in the pointer given as the function's second parameter. Note that there are only two ways to have a function return a pointer itself (as opposed to the value that the pointer addresses): One is to use a pointer to the pointer, and the other is to use a reference to the pointer, as is done in this program. `LoadImage()` must return the pointer itself because in this program, the pointers to the 15 rooms are stored in an array named `rooms[]`. By storing the pointers in an array, the program can access an image quickly using only an index into the array.

Initializing the Game

Like any program, Dragonlord must assign starting values to certain variables before the user can start playing the game. Dragonlord must store items at random locations in the dungeon, and set the player's statistics to their starting values.

The function `InitGame()` handles the game initialization. In this function, the array `startItems[]` stores the items that the program must place in the dungeon:

```
int startItems[] =
   { 2, 7, 1, 1, 1, 1, 1, 1, 1, 1, 1, 1, 1, 1, 1, 1, 1,
     1, 1, 1, 1, 1, 1, 3, 3, 3, 3, 4, 4, 4, 4, 4, 5, 5,
     5, 5, 5, 5, 5, 6, 6, 6, 6, 6, 0, 0, 0, 0, 0, 0, 0,
     0, 0, 0, 0, 0, 0, 0, 0, 0, 0, 0, 0, 0, 0, 0, 0, 0,
     0, 0, 0, 0, 0, 0, 0, 0, 0, 0, 0, 0 };
```

DRAGON.H (listing 8.1) enumerates a set of constants for the values stored in this array so that the program can deal with them symbolically:

```
enum { I_EMPTY, I_SKELETON, I_DRAGON, I_TELEPORT,
       I_SPELL, I_GOLD, I_SERUM, I_THIEF };
```

These constants make the source code easier to read and modify. (You could also use them in the `startItems[]` array definition, but doing so would take a lot of source code.)

To place the items in the dungeon, the program first calls `memcpy()` to copy the `startItems[]` array into the `items[]` array:

```
memcpy(items, startItems, sizeof(startItems));
```

The program then loops through all 80 array entries, swapping each with another randomly chosen entry:

```
for (int x=0; x<80; ++x)
{
   i = random(80);

   if ((x != 45) && (i != 45))
   {
      temp = items[x];
      items[x] = items[i];
      items[i] = temp;
      if (items[x] == I_DRAGON)
         dragonRoom = x;
      else if (items[i] == I_DRAGON)
         dragonRoom = i;
   }
}
```

This is a very fast way to "shuffle" the contents of an array. After one time through the loop, the contents of the array are completely scrambled. However, this routine always ensures that room 45 (the starting room) is left empty and that the variable `dragonRoom` holds the number of the room in which the program stores the dragon item.

Note

When you need to copy the contents of one array to another, your first inclination is probably to use a `for` loop to copy the array one element at a time. However, Turbo C++ provides a function, `memcpy()`, that can copy one area of memory to another quickly and with a single statement. You can use `memcpy()` to copy arrays or structures, too, simply by giving `memcpy()` the address of the destination array or structure, the address of the source array or structure, and the number of bytes to copy. A similar function, `memset()`, can quickly initialize arrays and other aggregate data types to a given value. For example, the line `memset(s, 0, 100)` sets s (a 100-byte `char` array) to all NULLs.

`InitGame()` also sets the player's starting statistics. Thanks to object-oriented programming, this task is handled by a quick call to the `Stats` object's `Reset()` member function. As you can see in listings 8.5 and 8.6, the `Stats` class provides several functions for handling the player's statistics, including hit points, strength, pie count, gold, spells, serums, and other variables.

Look at the `Stats` class's declaration:

```
class Stats
{
public:
   int hitPoints, strength, pie, gold;
   int spells, serums, brew, room, weapon;
   int pieMoveCount, castingSpell;
   int soundOn;

   Stats(void);
   void Show(void);
   void Set(int stat, int value);
   void Reset(void);
   void SetHitPoints(int num);
   void SetStrength(int num);
   void SetPie(int num);

private:
   void CheckStatsSound(void);
};
```

One unusual thing here is that the class's data members are declared as `public` rather than `protected` or `private`. The object-oriented approach dictates that data members should not be accessible outside of the class. However, in this case, following such a guideline would make handling the player's statistics a clumsy process. Every data member would need a function to get its value and to change its value, and these requirements would complicate the game's code to no real advantage.

On the other hand, some statistics, such as those for hit points, require extra handling when they change, so the class provides member functions for manipulating those values. For example, to change the value of the player's `hitPoints` statistic, the program calls the `Stats` member function `SetHitPoints()`:

```
void Stats::SetHitPoints(int num)
{
   hitPoints += num;
   if (hitPoints > 50)
      hitPoints = 50;
   if (hitPoints < 15)
      CheckStatsSound();
}
```

This function not only modifies `hitPoints` by the amount in `num`, but also ensures that `hitPoints` doesn't exceed 50. In addition, when `hitPoints` drops below 15, this function calls `CheckStatsSound()` to sound an alarm, which warns the player to check his statistics. Two other data members—`strength` and `pie`—are changed by the functions `SetStrength()` and `SetPie()`, which are both similar to `SetHitPoints()`.

Moving the Player

When the player clicks a room, the program must take the mouse coordinates of the click and calculate to which room the player wants to move. Then the program must move the player to the new room.

The movement duties begin in the function `Move()`. In this function, the program first checks that the player clicked within the screen limits of the dungeon map:

```
if ((eventMsg.mx > 100) && (eventMsg.mx < 540) &&
    (eventMsg.my > 44) && (eventMsg.my < 398))
```

If the player clicks outside of the map, the program ignores the input. However, if the mouse coordinates check out okay, the program must calculate the number of the room to which the player wants to move. It does this by calling `CalcRoomNumber()`:

```
int CalcRoomNumber(int pixelX, int pixelY)
{
   int mapX = (pixelX - 100) / 44;
   int mapY = (pixelY - 44) / 44;
```

```
      int room = mapY * 10 + mapX;
      return room;
   }
```

This function takes as parameters the x,y coordinates of the mouse. It then takes these coordinates and calculates the row and column of the map to which the player wants to move, and finally uses the row and column to get the room number. In the calculations for `mapX`, the value 100 is the number of pixels from the left edge of the screen to the left edge of the first map column, and 44 is the width of each column (see fig. 8.17). In the calculations for `mapY`, 44 is the distance from the top of the screen to the top of the map grid, and 44 is the height of each map row.

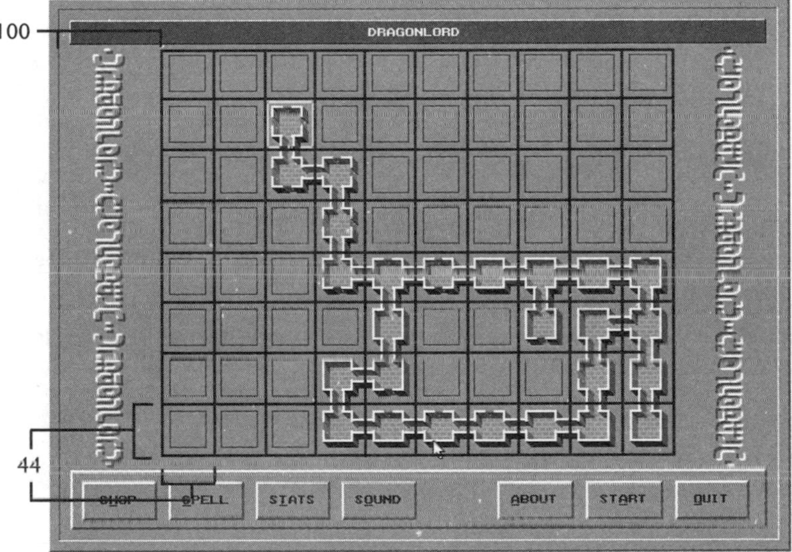

Fig. 8.17
Screen coordinates for calculating the destination room.

After `Move()` calls `CalcRoomNumber()`, the program has the room to which the player wants to move. However, the program doesn't yet know whether the player should be allowed to move to that room. For the room to be a valid destination, it must connect directly to a doorway to the room in which the player is located. To check whether the move is valid, `Move()` first calls `CalcMoveDirection()`:

```
void CalcMoveDirection(int newRoom,
   unsigned &color, int &direction)
{
   // Calculate the current room's pixel coordinates.
   int pixelX, pixelY;
   GetPixelXY(stats.room, pixelX, pixelY);
```

```
        // Determine move direction, and get the pixel
        // color of the current room's exit area.
        if (newRoom == stats.room-10)
        {
           color = getpixel(pixelX+12, pixelY+1);
           direction = NORTH;
        }
        else if (newRoom == stats.room+1)
        {
           color = getpixel(pixelX+26, pixelY+12);
           direction = EAST;
        }
        else if (newRoom == stats.room+10)
        {
           color = getpixel(pixelX+12, pixelY+25);
           direction = SOUTH;
        }
        else if (newRoom == stats.room-1)
        {
           color = getpixel(pixelX+1, pixelY+12);
           direction = WEST;
        }
        else
           color = C_WHITE;
     }
```

This function takes as parameters the number of the destination room, a reference to the `unsigned int` that will hold a color value, and a reference to the `int` that will hold a direction value. The function calls `GetPixelColRow()` to retrieve the screen coordinates of the current room:

```
void GetPixelXY(int room, int &pixelX, int &pixelY)
{
   pixelX = (room % 10) * 44 + 106;
   pixelY = (room / 10) * 44 + 50;
}
```

`CalcMoveDirection()` then uses a compound `if` statement that compares the destination room number (`newRoom`) to the current room number (`stats.room`). The function uses this comparison to determine the direction in which the player is trying to move. For example, if the destination room is 15 and the current room is 25, the player is trying to move north, because the room number to the north is always 10 less than the room number of the current location.

When the function determines the direction, it sets the variable `direction` to one of the directions enumerated in DRAGON.H (`NORTH`, `EAST`, `SOUTH`, or `WEST`), and then calls `getpixel()` to retrieve the color of the pixel in the current room's exit area. For example, if the player is trying to move north, the program sets `direction` to `NORTH` and gets the color of a pixel in the current room's northern exit area. The function returns both the direction and color values to `Move()` for further processing.

`Move()` examines the color value returned by `CalcMoveDirection()` to check whether it is the color of the top of a wall (white):

```
if (color == C_WHITE)
   ShowNoExit();
else
   MoveToRoom(newRoom, direction);
```

This is a handy way to check for exits without having to store extra values in a program. In a way, you're using the screen as a storage area not only for graphics but also for program data. Figure 8.18 shows some examples of sampling color to determine whether an exit exists. In the first case, the color sample is white, which means that there is no exit. In the second and third cases, a color other than white is returned, which means that there is an exit.

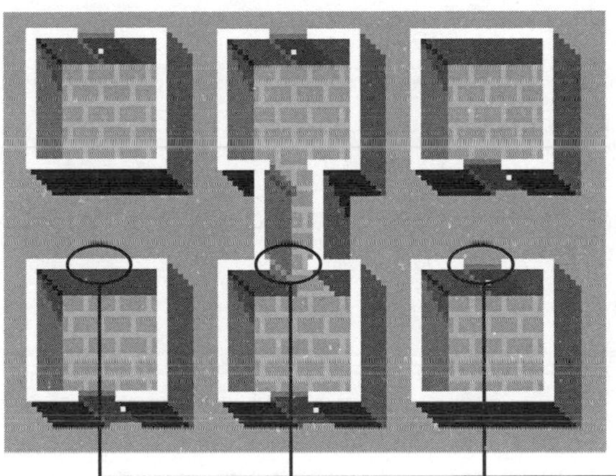

Fig. 8.18
Checking screen colors to find room exits.

Tip
Before you start programming a game, create a set of constants that represent the colors the game will use. For example, in its header file, Dragonlord enumerates a set of constants for its entire 16-color palette, using such easy-to-remember names as `C_WHITE`, `C_BLACK`, and `C_RED`. When you want to set a color in your program, it's much easier to remember a constant name than it is to try and figure out which number to use. You should use constants for all values that your game frequently uses.

If the player is trying to move in an illegal direction, the program calls `ShowNoExit()` to tell the player of his mistake. Otherwise, the program calls `MoveToRoom()`, which handles the actual move. This function first calls `UpdateStats()` to decrement the player's strength and pie counts:

```
int stillAlive = UpdateStats();
```

`UpdateStats()` returns a Boolean value that indicates whether the player is still alive (that is, whether his strength is greater than zero). If he is, `MoveToRoom()` calls `DrawRoomMarker()` to erase the current room marker (the yellow square) by redrawing it in XOR mode:

```
DrawRoomMarker();
```

The `MoveToRoom()` function then sets the player's room statistic to the new room, calls `DrawRoom()` to display the new room, and calls `DrawHallway()` to display the connecting hallway:

```
stats.room = newRoom;
DrawRoom();
DrawHallway(direction);
```

Finally, `MoveToRoom()` calls `DrawRoomMarker()` again to draw a room marker around the new room, and calls `ShowItem()` to show the player what, if anything, he has found in the room:

```
DrawRoomMarker();
ShowItem(newRoom);
```

The function `DrawRoom()` displays the new room:

```
void DrawRoom(void)
{
   int roomPixelX, roomPixelY;

   GetPixelXY(stats.room, roomPixelX, roomPixelY);
   int color = getpixel(roomPixelX, roomPixelY);
   if (color != C_WHITE)
      putimage(roomPixelX, roomPixelY,
         rooms[map[stats.room]], COPY_PUT);
}
```

`DrawRoom()` first calls `GetPixelXY()` to retrieve the screen coordinates at which the new room will be drawn. It then samples the color value at those coordinates to see whether the room has already been drawn. (The player may have been to the room before.) If the color value of the sampled pixel isn't white, the room has not yet been drawn.

After the program draws the room, it must draw the connecting hallway. The function `DrawHallway()` handles this task:

```
void DrawHallway(int direction)
{
   int roomPixelX, roomPixelY, hallPixelX, hallPixelY;

   mouse.HideMouse();

   GetPixelXY(stats.room, roomPixelX, roomPixelY);
   GetHallPixelXY(roomPixelX, roomPixelY,
      hallPixelX, hallPixelY, direction);

   if ((direction == NORTH) || (direction == SOUTH))
      putimage(hallPixelX, hallPixelY, horzHall, COPY_PUT);
   else
      putimage(hallPixelX, hallPixelY, vertHall, COPY_PUT);

   mouse.ShowMouse();
}
```

This function calls `GetPixelXY()` to get the screen coordinates of the new room and then uses those coordinates in a call to `GetHallPixelXY()`, which calculates the screen coordinates of the connecting hallway. `DrawHallway()` uses its single parameter `direction` to determine whether to draw a vertical or horizontal hall segment.

The function `ShowItem()` displays whatever the player may have found in the new room:

```
void ShowItem(int room)
{
   char text[20];
   int amount, loss;

   // Determine what item is in the room.
   CheckForRandomItem(room);
   int item = items[room];
   items[room] = I_EMPTY;

   // Route the program to the appropriate function
   // based on the item in the room.
   switch (item)
   {
      case I_GOLD    : amount = random(3) + 2;
                       sprintf(text, "%d GOLD PIECES.",
                          amount);
                       Discovery("GOLD.IMA", text);
                       stats.gold += amount;
                       break;
      case I_SPELL   : Discovery("SPELL.IMA", "A SPELL.");
                       stats.spells += 1;
                       break;
      case I_SERUM   : Discovery("SERUM.IMA", "A SERUM.");
                       stats.serums += 1;
                       break;
      case I_THIEF   : Discovery("THIEF.IMA",
```

```
                                 "THE THIEF!");
                              loss = stats.gold / 4;
                              stats.gold -= loss;
                              break;
            case I_TELEPORT: Discovery("TELEPORT.IMA",
                                 "A TELEPORTER");
                              Teleport();
                              break;
            case I_SKELETON: Discovery("SKEL1.IMA",
                                 "A SKELETON!");
                              FightSkeleton();
                              break;
            case I_DRAGON   : FoundDragon();
                              break;
            case I_EMPTY    : WalkSound();
                              break;

        }
    }
```

This function first calls `CheckForRandomItem()`, which is responsible for placing skeletons and caches of gold in empty rooms. If the destination room is empty, there's a chance that one of these items may appear in the room. After determining whether any random items will appear, the program saves the contents of the room by setting `item` equal to `items[room]` and then sets `items[room]` to `I_EMPTY`, which indicates that the room is now empty.

The `switch` statement then routes the program to whatever code is needed to handle the current item. In most cases, the program only displays a Discovery box and adds the item to the player's statistics. However, the teleport, skeleton, and dragon items get special handling, so the `switch` statement calls the appropriate function: `Teleport()`, `FoundDragon()`, or `FightSkeleton()`. `Teleport()` transfers the player to a randomly selected room, and `FoundDragon()` ends the game.

`FightSkeleton()` handles the battle between the player and the skeleton. The function first calculates the player's attack modifier, which is based on the player's weapon and strength:

```
int modifier = stats.weapon - 4 + stats.strength / 20;
```

Then the program calls `DisplayBattleWindow()` to draw the battle window:

```
DisplayBattleWindow(modifier, wndw);
```

The `DisplayBattleWindow()` function looks like this:

```
void DisplayBattleWindow(int modifier, DisplayWindw *&wndw)
{
   wndw = new DisplayWindw(218, 100, 200, 280,
         TRUE, TRUE, "THE BATTLE BEGINS!");
   wndw->DrawWindow();
   mouse.HideMouse();
   char *skeleton;
   LoadImage("SKEL1.IMA", skeleton);
   putimage(286, 150, skeleton, COPY_PUT);
   delete skeleton;
   DrawImageFrame(282, 146, 354, 218);
   DrawImageFrame(260, 249, 373, 292);
   outtextxy(270, 235, "YOU");
   outtextxy(339, 235, "HIM");
   char s[20];
   if (modifier >= 0)
      sprintf(s, "Your modifier: +%d", modifier);
   else
      sprintf(s, "Your modifier: %d", modifier);
   outtextxy(250, 303, s);
   mouse.ShowMouse();
}
```

As you can see, `DisplayBattleWindow()` starts by creating a `DisplayWindw` object and drawing the `DisplayWindw` on the screen. The function then adds the display elements to the empty window, including the skeleton image, the indented image frames, and the text. Notice that the program loads the skeleton image, displays the image, and then immediately deletes the image. This is how the program handles most of the game's images, because otherwise some computers may not have enough memory to keep all the image's loaded.

After calling `DisplayBattleWindow()`, `FightSkeleton()` calls `DoBattle()`, which handles the actual battle:

```
int playerAlive = DoBattle(modifier);
```

`DoBattle()` loads and displays the dice images, sets the skeleton's hit points (`monsterHitPoints`) to 5, sets the `battleOver` flag to FALSE, and sets the `alive` flag to TRUE:

```
LoadDice(dice);
mouse.HideMouse();
putimage(266, 255, dice[8], COPY_PUT);
putimage(335, 255, dice[8], COPY_PUT);
int monsterHitPoints = 5;
int battleOver = FALSE;
int alive = TRUE;
```

A do loop then iterates until battleOver becomes TRUE:

```
do
{
   .
   .
   .
}
while (!battleOver);
```

Inside the do loop, the program calls RollDice() to display the rolling dice and get the opponents' attack scores:

```
playerRoll = RollDice(dice, 266, 255);
delay(500);
skeletonRoll = RollDice(dice, 335, 255);
```

When the player or skeleton scores a hit, DoBattle() calculates the amount of damage scored by the hit. The function also subtracts an appropriate amount of strength from the player:

```
damage = random(5) + 1;
stats.SetStrength(-1 - 1 * (stats.pie < 1));
```

Notice how the preceding calculation uses the Boolean value (stats.pie < 1). If (stats.pie < 1) is true, it evaluates to 1. If (stats.pie < 1) is false, it evaluates to 0. Because the result of the Boolean expression is multiplied by –1, when the player's pie is less than one, he loses an additional strength point. By using Boolean expressions in this way, you can eliminate the need for if statements in some circumstances.

Getting back to DoBattle(), if the player's roll beats the skeleton's roll, the program displays the image of the hit skeleton, generates the winning sound, and deducts damage hit points from monsterHitPoints:

```
if (playerRoll+modifier >= skeletonRoll)
{
   LoadImage("SKEL3.IMA", skeleton);
   putimage(286, 150, skeleton, COPY_PUT);
   delete skeleton;
   WinSound();
   monsterHitPoints -= damage;
   if (monsterHitPoints < 1)
      battleOver = TRUE;
}
```

If monsterHitPoints is less than 1, the skeleton has lost the battle and battleOver is set to TRUE. However, if the skeleton's roll beats the player's roll, the program displays the attacking skeleton image, deducts damage from the player's hit points, and generates the losing sound:

```
else
{
   LoadImage("SKEL2.IMA", skeleton);
   putimage(286, 150, skeleton, COPY_PUT);
   delete skeleton;
   stats.SetHitPoints(-damage);
   LoseSound();
   if ((stats.strength <= 0) || (stats.hitPoints <= 0))
   {
      battleOver = TRUE;
      alive = FALSE;
   }
}
```

If the player's strength or hit points falls below 1, the player is dead, so the program sets `battleOver` to TRUE and `alive` to FALSE.

Finally, if the battle is not yet over, the program restores the skeleton's normal image:

```
if (!battleOver)
{
   LoadImage("SKEL1.IMA", skeleton);
   putimage(286, 150, skeleton, COPY_PUT);
   delete skeleton;
}
```

After the program restores the skeleton's image, the `do` loop performs another iteration. The `do` loop continues until `battleOver` equals TRUE, at which point the program displays the skeleton as a pile of bones, deletes the dice images, and returns the `alive` flag to `FightSkeleton()`:

```
LoadImage("SKEL4.IMA", skeleton);
putimage(286, 150, skeleton, COPY_PUT);
delete skeleton;
mouse.ShowMouse();
for (int x=0; x<9; ++x)
   delete dice[x];
return alive;
```

Back in `FightSkeleton()`, if the player is still alive, the program calls `wndw->RunWindow()`, which enables the player to close the battle window:

```
wndw->RunWindow();
delete wndw;
```

Then, if the player has less than 20 strength points, and also has a bottle of serum in his possession, the program calls `DrinkSerum()`, which increases the player's strength points:

```
if ((stats.strength < 20) && (stats.serums > 0))
   DrinkSerum();
```

The program then calculates how many gold pieces the player will find and displays the result in a Discovery box:

```
int amount = random(5) + 5;
sprintf(s, "%d GOLD PIECES.", amount);
Discovery("GOLD.IMA", s);
stats.gold += amount;
```

If the player is no longer alive when the program returns to `FightSkeleton()`, the program deletes the battle window without running it and calls the function `Dead()`, which ends the game:

```
else
{
   delete wndw;
   Dead();
}
```

Creating Sound Effects

Creating interesting sound effects using only the PC's built-in speaker is a challenge, to say the least. You can certainly forget about digitized sound effects. In fact, the only function that Turbo C++ supplies to generate sound is the `sound()` function. To call `sound()`, you supply the frequency of the sound as the function's single parameter. To turn off the sound, you call Turbo C++'s `nosound()` function.

Because the `sound()` function can generate only a single tone at a time, you have to use some clever sound manipulations to create interesting effects. For example, in Dragonlord, the function `DragonSound()` generates the sound you hear when you enter the dragon's room:

```
void DragonSound(void)
{
   if (!soundOn)
      return;
   int x, z;

   for (z=0; z<3; ++z)
   {
      for (int x=0; x<20; ++x)
      {
         if (x % 2)
            sound(1000+z*100);
         else
            sound(1200+z*200);
         delay(30);
      }
   }
   nosound();
}
```

This function incorporates nested loops to change quickly the tone that the `sound()` function generates. When you change the tone quickly, you can make it sound as though more than one tone is going simultaneously. In `DragonSound()`, the inner `for` loop toggles the generated sound between two tones, depending on whether `x` is odd or even. Because the sound toggles so rapidly between the two tones, the result is not a single tone, but rather a strange, sustained chirping sound.

The outer `for` loop generates the sound three times. Notice that the outer loop's control variable, `z`, is used in the inner loop to calculate the sound's tone. The result of this loop is that each of the three sounds is higher than the preceding sound.

The other sound functions in Dragonlord use loops in a similar way to produce the other sound effects used in the game. Try modifying the sound functions (you can find all of them at the end of listing 8.2) to develop other sound effects.

Note

You can use the modulus operator (%) to determine whether a value is odd or even. The modulus operator returns the remainder of an integer division. When you use the modulus operator to divide a value by 2, you get a remainder only when the value is odd. For example, 3%2 equals 1, which indicates that 3 is odd. On the other hand, 8%2 is 0, which indicates that 8 is even.

Note

Although selecting the Sound button toggles most of Dragonlord's sounds on or off, the button does not affect the window button sounds. This is because the button sounds are part of the window library, not a part of Dragonlord's main source code. Of course, you can easily modify the window library to toggle its sounds with the Sound button.

Summary

Although you've examined only a few functions in Dragonlord, you should now be able to understand how the rest of the program works. Before moving on to the next chapter, however, you might want to spend some time going over the Dragonlord listings just to be sure that you understand them. It's a big program with a lot going on.

In the next chapter, you leave behind adventure games and take up a digital deck of cards. You'll soon learn not only how to handle a deck of cards in a computer program, but also how to analyze cards to determine the winning poker hand.

Chapter 9

Card Games

Few types of games are more popular than card games. Most households have a deck of cards, and probably more fortunes are won and lost over a card table than on a roulette wheel or a slot machine. The bottom line is that, if you're going to be a Turbo C++ game programmer, you're going to have to know how to use the language to handle a deck of cards.

Fortunately, Lady Luck is smiling upon you. In this chapter, you not only create a C++ class for manipulating a deck of cards, but you also get a full set of graphical images for your cards. If there's one thing that discourages most programmers from programming card games, it's the daunting challenge of having to draw 52 cards—especially the face cards, which are the most graphically complex cards in the deck.

Deck-Handling Functions

In this chapter, you create a C++ class that you can use to program card games. Before creating any C++ class, however, you must consider carefully the different ways that you must manipulate the data encapsulated in the class. After you've analyzed your games' needs, you can then write the class's functions. Unfortunately for programmers, there are more card games than craters on the moon. This makes creating a complete card class a nearly impossible task. You can never predict all the different ways that you may need to manipulate cards in your programs.

The best you can do, then, is to write those functions that every card program needs—functions such as shuffling a deck and dealing hands—and then add more specific functions as you need them. That's the approach that this chapter adopts to design the Card class, which is used in both this chapter's and next chapter's programs. After you understand how the Card class works, you should be able to add any other functions that you need to create specific card games.

The *Card* Class

The library of routines presented in this chapter actually consists of two classes: Card and Deck. The Card class includes the data members and functions required to manipulate a single card, and the Deck class draws on the Card class to create and manipulate a deck of 52 cards, each of which is an object of the Card class. The Deck class also enables you to group card objects into hands.

Listings 9.1 through 9.4, which appear later in this chapter, are the header and implementation files for the Card and Deck classes. Look at the Card class's declaration first:

```
class Card
{
protected:
   int xPos, yPos, value;
   char imageFileName[15];

public:
   Card(int val, char *fileName);
   void Display(int x, int y, int face);
   void ShowFace(void);
   void ShowBack(void);
   void GetPosition(int &x, int &y);
   int GetValue(void) { return value; }
};
```

The data members xPos and yPos are the card's x,y screen coordinates, and value is the card's value (which is really more an ID than a card value). The value data member can be a number from 0 to 51, with the cards being numbered as they appear in the CARDS.PCX file, which is shown in figure 9.1.

You can use integer division to determine a card's suit. The formula is suit=value/13. This formula results in a value of 0, 1, 2, or 3, which indicates diamonds, clubs, spades, or hearts, respectively. The CARDS.H file (listing 9.1) enumerates the constants for the suits.

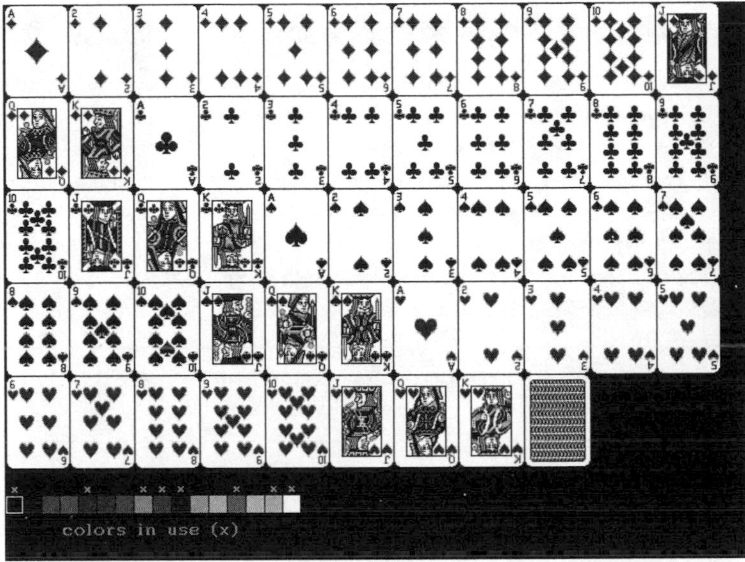

Fig. 9.1
The card images.

To determine a card's face value, use modulus division, as in the formula `faceValue=value%13`. This formula yields a result from 0 to 12, with 0 being an ace and 12 being a king. Of course, a specific card program must determine the actual point value of a card. The CARDS.H file also enumerates the constants for the card values.

Note

Although people normally begin counting with 1, C++ arrays are zero-based, and thus begin counting with 0. Because of this, you can run into some sticky situations in game programming. For example, when you calculate the value of a card in the `Deck` class, you get a value in the range 0 to 12. Although this range of numbers uniquely identifies a card's identity (that is, ace, two, queen, and so on), you tend to think of cards being in the range 1 to 13. As you see later in this chapter, when you calculate card values, you must keep this counting anomaly in mind.

The data member `imageFileName` is a character array that holds the file name of the card's image. The card images were created from CARD.PCX with The Image Machine (which was introduced in Chapter 7, "Creating Game Images"). The images have file names from CARD1.IMG through CARD53.IMG. CARD53.IMG depicts the back of a card. You can find these files, including CARD.PCX, in the CHAP09 directory of the companion disk.

Note

It may seem more logical to store in the `Card` class a pointer to a card image rather than just the image's file name. However, as you may recall from this book's previous programs, you're not likely to have enough memory to store many images in memory all at once—certainly not enough for 53 card images (including one image for the back of the card). Therefore, the `Card` class loads images only when it needs them, and deletes them from memory after it no longer needs them. A `Card` object's `imageFileName` data member tells the object which image file to load.

The `Card` class includes six member functions, all of which are listed in table 9.1.

Table 9.1 Member Functions of the *Card* Class

Member Function	Description
`Card(int val, char *fileName)`	This is the class's constructor. Its parameters are the card's value (from 0 to 51) and the file name of the card's image.
`void Display(int x, int y, int face);`	This function sets the card's coordinates and displays the card at the x,y coordinates. The card is displayed face up or face down based on the `face` parameter, which should be the value FACEUP or FACEDOWN.
`void ShowFace(void)`	This function displays the card's face. The card must have been previously displayed with the `Display()` member function, which sets the card's screen coordinates.
`void ShowBack(void)`	This function displays the card's back. The card must have been previously displayed with the `Display()` member function, which sets the card's screen coordinates.
`void GetPosition(int &x, int &y)`	This function returns the card's screen coordinates in x and y.
`int GetValue(void)`	This function returns the card's value, which is an integer from 0 to 51.

Note

Although zero-based array indexing is a fact of life for most C/C++ programmers, it is not always necessary to live with it in C++. In the `Card` class, for example, it would be easy to add functions like `Suit()` and `FaceValue()` that return the card suit (0 to 3 as enumerated) and the card's actual face value (1 to 13). To do this, you would have to add something like `ZERO` to the start of the enumeration for the card values. With these two functions implemented, you could then eliminate most of the modulus arithmetic and the zero-based array math outside of the class, thereby improving program clarity.

The *Deck* Class

Although table 9.1 explains how the `Card` class works, you probably won't often need to access the `Card` class directly, because it is handled mostly by the `Deck` class.

The declaration for the `Deck` class is as follows:

```
class Deck
{
protected:
   Card *cards[52];
   int positionInDeck;
   Hands hands;

public:
   Deck(void);
   ~Deck(void);
   void Shuffle(void);
   void Deal(int num, int hand, int x, int y,
      int spacing, int face);
   void DealReplace(int hand, int pos, int face);
   void Discard(int hand, int pos);
   void GetHand(int handNum, Hand &hand);
   int GetPositionInHand(int hand)
      { return hands[hand].positionInHand; }
   int GetPositionInDeck(void) { return positionInDeck; }
   int GetCardValue(int hand, int pos);
   void ShowHand(int hand, int x, int y,
      int spacing, int face);
   void ShowHandCard(int hand, int pos, int face);
   void MoveHandCard(int hand, int pos,
      int x, int y, int face);
   void Restore(void) { positionInDeck = 0; }

protected:
   void InitHands(void);
};
```

In the Deck class, the data member cards[] is a 52-element array of pointers to Card objects. These pointers make up the deck of cards. The integer positionInDeck keeps track of the next card to be dealt. That is, at the beginning of a program, positionInDeck is 0, which indicates that the first card in the deck will be dealt next. Each time a card is dealt, positionInDeck increments. When positionInDeck equals 51, there's only one card left to deal in the deck. To avoid array-indexing errors, if your program tries to deal more than 52 cards before reshuffling the deck, positionInDeck starts back at 0, and goes through the deck again.

The data member hands is an array of Hand structures. The class defines the Hand structure as follows:

```
struct Hand
{
    int positionInHand;
    Card *cards[52];
};
```

As you can see, the members of the Hand structure are similar to two members of the Deck class. The integer positionInHand keeps track of the position in the hand into which the next card will be dealt. The array cards[] holds pointers to the Card objects that make up the hand.

Note

In C++, structures are very similar to classes. In fact, a structure can even have a constructor. When designing the Card and Deck classes, I was tempted to make the Hand structure a full class of its own, but decided that I really didn't need to manipulate the data in Hand so extensively that it would be useful to have a set of Hand member functions. Instead, I opted for just the simple structure. When making such decisions, however, remember that a structure is very similar to a class, which means that you can create a constructor for the structure that initializes the structure's members.

The Hands data type is an array of Hand structures:

```
typedef Hand Hands[MAXHANDS];
```

MAXHANDS is set to 8 in the CARDS.H header file. Hand 8 (which is hands[7], because C++ arrays are zero-based) is reserved for a discard pile, so you can have up to seven hands of cards in your games (unless you change the value of MAXHANDS, of course).

Although you cannot anticipate all the different ways that you may need to manipulate a deck of cards, the `Deck` class includes 14 public member functions that you can call in your programs. These functions, which are listed in table 9.2, enable you to program many card games without adding anything to the class. Study this table now so that you understand how to use the `Deck` class.

Table 9.2 Member Functions of the *Deck* Class

Member Function	Description
`Deck(void)`	This is the class's constructor. It creates 52 `Card` objects and stores pointers to those objects in the `cards[]` array. This constructor also sets `positionInDeck` to 0 and calls the private function `InitHands()`, which initializes all eight hands handled by `Deck`.
`~Deck()`	This is the class's destructor, which deletes the 52 `Card` objects.
`Shuffle()`	This function shuffles the deck and resets the `positionInDeck` marker. It also calls the private member function `InitHands()` to initialize all eight hands that the `Deck` class handles.
`void Deal(int num, int hand, int x, int y, int spacing, int face)`	This function deals `num` cards into the hand specified by the `hand` parameter, and displays the cards on-screen, starting at the coordinates `x` and `y` and spacing each of the cards one card width over plus the `spacing` parameter. The parameter `face` must have the value `FACEUP` or `FACEDOWN`, which controls whether the cards are dealt face up or face down.
`void ShowHand(int hand, int x, int y, int spacing, int face)`	This function shows all the cards in the hand specified by `hand`, starting at the screen coordinates `x` and `y` and spaced apart according to the `spacing` parameter. The cards are displayed face up or face down depending on the `face` parameter, the value of which must be either `FACEUP` or `FACEDOWN`.
`void DealReplace(int hand, int pos, int face)`	This function deals one card into the given hand, replacing the card at the position `pos`. The parameter `face`, which must be the value `FACEUP` or `FACEDOWN`, controls whether the cards are displayed face up or face down.

(continues)

Table 9.2 Continued

`void Discard(int hand, int pos)`	This function removes the card at position pos from `hands[hand]`, placing the card into `hands[7]`, which is the discard pile.
`void ShowHandCard(int hand, int pos, int face)`	This function displays the card at position pos in the given hand. The parameter `face`, which must have the value FACEUP or FACEDOWN, controls whether the cards are displayed face up or face down.
`void MoveHandCard(int hand, int pos, int x, int y, int face)`	This function moves the card at position pos in the given hand to the new screen coordinates, x and y. The parameter `face`, which must have the value FACEUP or FACEDOWN, controls whether the card is displayed face up or face down.
`int GetCardValue(int hand, int pos)`	This function returns the value of the card at the position pos in the given hand. The value is a number from 0 to 51.
`void GetHand(int handNum, Hand &hand)`	This function returns a copy of `hands[hand]` in &hand, which enables you to manipulate the hand in ways not supported by the class.
`int GetPositionInDeck(void)`	This function returns the value of the `positionInDeck` data member, which is the next card in the `cards[]` array that will be dealt. You should use this function to check whether any cards are in the deck. That is, when `positionInDeck` equals 51, the last card is about to be dealt.
`int GetPositionInHand(int hand)`	This function returns the number of cards in `hands[hand]`. This number is also the position in the `hands[hand].cards[]` array into which the next card will be dealt.
`void Restore(void)`	This function sets the `positionInDeck` data member back to 0, which restores the deck to the state it was in before the program dealt the first card.

Implementing the *Card* and *Deck* Classes

Here now is the code that implements the `Card` and `Deck` classes. Listings 9.1 and 9.2 are the header and implementation files for both classes, and listings 9.3 and 9.4 are the header and implementation files for the PROCS module, which contains a few of the more helpful functions from previous programs. You'll use the PROCS module (*PROCS* stands for *procedures*) often in upcoming programs. If you use this module, you don't have to add the functions that it contains to the main program files.

Listing 9.1 CARDS.H—the Header File for the *Card* and *Deck* Classes

```
///////////////////////////////////////////////////////////////
// CARDS.H: Header file for the Card and Deck classes.
///////////////////////////////////////////////////////////////

#ifndef __CARDS_H
#define __CARDS_H

// Maximum number of hands.
const MAXHANDS = 8;

// Constants for card values.
enum { ACE, TWO, THREE, FOUR, FIVE, SIX,
       SEVEN, EIGHT, NINE, TEN, JACK, QUEEN, KING };

// Constants for card suits.
enum { DIAMONDS, CLUBS, SPADES, HEARTS };

// Constants for card orientation.
enum {FACEDOWN, FACEUP};

// The Card class declaration.
class Card
{
protected:
   int xPos, yPos, value;
   char imageFileName[15];

public:
   Card(int val, char *fileName);
   void Display(int x, int y, int face);
   void ShowFace(void);
   void ShowBack(void);
   void GetPosition(int &x, int &y);
   int GetValue(void) { return value; }
};
```

(continues)

Listing 9.1 Continued

```
// Structure for one hand.
struct Hand
{
   int positionInHand;
   Card *cards[52];
};

// Array for all hands.
typedef Hand Hands[MAXHANDS];

// The Deck class definition.
class Deck
{
protected:
   Card *cards[52];
   int positionInDeck;
   Hands hands;

public:
   Deck(void);
   ~Deck(void);
   void Shuffle(void);
   void Deal(int num, int hand, int x, int y,
      int spacing, int face);
   void DealReplace(int hand, int pos, int face);
   void Discard(int hand, int pos);
   void GetHand(int handNum, Hand &hand);
   int GetPositionInHand(int hand)
      { return hands[hand].positionInHand; }
   int GetPositionInDeck(void) { return positionInDeck; }
   int GetCardValue(int hand, int pos);
   void ShowHand(int hand, int x, int y,
      int spacing, int face);
   void ShowHandCard(int hand, int pos, int face);
   void MoveHandCard(int hand, int pos,
      int x, int y, int face);
   void Restore(void) { positionInDeck = 0; }

protected:
   void InitHands(void);
};

#endif
```

Listing 9.2 CARDS.CPP—the Implementation File for the *Card* and *Deck* Classes

```
///////////////////////////////////////////////////////////
// CARDS.CPP: Implementation file for the Card and Deck
//            classes.
///////////////////////////////////////////////////////////

#include <stdlib.h>
#include <stdio.h>
#include <io.h>
#include <iostream.h>
#include <graphics.h>
#include <string.h>
#include "cards.h"
#include "procs.h"

///////////////////////////////////////////////////////////
// The Card class's implementation
///////////////////////////////////////////////////////////

///////////////////////////////////////////////////////////
// Card::Card()
//
// This is the Card class's constructor.
///////////////////////////////////////////////////////////
Card::Card(int val, char *fileName)
{
   xPos = -1;
   yPos = -1;
   value = val;
   strcpy(imageFileName, fileName);
}

///////////////////////////////////////////////////////////
// Card::Display()
//
// This function displays the card at the coordinates
// x,y. The card is displayed face up or face down based
// on the face parameter.
///////////////////////////////////////////////////////////
void Card::Display(int x, int y, int face)
{
   xPos = x;
   yPos = y;
   if (face == FACEUP)
      ShowFace();
   else
      ShowBack();
}
```

(continues)

Listing 9.2 Continued

```
///////////////////////////////////////////////////////////////
// Card::ShowFace()
//
// This function displays the card's face. The card must
// have been previously displayed with the Display()
// member function, which sets the card's screen
// coordinates.
///////////////////////////////////////////////////////////////
void Card::ShowFace(void)
{
   char *cardImage;

   LoadImage(imageFileName, cardImage);
   putimage(xPos, yPos, cardImage, COPY_PUT);
   delete cardImage;
}

///////////////////////////////////////////////////////////////
// Card::ShowBack()
//
// This function displays the card's back. The card must
// have been previously displayed with the Display()
// member function, which sets the card's screen
// coordinates.
///////////////////////////////////////////////////////////////
void Card::ShowBack(void)
{
   char *cardImage;

   LoadImage("CARD53.IMA", cardImage);
   putimage(xPos, yPos, cardImage, COPY_PUT);
   delete cardImage;
}

///////////////////////////////////////////////////////////////
// Card::GetPosition()
//
// This function returns the card's screen coordinates.
///////////////////////////////////////////////////////////////
void Card::GetPosition(int &x, int &y)
{
   x = xPos;
   y = yPos;
}

///////////////////////////////////////////////////////////////
// The Deck class's implementation.
///////////////////////////////////////////////////////////////
```

```
///////////////////////////////////////////////////////////
// Deck::Deck()
//
// The Deck class's constructor.
///////////////////////////////////////////////////////////
Deck::Deck(void)
{
   char s[15];

   randomize();
   positionInDeck = 0;
   for (int x=0; x<52; ++x)
   {
      sprintf(s, "CARD%d.IMA", x+1);
      cards[x] = new Card(x, s);
   }
   InitHands();
}

///////////////////////////////////////////////////////////
// Deck::~Deck()
//
// The Deck class's destructor.
///////////////////////////////////////////////////////////
Deck::~Deck(void)
{
   for (int x=0; x<52; ++x)
      delete cards[x];
}

///////////////////////////////////////////////////////////
// Deck::Shuffle()
//
// This function shuffles the deck and resets the
// positionInDeck marker.
///////////////////////////////////////////////////////////
void Deck::Shuffle(void)
{
   int x, cardNum;
   Card *temp;

   positionInDeck = 0;
   for (x=0; x<52; ++x)
   {
      cardNum = random(52);
      temp = cards[x];
      cards[x] = cards[cardNum];
      cards[cardNum] = temp;
   }
   InitHands();
}
```

(continues)

Listing 9.2 Continued

```
///////////////////////////////////////////////////////////
// Deck::Deal()
//
// This function deals num cards into the given hand,
// displaying the cards on-screen starting at x,y and
// spacing them each one card width over plus the spacing
// parameter. The parameter face controls whether the cards
// are dealt face up or face down.
///////////////////////////////////////////////////////////
void Deck::Deal(int num, int hand, int x, int y,
   int spacing, int face)
{
   int pos;

   for (int z=0; z<num; ++z)
   {
      pos = hands[hand].positionInHand;
      hands[hand].cards[pos] = cards[positionInDeck];
      cards[positionInDeck]->Display(x, y, face);
      ++positionInDeck;
      if (positionInDeck > 51)
         positionInDeck = 0;
      hands[hand].positionInHand++;
      if (hands[hand].positionInHand > 51)
         hands[hand].positionInHand = 0;
      x += 56 + spacing;
   }
}

///////////////////////////////////////////////////////////
// Deck::ShowHand()
//
// This function shows all the cards in the given hand,
// starting at the screen coordinates x,y and spaced
// apart according to the spacing parameter. The cards
// are displayed face up or face down depending on the
// face parameter.
///////////////////////////////////////////////////////////
void Deck::ShowHand(int hand, int x, int y,
   int spacing, int face)
{
   int num = hands[hand].positionInHand;
   for (int z=0; z<num; ++z)
   {
      hands[hand].cards[z]->Display(x, y, face);
      x += 56 + spacing;
   }
}
```

```
///////////////////////////////////////////////////////////
// Deck::DealReplace()
//
// This function deals one card into the given hand,
// replacing the card at the position pos. The parameter
// face controls whether the card is displayed face up
// or face down.
///////////////////////////////////////////////////////////
void Deck::DealReplace(int hand, int pos, int face)
{
   int x, y;

   hands[hand].cards[pos]->GetPosition(x, y);
   hands[hand].cards[pos] = cards[positionInDeck];
   cards[positionInDeck]->Display(x, y, face);
   ++positionInDeck;
   if (positionInDeck > 51)
      positionInDeck = 0;
}

///////////////////////////////////////////////////////////
// Deck::Discard()
//
// This function removes the card at position pos from
// hands[hand].
///////////////////////////////////////////////////////////
void Deck::Discard(int hand, int pos)
{
   int x, y;

   int discardPos = hands[MAXHANDS-1].positionInHand++;
   hands[MAXHANDS-1].cards[discardPos] =
      hands[hand].cards[pos];
   for (int j=pos; j<hands[hand].positionInHand; ++j)
      hands[hand].cards[j] = hands[hand].cards[j+1];
   --hands[hand].positionInHand;
}

///////////////////////////////////////////////////////////
// Deck::ShowHandCard()
//
// This function displays the card at position pos in the
// given hand. The parameter face controls whether the
// card is displayed face up or face down.
///////////////////////////////////////////////////////////
void Deck::ShowHandCard(int hand, int pos, int face)
{
   if (face == FACEUP)
      hands[hand].cards[pos]->ShowFace();
   else
      hands[hand].cards[pos]->ShowBack();
}
```

(continues)

Listing 9.2 Continued

```
///////////////////////////////////////////////////////////////
// Deck::MoveHandCard()
//
// This function moves the card at position pos in the
// given hand to new screen coordinates. The parameter
// face controls whether the card is displayed face up or
// face down.
///////////////////////////////////////////////////////////////
void Deck::MoveHandCard(int hand, int pos,
   int x, int y, int face)
{
   hands[hand].cards[pos]->Display(x, y, face);
}

///////////////////////////////////////////////////////////////
// Deck::GetCardValue()
//
// This function returns the value of the card at pos in
// the given hand. The value is a number from 0 to 51.
///////////////////////////////////////////////////////////////
int Deck::GetCardValue(int hand, int pos)
{
   return hands[hand].cards[pos]->GetValue();
}

///////////////////////////////////////////////////////////////
// Deck::GetHand()
//
// This function returns a copy of hands[hand] in &hand.
///////////////////////////////////////////////////////////////
void Deck::GetHand(int handNum, Hand &hand)
{
   memcpy(&hand, &hands[handNum], sizeof(hand));
}

///////////////////////////////////////////////////////////////
// Deck::InitHands()
//
// This function initializes the hands, setting all cards
// in the hands to NULL and setting each hand's
// positionInHand member to zero.
///////////////////////////////////////////////////////////////
void Deck::InitHands(void)
{
   int x, y;

   for (x=0; x<MAXHANDS; ++x)
   {
      hands[x].positionInHand = 0;
      for (y=0; y<52; ++y)
         hands[x].cards[y] = NULL;
   }
}
```

Listing 9.3 PROCS.H—the Header File for the PROCS Module

```
///////////////////////////////////////////////////////////////
// PROCS.H: The header file for the PROCS module.
///////////////////////////////////////////////////////////////

#ifndef __PROCS_H
#define __PROCS_H

void StartGraphics(void);
void SetPalette(void);
void LoadImage(char *fileName,  char *&imagePtr);

#endif
```

Listing 9.4 PROCS.CPP—the Implementation File for the PROCS Module

```
///////////////////////////////////////////////////////////////
// PROCS.CPP: Implementation of the PROCS module.
///////////////////////////////////////////////////////////////

#include <stdlib.h>
#include <stdio.h>
#include <iostream.h>
#include <io.h>
#include <conio.h>
#include <graphics.h>

///////////////////////////////////////////////////////////////
// StartGraphics()
//
// This function initializes Borland's graphics driver
// for the high-resolution VGA screen.
///////////////////////////////////////////////////////////////
void StartGraphics(void)
{
   int gdriver = VGA, gmode = VGAHI, errorcode;

   errorcode = registerbgidriver(EGAVGA_driver);
   if (errorcode < 0)
   {
      cout << "Graphics not initialized: ";
      cout << errorcode << '\n';
      cout << "Press any key.";
      getch();
      abort();
   }
```

(continues)

Listing 9.4 Continued

```
   initgraph(&gdriver, &gmode, "");
   if ((errorcode = graphresult()) != grOk)
   {
      cout << "Graphics not initialized: ";
      cout << errorcode << '\n';
      cout << "Press any key.";
      getch();
      abort();
   }
}

///////////////////////////////////////////////////////////
// SetPalette()
//
// This function loads the palette file PALETTE.PAL and
// sets the 16-color VGA palette to the colors contained in
// the file.
///////////////////////////////////////////////////////////
void SetPalette(void)
{
   FILE *paletteFile;
   unsigned char palette[48];

   // Load and set the palette.
   paletteFile = fopen("PALETTE.PAL", "rb");
   fread(palette, 1, 48, paletteFile);
   fclose(paletteFile);
   for (int x=0; x<16; ++x)
      setpalette(x, x);
   for (x=0; x<16; ++x)
   {
      setrgbpalette(x, palette[x*3]>>2,
      palette[x*3+1]>>2, palette[x*3+2]>>2);
   }
}

///////////////////////////////////////////////////////////
// LoadImage()
//
// This function loads the image file given in the fileName
// parameter and returns a pointer to the image in the
// second parameter, imagePtr. Any errors cause the program
// to terminate.
///////////////////////////////////////////////////////////
void LoadImage(char *fileName,  char *&imagePtr)
{
   FILE *imageFile = fopen(fileName, "rb");
   if (imageFile == NULL)
   {
      cout << "Could not load image file." << endl;
      exit(1);
   }
   int fileHandle = fileno(imageFile);
   long imageFileSize = filelength(fileHandle);
```

```
    imagePtr = (char *) malloc(imageFileSize);
    if (imagePtr == NULL)
    {
       cout << "Not enough memory for images." << endl;
       exit(1);
    }
    long bytesRead= fread(imagePtr, 1,
       imageFileSize, imageFile);
    if (bytesRead != imageFileSize)
    {
       cout << "Error reading image file." << endl;
       exit(1);
    }
    fclose(imageFile);
}
```

Note

As you design game programs, you'll discover that you use some functions again and again. To simplify your code and to allow access to these functions from various modules, you should place frequently used functions in their own files. This is what is done in listings 9.3 and 9.4. By creating a header file that lists the module's function prototypes, you can gain access to the functions simply by including the header file in whatever files use the functions. Then you need only include the module's implementation file in your project.

Demonstrating the *Card* and *Deck* Classes

Now that you've looked over the classes that make up the CARDS.H and CARDS.CPP files, you may be a little unsure exactly how to use them in your own programs. Listing 9.5 gives a short example of how the functions work.

Listing 9.5 CARDTEST.CPP—a Program That Tests the *Cards* Class

```
/////////////////////////////////////////////////////////////
// CARDTEST.CPP: Test program for the Cards class.
/////////////////////////////////////////////////////////////

#include <conio.h>
#include <graphics.h>
#include <iostream.h>
#include "cards.h"
#include "procs.h"
```

(continues)

Listing 9.5 Continued

```
// Global Deck object.
Deck deck;

// Function prototypes.
void DemoDeck(void);
void DemoHand(void);

///////////////////////////////////////////////////////////
// main()
///////////////////////////////////////////////////////////
int main(void)
{
   StartGraphics();
   SetPalette();
   DemoDeck();
   cleardevice();
   DemoHand();
   closegraph();
   return 1;
}

///////////////////////////////////////////////////////////
// DemoDeck()
///////////////////////////////////////////////////////////
void DemoDeck(void)
{
   // Show full, unshuffled deck.
   deck.Deal(13, 0, 20, 20, -20, FACEUP);
   deck.Deal(13, 1, 20, 120, -20, FACEUP);
   deck.Deal(13, 2, 20, 220, -20, FACEUP);
   deck.Deal(13, 3, 20, 320, -20, FACEUP);
   getch();

   // Show full, shuffled deck.
   deck.Shuffle();
   deck.Deal(13, 0, 20, 20, -20, FACEUP);
   deck.Deal(13, 1, 20, 120, -20, FACEUP);
   deck.Deal(13, 2, 20, 220, -20, FACEUP);
   deck.Deal(13, 3, 20, 320, -20, FACEUP);
   getch();

   // Show full deck face down.
   deck.Shuffle();
   deck.Deal(13, 0, 20, 20, -20, FACEDOWN);
   deck.Deal(13, 1, 20, 120, -20, FACEDOWN);
   deck.Deal(13, 2, 20, 220, -20, FACEDOWN);
   deck.Deal(13, 3, 20, 320, -20, FACEDOWN);
   getch();
}
```

```
///////////////////////////////////////////////////////////
// DemoHand()
///////////////////////////////////////////////////////////
void DemoHand(void)
{
   int j, x, y;
   Hand hand;

   // Initialize the deck and hands.
   deck.Shuffle();

   // Deal a seven-card hand.
   deck.Deal(7, 0, 20, 20, 10, FACEUP);
   getch();

   // Show the hand face down and face up.
   for (j=0; j<7; ++j)
      deck.ShowHandCard(0, j, FACEDOWN);
   getch();
   for (j=0; j<7; ++j)
      deck.ShowHandCard(0, j, FACEUP);
   getch();

   // Replace two cards in the hand.
   deck.DealReplace(0, 2, FACEDOWN);
   deck.DealReplace(0, 3, FACEDOWN);
   getch();
   deck.ShowHandCard(0, 2, FACEUP);
   deck.ShowHandCard(0, 3, FACEUP);
   getch();

   // Discard each card in the hand.
   setfillstyle(SOLID_FILL, 0);
   for (j=6; j>=0; --j)
   {
      deck.GetHand(0, hand);
      hand.cards[j]->GetPosition(x, y);
      bar(x, y, x+56, y+80);
      deck.Discard(0, 0);
      deck.ShowHand(0, 20, 20, 10, FACEUP);
      deck.ShowHand(MAXHANDS-1, 20, 110, -20, FACEUP);
      getch();
   }

   // Move cards to a new screen location.
   for (j=0; j<7; ++j)
      deck.MoveHandCard(MAXHANDS-1, j, j*20, 200, FACEUP);
   bar(20, 110, 400, 190);
   getch();
}
```

When you run this program, you first see the screen shown in figure 9.2. In the figure, the program has dealt four hands of 13 cards each, all before shuffling the deck. As you can see, all the cards are in order. When you press

Enter, the program shuffles the cards and redeals the four hands, as shown in figure 9.3. As you can see, the cards were indeed shuffled, so the program deals them randomly. Press Enter again, and the program deals the cards face down.

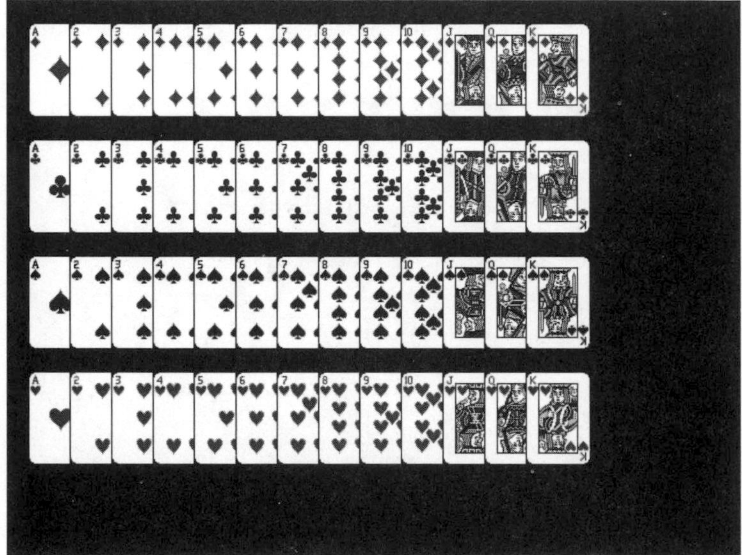

Fig. 9.2
The unshuffled deck.

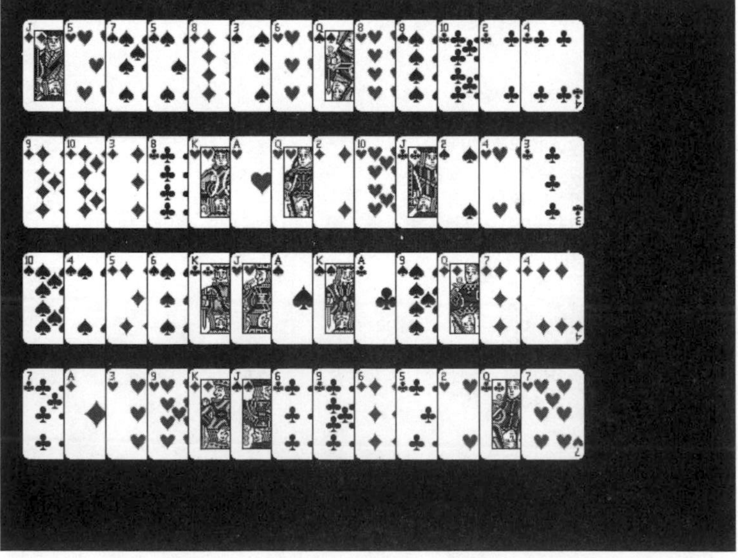

Fig. 9.3
The deck after shuffling.

After showing the entire deck, the program manipulates the hand. Each time that you press Enter, the program performs a new function on the current hand. First, it deals a seven-card hand and displays it face up. The program then shows the hand face down and again face up.

Next, the program deals two new face-down cards into the hand (see fig. 9.4), and then reveals them by turning them over. Then, each time that you press Enter, the program discards a card from the hand and displays the new discard file. Finally, the program moves the discard pile to a new location on the screen.

Fig. 9.4
Dealing new cards into a hand.

Using the *Deck* Class

The demonstration program in listing 9.5 shows most of what you need to know to use the `Deck` class. Before the program can access the `Deck` class, it must create a `Deck` object:

```
Deck deck;
```

Now, to deal four, 13-card hands from the deck, the program calls the `Deal()` member function four times:

```
deck.Deal(13, 0, 20, 20, -20, FACEUP);
deck.Deal(13, 1, 20, 120, -20, FACEUP);
deck.Deal(13, 2, 20, 220, -20, FACEUP);
deck.Deal(13, 3, 20, 320, -20, FACEUP);
```

The `Deal()` function's arguments are the number of cards to deal, the hand into which to deal the cards, the x,y screen coordinates of the first card in the hand, the on-screen distance between each card in the hand, and the cards' orientation (either `FACEUP` or `FACEDOWN`). Notice that, in the preceding code segment, the distance between the cards is given as –20. A negative distance causes the cards to appear overlapped. Positive distances separate the right and left edges of adjacent cards by the given number of pixels.

Because the cards in the `Deck` object are all in order, the deck must be shuffled:

```
deck.Shuffle();
```

After the shuffle, the program redeals the 13-card hands in random order.

In the function `DemoHand()`, the program deals a seven-card hand, which is displayed on-screen first face down and then face up. The program switches the cards' orientation by using the `ShowHandCard()` function, which can display any card face up or face down:

```
for (j=0; j<7; ++j)
   deck.ShowHandCard(0, j, FACEDOWN);
```

The arguments for `ShowHandCard()` are the number of the hand in which the card is located, the card's position in the hand (starting at 0 for the first card), and the card's new orientation (either `FACEUP` or `FACEDOWN`).

To replace cards in a hand, the program calls the `DealReplace()` function:

```
deck.DealReplace(0, 2, FACEDOWN);
```

This function's arguments are the number of the hand in which the card to be replaced is located, the position in the hand of the card to be replaced, and the orientation in which to display the new card. Note that `DealReplace()` does not add replaced cards to the discard pile. To add cards to the discard pile, you must call the `Discard()` function. The example program does this near the end of the program:

```
setfillstyle(SOLID_FILL, 0);
for (j=6; j>=0; --j)
{
   deck.GetHand(0, hand);
   hand.cards[j]->GetPosition(x, y);
   bar(x, y, x+56, y+80);
   deck.Discard(0, 0);
   deck.ShowHand(0, 20, 20, 10, FACEUP);
   deck.ShowHand(MAXHANDS-1, 20, 110, -20, FACEUP);
   getch();
}
```

Here, the program first sets the fill style for the `bar()` function. Then, in the `for` loop, it discards each card from the hand one at a time, displaying the new discard pile after each discard. The `Discard()` function's arguments are the number of the hand from which to discard and the position within the hand of the card to discard. In the preceding code segment, `Discard()`'s arguments are always 0,0 because the first card in the hand is always the one being discarded. When a card is discarded, the other cards in the hand move back to fill in the empty space.

The preceding code segment also demonstrates how you can directly access the `Card` objects in a hand. You first declare a variable of the type `Hand`:

```
Hand hand;
```

Then you call the `Deck` object's `GetHand()` member function to get a copy of a specific hand:

```
deck.GetHand(0, hand);
```

Now `hand` contains a copy of the hand's `positionInHand` data member and of the hand's `cards[]` array. Because the `cards[]` array contains pointers to `Card` objects, you can use the indirect component selector (`->`) to call `Card` member functions:

```
hand.cards[j]->GetPosition(x, y);
```

Notice that, although `Discard()` removes a card from a hand, it does not remove the card from the screen. It's difficult to keep track of such things as overlapping cards, so your program must use Borland's `bar()` function to erase old card images from the screen.

Note

You may be tempted to call Borland's `SetColor()` function before calling `bar()` to draw a filled rectangle. However, `SetColor()` does not affect how the `bar()` function draws its rectangle. Instead, you must call `setfillstyle()`, which enables you to set both the fill style and the fill color. Borland provides a set of constants for the possible fill styles. These constants are `EMPTY_FILL`, `SOLID_FILL`, `LINE_FILL`, `LTSLASH_FILL`, `SLASH_FILL`, `BKSLASH_FILL`, `LTBACKSLASH_FILL`, `HATCH_FILL`, `XHATCH_FILL`, `INTERLEAVE_FILL`, `WIDE_DOT_FILL`, `CLOSE_DOT_FILL`, and `USER_FILL`. To create a solid rectangle, you should use the `SOLID_FILL` style.

Finally, the example program moves the discard pile to a new screen location. It does this by calling the `MoveHandCard()` function:

```
for (j=0; j<7; ++j)
   deck.MoveHandCard(MAXHANDS-1, j, j*20, 200, FACEUP);
bar(20, 110, 400, 190);
```

`MoveHandCard()` moves a single card to a new screen location. Its arguments are the number of the hand that holds the card to move, the position of the card in the hand, the new x,y coordinates for the card, and the card's orientation. Like `Discard()`, `MoveHandCard()` does not erase old card images from the screen. The program must take care of this task. In the preceding code segment, the program moves each card one by one, and then calls `bar()` once to erase the entire set of old cards.

Blackjack, Anyone?

The sample program in listing 9.5 shows how to call many of the `Deck` member functions, but it doesn't show them in action in a real game. In the next chapter, you'll design a commercial-quality card game called Poker Squares, but for now, something a little simpler is in order. Listing 9.6 is a stripped-down version of blackjack that puts the `Deck` and `Card` classes through their paces.

Listing 9.6 BLAKJACK.CPP—a Simplified Blackjack Game

```
///////////////////////////////////////////////////////////
// BLAKJACK.CPP: This simple blackjack game demonstrates
//               one way to use the Deck class.
///////////////////////////////////////////////////////////

#include <conio.h>
#include <graphics.h>
#include <iostream.h>
#include <dos.h>
#include "cards.h"
#include "procs.h"

// Program constants.
const ENTER = 13;
const SPACE = 32;
const ESC = 27;
const DEALER = 0;
const PLAYER = 1;

// Global variables.
int cardCount1, cardCount2;
```

```
// Global Deck object.
Deck deck;

// Function prototypes.
int GetCardTotal(int player);
void StartGame(void);
int PlayerTurn(void);
int DealerTurn(void);
int PlayAgain(void);
void ShowResults(int playerTotal, int dealerTotal);

///////////////////////////////////////////////////////////
// main()
///////////////////////////////////////////////////////////
int main(void)
{
   int playerTotal, dealerTotal, done;

   StartGraphics();
   SetPalette();
   setfillstyle(SOLID_FILL, 0);
   do
   {
      StartGame();
      playerTotal = PlayerTurn();
      if (playerTotal < 22)
         dealerTotal = DealerTurn();
      else
         dealerTotal = GetCardTotal(DEALER);
      deck.ShowHandCard(DEALER, 0, FACEUP);
      ShowResults(playerTotal, dealerTotal);
      done = PlayAgain();
      cleardevice();
   }
   while (!done);

   closegraph();
   return 1;
}

///////////////////////////////////////////////////////////
// ShowResults()
//
// This function displays the results of the game.
///////////////////////////////////////////////////////////
void ShowResults(int playerTotal, int dealerTotal)
{
   if (((playerTotal < 22) && (playerTotal > dealerTotal)) ||
         (dealerTotal > 21))
      outtextxy(20, 150, "Y O U  W I N !");
   else if (playerTotal == dealerTotal)
      outtextxy(20, 150, "I T ' S  A  T I E");
   else
      outtextxy(20, 150, "Y O U  L O S E");
}
```

(continues)

Listing 9.6 Continued

```
//////////////////////////////////////////////////////////////
// PlayAgain()
//
// This function inquires whether the player wants to
// play another game.
//////////////////////////////////////////////////////////////
int PlayAgain(void)
{
   bar(20, 350, 250, 370);
   outtextxy(20, 350, "Press Enter to play again.");
   outtextxy(20, 360, "Press Esc to quit.");
   int ch = getch();
   if (ch == ESC)
      return 1;
   else
      return 0;
}

//////////////////////////////////////////////////////////////
// GetCardTotal()
//
// This function returns the total of the cards in a
// player's hand. The variable player is the number of the
// hand to check.
//////////////////////////////////////////////////////////////
int GetCardTotal(int player)
{
   int value;
   int total = 0;
   int aceCount = 0;

   int pos = deck.GetPositionInHand(player);
   for (int x=0; x<pos; ++x)
   {
      value = deck.GetCardValue(player, x) % 13;
      if (value > TEN)
         value = TEN;
      else if (value == ACE)
      {
         ++aceCount;
         value = 10;
      }
      total += value + 1;
   }
   if ((total > 21) && (aceCount))
      total -= aceCount * 10;
   return total;
}

//////////////////////////////////////////////////////////////
// StartGame()
//
// This function starts a new game.
//////////////////////////////////////////////////////////////
```

```
void StartGame(void)
{
   deck.Shuffle();
   cardCount1 = 1;
   cardCount2 = 1;
   deck.Deal(1, DEALER, 20, 20, 0, FACEDOWN);
   deck.Deal(1, DEALER, 100, 20, 0, FACEUP);
   deck.Deal(2, PLAYER, 20, 220, 24, FACEUP);
   bar(20, 350, 250, 370);
   outtextxy(20, 350, "Press ENTER for a hit.");
   outtextxy(20, 360, "Press SPACE to stay.");
}

///////////////////////////////////////////////////////////
// PlayerTurn()
//
// This function controls the player's turn, enabling him
// to draw cards into his hand until he busts or stays.
///////////////////////////////////////////////////////////
int PlayerTurn(void)
{
   int ch, total;

   do
   {
      ch = getch();
      if (ch == ENTER)
      {
         ++cardCount2;
         deck.Deal(1, PLAYER,
            cardCount2*80+20, 220, 0, FACEUP);
      }
      total = GetCardTotal(PLAYER);
   }
   while ((ch != SPACE) && (total < 22));

   if (total > 21)
      outtextxy(20, 200, "YOU BUSTED");
   if (ch == SPACE)
      outtextxy(20, 200, "STAY");

   return total;
}

///////////////////////////////////////////////////////////
// DealerTurn()
//
// This function controls the dealer's turn, automatically
// drawing cards into the dealer's hand until the dealer
// busts or gets 17 or better.
///////////////////////////////////////////////////////////
```

(continues)

Listing 9.6 Continued

```
int DealerTurn(void)
{
   int ch, total;

   do
   {
      total = GetCardTotal(DEALER);
      if (total > 21)
         outtextxy(20, 110, "DEALER BUSTS");
      else if (total > 16)
         outtextxy(20, 110, "DEALER STAYS");
      else
      {
         ++cardCount1;
         deck.Deal(1, DEALER, cardCount1*80+20, 20, 0, FACEUP);
         delay(1000);
      }
   }
   while (total < 17);
   return total;
}
```

When you run the program in listing 9.6, you see the screen shown in figure 9.5. The dealer's hand is at the top of the screen, and the player's hand is on the bottom. The objective of the game is to get as close to 21 as you can without going over. (The cards two through ten are worth 2 through 10 points, respectively. All face cards count as 10 points, and an ace can count as either 1 or 11 points.)

Fig. 9.5
The main blackjack screen.

To draw a card, press Enter. Continue to draw until you're ready to stop, and then press the space bar. If you haven't gone over 21, the dealer then begins to draw cards. The dealer must continue to draw until it reaches 17 or better. The winning hand is the one that's closest to 21 without going over (see fig. 9.6).

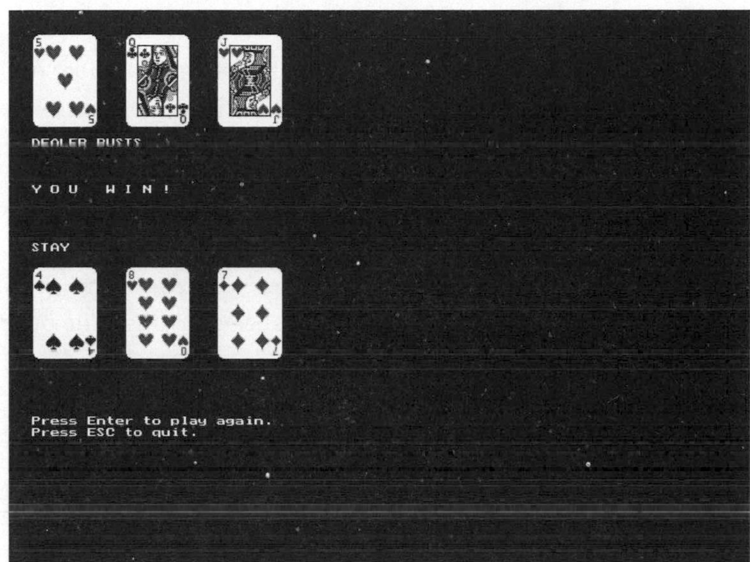

Fig. 9.6
Winning at blackjack.

Programming Blackjack

Obviously, this program isn't a complete blackjack game. Many of the game's details are ignored (like doubling-down and insurance), there's no betting, and each game is only a single hand. However, the program does demonstrate how you can use the `Deck` and `Card` classes when programming an actual game. Much of the code in listing 9.6 needs no explanation. However, one function, `GetCardTotal()`, is the heart of the game and worthy of close examination.

The function `GetCardTotal()` has the task of analyzing a blackjack hand and coming up with a total. This may seem like a trivial task unless you recall that an ace can count as either 1 or 11 points. Moreover, a hand may have as many as four aces, which further complicates the point-counting process.

To keep its task simple, `GetCardTotal()` assumes that it should count all aces in a hand as the same value: either all as 1 point or all as 11 points. The point value that the program chooses depends on the hand's point total. (Obviously, the program will never use 11 as an ace point value if the hand has more than one ace, because two 11-point aces would bring the hand over 21.)

First, the program determines how many cards are in the hand by calling `GetPositionInHand()`:

```
int pos = deck.GetPositionInHand(player);
```

This `Deck` member function takes as its single parameter the number of the hand to check. The program uses the value returned from `GetPositionInHand()` to set up a `for` loop that looks at each card in the hand. In the loop, the program first calculates the value of the current card:

```
value = deck.GetCardValue(player, x) % 13;
```

This calculation results in a value from 0 to 12 (`ACE` to `KING`). If the card's value is greater than `TEN`, indicating a face card (jack, queen, or king), the program sets the card's value to `TEN`:

```
if (value > TEN)
   value = TEN;
```

(Remember that the constants range from `ACE`, which equals 0, to `KING`, which equals 12. Therefore, `TEN` is actually the integer value 9, not 10 as you might think.)

If the card turns out to be an ace, the program increments the number of aces in the hand and sets `value` to 10:

```
else if (value == ACE)
{
   ++aceCount;
   value = 10;
}
```

The program first assumes that it should treat the ace as a high card that is worth one point more than the face cards.

Next, the program adds the value of the current card to the total so far:

```
total += value + 1;
```

Because the card values range from 0 to 12, the added point value is actually `value+1`.

After totaling the values of all cards in the hand, the program checks whether the hand is over 21. If it is, and it contains aces, the program subtracts 10 for each ace in the hand, so that the values of the aces all change to 1:

```
if ((total > 21) && (aceCount))
   total -= aceCount * 10;
```

The program then returns the total to the calling function.

That's all there is to analyzing a blackjack hand (at least, that's all there is in this simplified version). Now you're ready to move on to more challenging card games.

Summary

There's much involved in programming card games, simply because there are so many of them. Each card game has its own set of rules and requires that the deck of cards in the program be handled in different ways. This makes it difficult to create a comprehensive C++ card class. Still, in this chapter, you got a good start on a class that you can use in your own computer card games. Feel free to modify the class and add code as you discover different ways to manipulate cards in your programs.

In the next chapter, you put the `Deck` and `Card` classes to a much greater test, by creating a full-featured card game called Poker Squares. You not only will learn more about using the `Deck` class, but you also will learn to evaluate cards to determine the best poker hands.

Chapter 10

Poker Squares

Now that you're a master card-game programmer (all right, maybe a novice master card-game programmer), it's time to put your digital card-shark skills to the test. In the previous chapter, you wrote a simple version of a blackjack program. Although this program put the `Card` and `Deck` classes to good use, it wasn't exactly a challenging project. Evaluating a blackjack hand is almost as easy as counting your fingers when compared to evaluating a poker hand.

So, in this chapter, not only do you use the `Card` and `Deck` classes to design a commercial-quality card game, you also learn to evaluate poker hands—a fairly complicated task. Along the way, you'll also learn to handle a file that records the highest scores. A word of caution, though: Poker Squares, the game presented in this chapter, is highly addictive. Don't be surprised if you find yourself stuck in the "just one more" cycle.

Playing Poker Squares

The objective of Poker Squares is to place cards in a five-by-five grid so that you create the best poker hands possible in both the horizontal and vertical directions. When you run the program and close the About Poker Squares box, you'll see the Number of Players box shown in figure 10.1. You can play Poker Squares with one or two players. Type the number of players and press Enter. If you enter something other than 1 or 2, or if you leave the box empty, Poker Squares sets up for a one-player game.

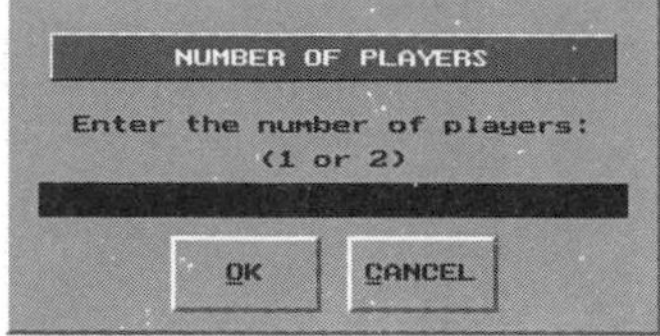

Fig. 10.1
The Number of Players box.

Note

In a two-player game of Poker Squares, the program deals both players exactly the same cards in exactly the same order. This eliminates the element of chance in the dealing of the cards for both hands, giving both players an equal chance of scoring. Of course, when the first player is playing his hand, the second player should not watch the screen, because he'll see the cards the program will deal to him during his turn.

After you close the Number of Players box, you see the screen shown in figure 10.2. On the left side is the card grid in which you place the cards that the program deals to you. On the right is the card dispenser, which shows the current card to place in the grid. Next to the card dispenser are the final scores for up to two players, and below the card dispenser are the running totals for the current grid. Each time that you place a card in the grid, the program updates the grid scores. On the other hand, the program updates the final scores only after you've placed all 25 cards in the grid.

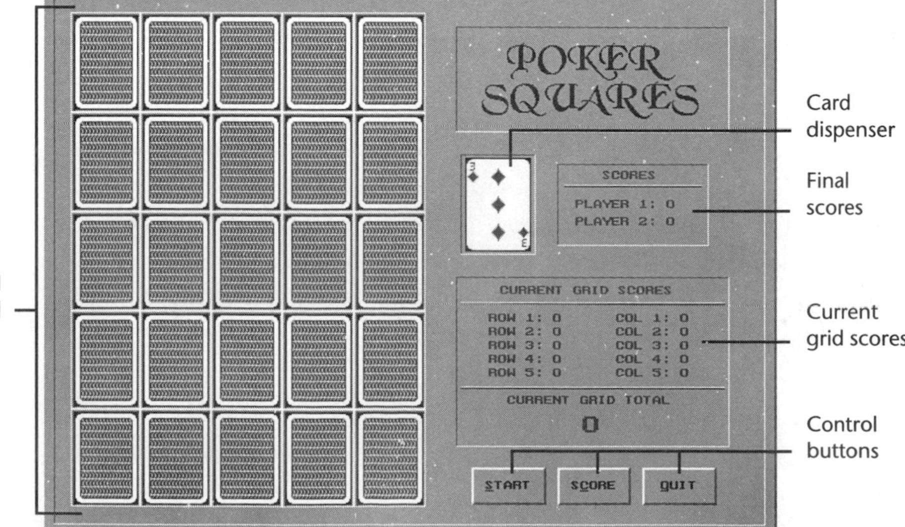

Fig. 10.2
The Poker Squares main screen.

Below the grid scores are the game's control buttons. Select the START button to begin a new hand or to start a game over from the beginning (with new cards). At the end of the first player's hand in a two-player game, the START button resets the screen for the second player, leaving the first player's total score (not the grid scores) on-screen in the Scores box.

Choose the SCORE button to display the High Scores box (fig. 10.3), which holds the highest 15 scores. After you play a hand of Poker Squares, if your final score is higher than a score in the file that maintains a list of the 15 highest scores, the New High Score box appears (see fig. 10.4), which prompts you to enter your name. Your name and score are then added to this high-score file, and the High Scores box automatically appears with the new high score highlighted in yellow. When you choose SCORE to display the High Scores box, the top score is always highlighted in yellow.

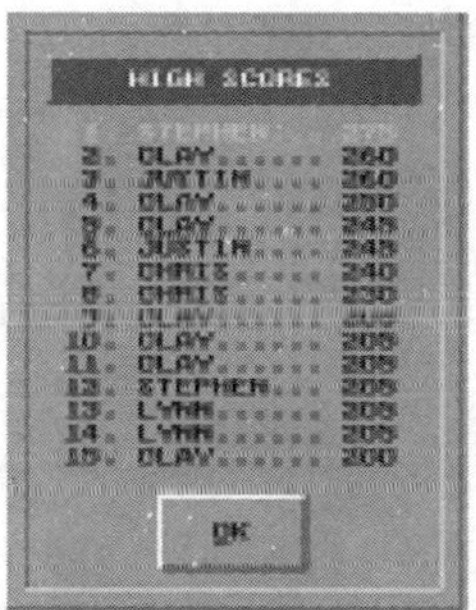

Fig. 10.3
The High Scores box.

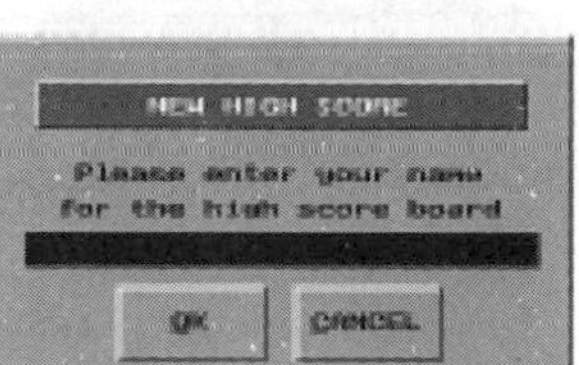

Fig. 10.4
Entering a name for the high-score file.

To exit from Poker Squares, choose the QUIT button. When the program asks you to confirm that you want to exit it, choose YES to exit Poker Squares or NO to cancel the quit command.

As mentioned previously, your score is based on the best poker hands that you build in both the horizontal and vertical directions. Table 10.1 describes how the program scores the ten possible poker hands.

Table 10.1 Scoring for Poker Squares

Hand	Score	Description
One pair	5	Two cards of the same face value (such as two jacks or two deuces).
Two pair	15	Two sets of two cards of the same face value.
Three of a kind	20	Three cards of the same face value.
Straight	30	Any five cards whose face values can be placed in sequence (such as 8, 9, 10, jack, queen). The cards need not be displayed in any particular order in the grid.
Flush	35	Five cards of the same suit.
Full house	45	One pair and one three of a kind.
Four of a kind	60	Four cards of the same face value.
Straight flush	100	A straight that is also a flush.

Figure 10.5 shows some of the poker hands that you can get when you play Poker Squares. Rows 1, 3, and 4 each contain one pair, as does column 5. In the Current Grid Scores box, notice the 5-point scores for each of these hands. Row 2 contains a straight, so the Current Grid Scores box shows a score of 30 for this hand. Row 5 contains a full house, which is scored at 45 points. Finally, columns 1 and 2 are both flushes, scoring 35 points each. The total score for this grid, then, is 165 (which is, by the way, not a particularly good score).

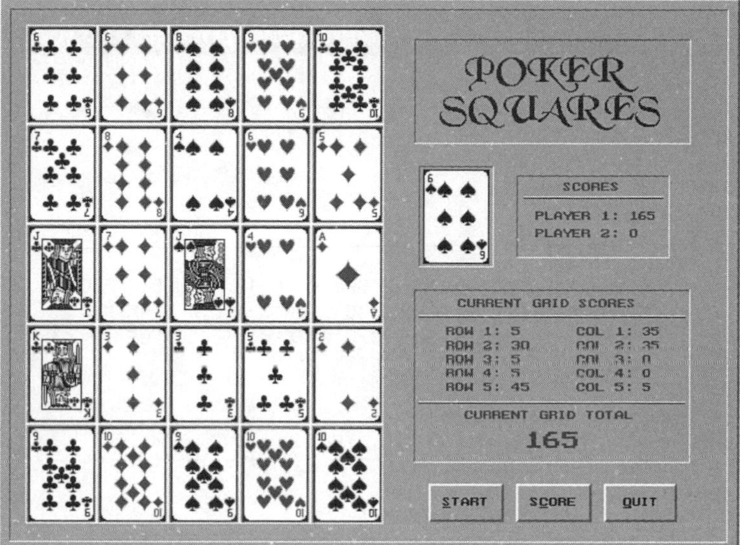

Fig. 10.5
Some poker hands in Poker Squares.

Programming Poker Squares

Listings 10.1 and 10.2 are the source code for Poker Squares. In addition to the files shown in the listings, Poker Squares uses the CARDS.H and CARDS.CPP files, which are the source code for the `Card` and `Deck` classes; NEWWINDW.H and NEWWINDW.CPP, which contain the code for the `DisplayWindw` class; and PROCS.H and PROCS.CPP, which contain frequently used game functions. Poker Squares also uses the usual event, window, and mouse functions and classes found in the EVENT.H, EVENT.CPP, WINDW.H, WINDW.CPP, MOUS.H, and MOUS.CPP files. Finally, make sure that the directory that you create for Poker Squares also includes all the card image files and the palette file (PALETTE.PAL) from Chapter 9, as well as the FRAME.IMA, TITLE.IMA, and EGAVGA.OBJ files.

Note

Poker Squares will not compile properly under the Small memory model with Borland C++ 4.0. If you're using Borland C++ 4.0, use the Large memory model.

Listing 10.1 POKERSQ.H—the Poker Squares Header File

```
///////////////////////////////////////////////////////////
// POKERSQ.H: Header file for the Poker Squares game.
///////////////////////////////////////////////////////////

#ifndef __POKERSQ_H
#define __POKERSQ_H

// Colors in the palette.
enum { C_BLACK, C_DARKBLUE, C_GREEN, C_AQUA, C_DARKRED,
       C_PURPLE, C_LIGHTBROWN, C_LIGHTGRAY, C_DARKGRAY,
       C_BLUE, C_LIGHTGREEN, C_LIGHTBLUE, C_ORANGE,
       C_FLESH, C_YELLOW, C_WHITE };

// Constants for poker hands.
enum { NOTHING, PAIR, TWOPAIR, THREEOFAKIND, STRAIGHT,
       FLUSH, FULLHOUSE, FOUROFAKIND, STRAIGHTFLUSH };

// Constants for player numbers.
enum { FIRSTPLAYER, SECONDPLAYER };

// Constant for empty grid value.
const EMPTY = -1;

// Function prototypes.
void DispatchEvent(EventMsg eventMsg);
void Move(EventMsg eventMsg);
void EvaluateHands(void);
int GetBestHand(int *hand);
void ShowScore(void);
void ShowAboutBox(void);
int GetNumPlayers(void);
void RestartGame(void);
void Quit(void);
void ShowScoreFile(int highlight);
void AddToScoreFile(void);
FILE *OpenScoreFile(void);
void ReadScoreFile(FILE *scoreFile,
   char *names[], char *scores[]);
void WriteScoreFile(char *names[], char *scores[]);
void CreateScoreFile(void);
void DrawScreen(void);
void InitGame(void);
int CalcCardNumber(int pixelX, int pixelY);
void GetCardXY(int card, int &pixelX, int &pixelY);
void Draw3DBox(int x1, int y1, int x2, int y2);
void Draw3DLine(int x1, int y1, int x2, int y2);
void Buzz(void);
void Click(void);

#endif
```

Listing 10.2 POKERSQ.CCP—the Poker Squares Implementation File

```
///////////////////////////////////////////////////////////
// POKER SQUARES
// By Clayton Walnum
// Written with Turbo C++ 3.0
///////////////////////////////////////////////////////////

#include <stdio.h>
#include <stdlib.h>
#include <graphics.h>
#include <dos.h>
#include "event.h"
#include "windw.h"
#include "newwndw.h"
#include "mous.h"
#include "cards.h"
#include "procs.h"
#include "pokersq.h"

// Event message structure.
EventMsg eventMsg;

// Global variables.
int repeat, numPlayers, player, cardCount;
int grid[25];
int playerScores[2];

// Global Deck object.
Deck deck;

// Windows and controls for the main screen.
Windw wndw1(0, 0, 639, 479, TRUE, FALSE);
Button startButton(373, 419, "^START");
Button scoreButton(448, 419, "S^CORE");
Button quitButton(523, 419, "^QUIT");

/////////////////////////////////////////////////////////
// Main program.
/////////////////////////////////////////////////////////
void main(void)
{
   StartGraphics();
   SetPalette();
   setfillstyle(SOLID_FILL, C_LIGHTGRAY);
   InitMouse();
   player = FIRSTPLAYER;
   DrawScreen();
   InitGame();
   ShowAboutBox();
   numPlayers = GetNumPlayers() - 1;
```

(continues)

Listing 10.2 Continued

```
   // Repeat the event loop until Quit.
   repeat = 1;
   while (repeat)
   {
      GetEvent(eventMsg);
      DispatchEvent(eventMsg);
   }
   closegraph();
}

////////////////////////////////////////////////////////////
// DispatchEvent()
//
// This function checks the current event message and
// branches to the function chosen by the user.
////////////////////////////////////////////////////////////
void DispatchEvent(EventMsg eventMsg)
{

   if (scoreButton.Clicked(eventMsg))
      ShowScoreFile(0);
   else if (startButton.Clicked(eventMsg))
      RestartGame();
   else if (quitButton.Clicked(eventMsg))
      Quit();
   else if (eventMsg.type == MBUTTON)
      Move(eventMsg);
   mouse.ButtonUp();
}

////////////////////////////////////////////////////////////
// Move()
//
// This function responds to a player's mouse click on
// the card grid, placing the card on the grid and
// evaluating the new hands created by the move.
////////////////////////////////////////////////////////////
void Move(EventMsg eventMsg)
{
   int cardNum, x, y;

   // Check that the user has clicked within the
   // on-screen card grid's coordinates.
   if ((eventMsg.mx > 24) && (eventMsg.mx < 334) &&
       (eventMsg.my > 24) && (eventMsg.my < 454))
   {
      // Calculate the card number.
      cardNum = CalcCardNumber(eventMsg.mx, eventMsg.my);

      // If the selected square is empty...
      if (grid[cardNum] == EMPTY)
      {
         // Make the click sound.
         Click();
```

```
         // Calculate the card's screen coordinates.
         GetCardXY(cardNum, x, y);

         mouse.HideMouse();

         // Move the current card to the card grid.
         int pos = deck.GetPositionInHand(0);
         deck.MoveHandCard(0, pos-1, x, y, FACEUP);
         grid[cardNum] = pos - 1;

         // Evaluate the new card set.
         EvaluateHands();

         // Deal a new card into the card dispenser.
         deck.Deal(1, 0, 368, 149, 0, FACEUP);
         mouse.ShowMouse();

         // Increment the number of played cards and
         // check whether the game is over.
         ++cardCount;
         if (cardCount == 26)
            ShowScore();
      }
      else

         // If the card square is already filled,
         // create a buzz sound.
         Buzz();
   }
}

////////////////////////////////////////////////////////////
// EvaluateHands()
//
// This function goes through each row and column on the
// card grid, determining the highest-scoring poker hand
// for each.
////////////////////////////////////////////////////////////
void EvaluateHands(void)
{
   int handScores[] =
      { 0, 5, 15, 20, 30, 35, 45, 60, 100 };
   int x, i, col, row, start, bestHand;
   int hand[5];
   char s[10];

   // Reset the current player's score.
   playerScores[player] = 0;

   // Check all the rows for poker hands.
   for (row=0; row<5; ++row)
   {
      // Calculate the starting card.
      start = row * 5;
```

(continues)

Listing 10.2 Continued

```
      // Clear out the hand array.
      memset(hand, EMPTY, sizeof(hand));

      // Place card values in the hand array.
      i = 0;
      for (x=start; x<start+5; ++x)
         if (grid[x] != EMPTY)
            hand[i++] = deck.GetCardValue(0, grid[x]);

      // Determine the best poker hand in the hand array.
      bestHand = GetBestHand(hand);

      // Display the new score value.
      sprintf(s, "%d", handScores[bestHand]);
      bar(444, row*12+284, 476, row*12+292);
      setcolor(C_DARKRED);
      outtextxy(444, row*12+284, s);

      // Update the player's score total.
      playerScores[player] += handScores[bestHand];
   }

   // Check all columns for poker hands.
   for (col=0; col<5; ++col)
   {
      // Calculate the starting card.
      start = col;

      // Reset the hand array.
      memset(hand, EMPTY, sizeof(hand));

      // Place the card values in the hand array.
      i = 0;
      for (x=0; x<5; ++x)
         if (grid[x*5+col] != EMPTY)
            hand[i++] = deck.GetCardValue(0, grid[x*5+col]);

      // Determine the best poker hand in the hand array.
      bestHand = GetBestHand(hand);

      // Display the new score.
      sprintf(s, "%d", handScores[bestHand]);
      bar(556, col*12+284, 588, col*12+292);
      setcolor(C_DARKRED);
      outtextxy(556, col*12+284, s);

      // Update the player's score total.
      playerScores[player] += handScores[bestHand];
   }

   // Display the player's current total score,
   // using a larger font.
   sprintf(s, "%d", playerScores[player]);
   settextstyle(DEFAULT_FONT, HORIZ_DIR, 2);
```

```
   settextjustify(CENTER_TEXT, TOP_TEXT);
   bar(446, 374, 510, 390);
   outtextxy(478, 374, s);
   settextstyle(DEFAULT_FONT, HORIZ_DIR, 1);
   settextjustify(LEFT_TEXT, TOP_TEXT);
}

////////////////////////////////////////////////////////////
// GetBestHand()
//
// This function returns the best poker hand in the hand
// array.
////////////////////////////////////////////////////////////
int GetBestHand(int *hand)
{
   int c[14];
   int x;

   // Initialize the card array.
   memset(c, 0, sizeof);
   c[13] = 1;

   // Check for a flush.
   int suit = hand[0] / 13;
   int flush = TRUE;
   for (x=1; x<5; ++x)
      if (((hand[x] / 13) != suit) || (hand[x] == EMPTY))
         flush = FALSE;

   // Sort the card values into the card array.
   for (x=0; x<5; ++x)
      if (hand[x] != EMPTY)
         c[hand[x] % 13] += 1;

   // Get the position of first card, taking into
   // account that an ace may be either a high
   // or low card.
   int first = -1;
   x = ACE;
   do
   {
       if ((c[x]) && (x != ACE || c[TWO]))
          first = x;
       ++x;
   }
   while (first == -1);

   // Look for a straight.
   int straight;
   if (first > TEN)
      straight = FALSE;
   else
   {
      straight = TRUE;
      for (x=first; x<first+5; ++x)
         if (!c[x])
            straight = FALSE;
```

(continues)

Listing 10.2 Continued

```
    }

    // Check for all other card combinations.
    int pair = FALSE;
    int twoPair = FALSE;
    int threeOfAKind = FALSE;
    int fourOfAKind = FALSE;
    int fullHouse = FALSE;
    for (x=ACE; x<KING+1; ++x)
       if ((c[x] == 2) && (pair))
       {
          twoPair = TRUE;
          pair = FALSE;
       }
       else if ((c[x] ==  2) && (threeOfAKind))
       {
          fullHouse = TRUE;
          threeOfAKind = FALSE;
       }
       else if ((c[x] == 3) && (pair))
       {
          fullHouse = TRUE;
          pair = FALSE;
       }
       else if (c[x] == 2)
          pair = TRUE;
       else if (c[x] == 3)
          threeOfAKind = TRUE;
       else if (c[x] == 4)
          fourOfAKind = TRUE;

    // Return the best poker hand.
    if ((straight) && (flush))
       return STRAIGHTFLUSH;
    else if (fourOfAKind)
       return FOUROFAKIND;
    else if (fullHouse)
       return FULLHOUSE;
    else if (flush)
       return FLUSH;
    else if (straight)
       return STRAIGHT;
    else if (threeOfAKind)
       return THREEOFAKIND;
    else if (twoPair)
       return TWOPAIR;
    else if (pair)
       return PAIR;
    else
       return NOTHING;
}
```

```
////////////////////////////////////////////////////////////
// Quit()
//
// This function displays the Quit box, which gives the
// user a chance to cancel the quit command.
////////////////////////////////////////////////////////////
void Quit(void)
{
   YesNoWindw wndw("QUIT", "Are you sure you",
      "want to quit?");
   wndw.DrawWindow();
   wndw.RunWindow();
   if (wndw.GetButton() == YES)
      repeat = 0;
}

////////////////////////////////////////////////////////////
// RestartGame()
//
// This function displays the Restart box, which gives
// the user a chance to cancel the restart command.
////////////////////////////////////////////////////////////
void RestartGame(void)
{
   YesNoWindw *wndw = new YesNoWindw("RESTART",
      "Restart the game?", "");
   wndw->DrawWindow();
   wndw->RunWindow();
   int button = wndw->GetButton();
   delete wndw;
   if (button == YES)
   {
      // If the hand is over, increment the player.
      if (cardCount == 26)
      {
         ++player;
         if (player > numPlayers)
            player = FIRSTPLAYER;
      }
      // If the hand is not over, restart from
      // the beginning with the first player.
      else
         player = FIRSTPLAYER;

      // Redraw the game screen and initialize the game.
      DrawScreen();
      InitGame();
   }
}
```

(continues)

Listing 10.2 Continued

```
//////////////////////////////////////////////////////////////
// GetNumPlayers()
//
// This function displays an input box that asks
// the user to specify the number of players.
//////////////////////////////////////////////////////////////
int GetNumPlayers(void)
{
   char s[81];

   InputWindw wndw("NUMBER OF PLAYERS",
      "Enter the number of players:", "(1 or 2)");
   wndw.DrawWindow();
   wndw.RunWindow();
   wndw.GetInput(s);
   int num = atoi(s);

   // Default to one player if the input is invalid.
   if ((num < 1) || (num > 2))
      num = 1;
   return num;
}

//////////////////////////////////////////////////////////////
// ShowAboutBox()
//
// This function displays a box containing information
// about the program.
//////////////////////////////////////////////////////////////
void ShowAboutBox(void)
{
   mouse.HideMouse();
   char *image;
   DisplayWindw wndw(218, 100, 200, 220,
      TRUE, TRUE, "ABOUT POKER SQUARES");
   wndw.DrawWindow();
   setcolor(C_BLUE);
   outtextxy(266, 170, "POKER SQUARES");
   setcolor(C_WHITE);
   outtextxy(250, 185, "by Clayton Walnum");
   setcolor(C_BLACK);
   outtextxy(250, 215, "Copyright 1994 by");
   outtextxy(260, 230, "Prentice Hall");
   outtextxy(242, 245, "Computer Publishing");
   mouse.ShowMouse();
   wndw.RunWindow();
}

//////////////////////////////////////////////////////////////
// ShowScore()
//
// This function displays the current player's final score.
//////////////////////////////////////////////////////////////
```

```
void ShowScore(void)
{
   char s[10];

   // Display the score.
   sprintf(s, "%d", playerScores[player]);
   bar (544, player*15+185, 576, player*15+193);
   setcolor(C_DARKRED);
   outtextxy(544, player*15+185, s);

   // Add the new score to the high-score board.
   AddToScoreFile();
}

///////////////////////////////////////////////////////////
// ShowScoreFile()
//
// This function responds to the SCORE button by displaying
// the high-score file.
///////////////////////////////////////////////////////////
void ShowScoreFile(int highlight)
{
   char *names[15], *scores[15];

   // Read the 15 high scores from the high-score file.
   FILE *scoreFile = OpenScoreFile();
   ReadScoreFile(scoreFile, names, scores);
   fclose(scoreFile);

   // Create and display the high-score window.
   DisplayWindw wndw(218, 100, 200, 260,
      TRUE, TRUE, "HIGH SCORES");
   wndw.DrawWindow();

   // Display the 15 names and scores in the window.
   mouse.HideMouse();
   char s[5];
   for (int x=0; x<15; ++x)
   {
      if (x<9)
         sprintf(s, " %d.", x+1);
      else
         sprintf(s, "%d.", x+1);
      if (x == highlight)
         setcolor(C_YELLOW);
      else
         setcolor(C_BLACK);
      outtextxy(246, x*10+150, s);
      outtextxy(278, x*10+150, names[x]);
      outtextxy(366, x*10+150, scores[x]);
   }
   mouse.ShowMouse();

   // Enable the user to close the window.
   wndw.RunWindow();
}
```

(continues)

Listing 10.2 Continued

```
///////////////////////////////////////////////////////////
// AddToScoreFile()
//
// This function adds a new score to the high-score file
// if the player's score is higher than one of the scores
// already in the file.
///////////////////////////////////////////////////////////
void AddToScoreFile(void)
{
   char *names[15], *scores[15];
   char name[81], score[5];
   int i;

   // Read the 15 high scores from the high-score file.
   FILE *scoreFile = OpenScoreFile();
   ReadScoreFile(scoreFile, names, scores);
   fclose(scoreFile);

   // Loop through the 15 high scores to determine
   // whether the player's new score is higher than
   // a high score already in the file.
   int x = 0;
   int newScore = FALSE;
   do
   {
      // Convert the score from ASCII to an integer.
      int highScore = atoi(scores[x]);

      // If the player's score is higher...
      if (playerScores[player] >  highScore)
      {
         // Set the new high-score flag.
         newScore = TRUE;

         // Move the lower scores down one position in
         // order to make room for the new high score.
         for (i=13; i>=x; --i)
         {
            strcpy(names[i+1], names[i]);
            strcpy(scores[i+1], scores[i]);
         }

         // Get the player's name.
         InputWindw w("NEW HIGH SCORE",
            "Please enter your name",
            "for the high-score board");
         w.DrawWindow();
         w.RunWindow();
         w.GetInput(name);

         // Truncate the name string to a
         // 10-character maximum.
         name[10] = 0;
```

```
         // Pad strings shorter than 10
         // characters with dots.
         for (i=strlen(name); i<10; ++i)
            name[i] = '.';

         // Convert the player's name to all uppercase
         // and the player's score to an ASCII string
         // that is padded with blanks.
         strupr(name);
         itoa(playerScores[player], score, 10);
         for (i=strlen(score); i<4; ++i)
            score[i] = ' ';
         score[4] = 0;

         // Add the new top 15 scores to the
         // high-score file.
         strcpy(names[x], name);
         strcpy(scores[x], score);
         WriteScoreFile(names, scores);
      }
      ++x;
   }
   while ((!newScore) && (x<15));

   // If there's a new high score,
   // display the High Scores box.
   if (newScore)
      ShowScoreFile(x-1);
}

///////////////////////////////////////////////////////////
// OpenScoreFile()
//
// This function attempts to open the high-score file.
// If the file is missing, this function calls
// CreateScoreFile() to start a new high-score file.
///////////////////////////////////////////////////////////
FILE *OpenScoreFile(void)
{
   FILE *scoreFile = fopen("HIGHSCR.DAT", "rt");
   if (scoreFile == NULL)
   {
      CreateScoreFile();
      scoreFile = fopen("HIGHSCR.DAT", "rt");
   }
   return scoreFile;
}

///////////////////////////////////////////////////////////
// ReadScoreFile()
//
// This function reads all 15 high scores from the high
// score file. The file consists of 15 records made up of
// a 10-character name field and a 4-character score field.
///////////////////////////////////////////////////////////
```

(continues)

Listing 10.2 Continued

```
void ReadScoreFile(FILE *scoreFile,
   char *names[], char *scores[])
{
   for (int x=0; x<15; ++x)
   {
      // Create the new name string.
      names[x] = new char[11];
      fread(names[x], 10, 1, scoreFile);
      names[x][10] = 0;

      // Create the new score string.
      scores[x] = new char[5];
      fread(scores[x], 4, 1, scoreFile);
      scores[x][4] = 0;
   }
}

///////////////////////////////////////////////////////////
// WriteScoreFile()
//
// This file writes the names[] and scores[] arrays
// to the high-score file.
///////////////////////////////////////////////////////////
void WriteScoreFile(char *names[], char *scores[])
{
   // Create the high-score file.
   FILE *scoreFile = fopen("HIGHSCR.DAT", "wt");

   // If the file can't be created,
   // display an error window.
   if (scoreFile == NULL)
   {
      OKWindw w("FILE ERROR", "Cannot create the",
         "new high-score file");
      w.DrawWindow();
      w.RunWindow();
   }
   // If the file gets created okay...
   else
   {
      // ...write the contents of both arrays
      // one record at a time.
      for (int x=0; x<15; ++x)
      {
         fwrite(names[x], 10, 1, scoreFile);
         fwrite(scores[x], 4, 1, scoreFile);
      }
      fclose(scoreFile);
   }
}

///////////////////////////////////////////////////////////
// CreateScoreFile()
//
// This function creates a new, blank, high-score file.
///////////////////////////////////////////////////////////
```

```
void CreateScoreFile(void)
{
   // Create the high-score file.
   FILE *scoreFile = fopen("HIGHSCR.DAT", "wt");

   // If an error occurs, notify the user.
   if (scoreFile == NULL)
   {
      OKWindw w("FILE ERROR", "Cannot create the",
         "high-score file");
      w.DrawWindow();
      w.RunWindow();
   }

   // If the file gets created okay...
   else
   {
      // ...write out 15 "empty" high-score records.
      for (int x=0; x<15; ++x)
      {
         fwrite("EMPTY.....", 10, 1, scoreFile);
         fwrite("0   ", 4, 1, scoreFile);
      }
      fclose(scoreFile);
   }
}

///////////////////////////////////////////////////////////
// DrawScreen()
//
// This function draws the main screen for the game.
///////////////////////////////////////////////////////////
void DrawScreen(void)
{
   char *image;
   int x, y;

   mouse.HideMouse();

   // Draw the windows and buttons.
   wndw1.DrawWindow();
   scoreButton.DrawWindow();
   startButton.DrawWindow();
   quitButton.DrawWindow();

   // Load the image for creating the card grid.
   LoadImage("FRAME.IMA", image);

   // Build the card grid with the image.
   for (x=0; x<5; ++x)
      for (y=0; y<5; ++y)
         putimage(x*62+24, y*86+24, image, COPY_PUT);

   // Free the memory that the image consumes.
   delete image;
```

(continues)

Listing 10.2 Continued

```
    // Draw a 3-D box for the title image.
    Draw3DBox(360, 36, 598, 126);

    // Load the title image and display it.
    LoadImage("TITLE.IMA", image);
    putimage(382, 50, image, COPY_PUT);
    delete image;

    // Draw the card dispenser box and the score box.
    Draw3DBox(364, 146, 428, 232);
    Draw3DBox(448, 154, 580, 224);
    Draw3DLine(454, 172, 574, 172);
    setcolor(C_DARKRED);
    outtextxy(488, 160, "SCORES");
    outtextxy(464, 185, "PLAYER 1: 0");
    outtextxy(464, 200, "PLAYER 2: 0");

    // If setting up for the second player,
    // redisplay the first player's final score.
    if ((player == SECONDPLAYER) && (cardCount == 26))
    {
       char s[10];
       bar(544, 185, 552, 193);
       sprintf(s, "%d", playerScores[0]);
       outtextxy(544, 185, s);
    }

    // Draw the Current Grid Scores box.
    Draw3DBox(360, 252, 598, 400);
    setcolor(C_DARKRED);
    outtextxy(398, 260, "CURRENT GRID SCORES");
    outtextxy(388, 284, "ROW 1: 0      COL 1: 0");
    outtextxy(388, 296, "ROW 2: 0      COL 2: 0");
    outtextxy(388, 308, "ROW 3: 0      COL 3: 0");
    outtextxy(388, 320, "ROW 4: 0      COL 4: 0");
    outtextxy(388, 332, "ROW 5: 0      COL 5: 0");
    outtextxy(404, 356, "CURRENT GRID TOTAL");
    settextstyle(DEFAULT_FONT, HORIZ_DIR, 2);
    outtextxy(470, 374, "0");
    settextstyle(DEFAULT_FONT, HORIZ_DIR, 1);
    Draw3DLine(364, 274, 594, 274);
    Draw3DLine(364, 348, 594, 348);

    mouse.ShowMouse();
}

///////////////////////////////////////////////////////////////
// InitGame()
//
// This function initializes a new hand or game.
///////////////////////////////////////////////////////////////
void InitGame(void)
{
    // If setting up for the first player...
    if ((player == FIRSTPLAYER) || (cardCount < 26))
```

```
      // Shuffle the deck.
      deck.Shuffle();

   // If setting up for the second player, start
   // the deck from the beginning so that the second
   // player gets exactly the same cards.
   else
      deck.Restore();

   // Deal a card into the card dispenser.
   deck.Deal(1, 0, 368, 149, 0, FACEUP);

   // Initialize the card grid and card count.
   for (int j=0; j<25; ++j)
      grid[j] = EMPTY;
   cardCount = 1;
}

////////////////////////////////////////////////////////////
// CalcCardNumber()
//
// This function translates x,y pixel coordinates to
// a card number. The cards are numbered from 0 to 24,
// starting in the upper-left corner of the grid.
////////////////////////////////////////////////////////////
int CalcCardNumber(int pixelX, int pixelY)
{
   int gridX = (pixelX - 24) / 62;
   int gridY = (pixelY - 24) / 86;
   int card = gridY * 5 + gridX;
   return card;
}

////////////////////////////////////////////////////////////
// GetCardXY()
//
// This function determines a card's screen coordinates.
////////////////////////////////////////////////////////////
void GetCardXY(int card, int &pixelX, int &pixelY)
{
   pixelX = (card % 5) * 62 + 27;
   pixelY = (card / 5) * 86 + 27;
}

////////////////////////////////////////////////////////////
// Draw3DBox()
//
// This function draws a three-dimensional, concave box
// with the upper-left corner at x1,y1, and the lower-right
// corner at x2,y2.
////////////////////////////////////////////////////////////
```

(continues)

Listing 10.2 Continued

```
void Draw3DBox(int x1, int y1, int x2, int y2)
{
   setcolor(C_DARKGRAY);
   rectangle(x1, y1, x2, y2);
   setcolor(C_WHITE);
   moveto(x1, y2);
   lineto(x2, y2);
   lineto(x2, y1);
}

///////////////////////////////////////////////////////////
// Draw3DLine()
//
// This function draws a horizontal, three-dimensional line
// that extends from x1,y1 to x2,y2.
///////////////////////////////////////////////////////////
void Draw3DLine(int x1, int y1, int x2, int y2)
{
   setcolor(C_WHITE);
   moveto(x1, y1);
   lineto(x2, y2);
   setcolor(C_BLACK);
   moveto(x1, y1+1);
   lineto(x2, y2+1);
}

///////////////////////////////////////////////////////////
// Buzz()
//
// This function creates the buzz sound that is played
// when the player clicks an occupied grid square.
///////////////////////////////////////////////////////////
void Buzz(void)
{
   sound(50);
   delay(200);
   nosound();
}

///////////////////////////////////////////////////////////
// Click()
//
// This function creates the click sound that is played
// when the player places a card in the grid.
///////////////////////////////////////////////////////////
void Click(void)
{
   sound(3000);
   delay(10);
   nosound();
}
```

The code in listings 10.1 and 10.2 includes extensive comments, so you should have no trouble understanding how it works. However, a couple of the functions demonstrate how to handle cards in a game program and thus are explained further here.

The program calls the function `EvaluateHands( )` whenever the player places a new card in the card grid. This function calculates the current row and column scores. Also, each time the program calls the function, it recalculates the player's total score. Therefore, the function's first task is to initialize the current player's score to 0:

```
playerScores[player] = 0;
```

The global variable `player` always holds the number of the current player, which is either 0 or 1.

After resetting the player's score, the first `for` loop checks each row in the grid for point-worthy poker hands. In the row loop, the program first calculates the starting card number for the current row:

```
start = row * 5;
```

The program then clears the `hand[ ]` array, filling each element of the array with –1:

```
memset(hand, EMPTY, sizeof(hand));
```

The `hand[ ]` array is a five-element array of integers that holds the ID values (0 through 51) of the cards in the current hand. The current hand consists of the cards in the grid row or column being examined.

After initializing the `hand[ ]` array, the program goes through the row in the grid, getting the card values for `hand[ ]`:

```
for (x=start; x<start+5; ++x)
   if (grid[x] != EMPTY)
      hand[i++] = deck.GetCardValue(0, grid[x]);
```

The row may not yet contain five cards, so the program must check `grid[x]` for a value of `EMPTY` (–1). Otherwise, when the program calls the function `GetCardValue( )`, an indexing error may occur. If the current row location contains a card, the program gets the card's value by calling the `Deck` class's `GetCardValue( )` member function.

The program then calls `GetBestHand( )` with the `hand[ ]` array to determine the best poker hand. The POKERSQ.H file enumerates constants such as `THREEOFAKIND` and `STRAIGHT` that represent the poker hands. `GetBestHand( )` (which you'll soon examine in detail) returns one of the values represented by these constants.

The scores for each poker hand are stored in the local array `handScores[ ]`:

```
int handScores[] =
   { 0, 5, 15, 20, 30, 35, 45, 60, 100 };
```

The program uses the value returned from `GetBestHand( )` to index this array of scores, printing the row's score in the Current Grid Scores box:

```
sprintf(s, "%d", handScores[bestHand]);
bar(444, row*12+284, 476, row*12+292);
setcolor(C_DARKRED);
outtextxy(444, row*12+284, s);
```

Finally, the row loop updates the player's score with the current row's score:

```
playerScores[player] += handScores[bestHand];
```

The row loop gets the scores for all five rows in the grid, after which the second `for` loop gathers the scores for each column in the grid. The column loop works similarly to the row loop, except that it calculates card locations in the grid differently and displays its scores in the second column of the Current Grid Scores box rather than in the first column.

The function `GetBestHand( )` is the most complex function in the program. It is here that the program determines the best poker hand for the cards in the `hand[]` array. `GetBestHand( )` first examines the cards for a flush, which is just a matter of checking whether all five cards are of the same suit:

```
int suit = hand[0] / 13;
int flush = TRUE;
for (x=1; x<5; ++x)
   if (((hand[x] / 13) != suit) ¦¦ (hand[x] == EMPTY))
      flush = FALSE;
```

Here, the program first calculates the suit of the first card in the `hand []` array. It then compares this suit to the others in the hand. If the suit of any of the cards does not match, the flag `flush` is set to FALSE. Otherwise, `flush` remains TRUE throughout the entire loop.

To evaluate other types of poker hands, the program must sort the cards. `GetBestHand( )` uses a 14-element integer array, `c[ ]`, to hold the counts of each card type in the `hand[ ]` array. That is, the program stores the number of aces into c[0], the number of twos into c[1], the number of threes into c[2], and so on. The program uses a for loop to sort the cards into c []:

```
for (x=0; x<5; ++x)
   if (hand[x] != EMPTY)
      c[hand[x] % 13] += 1;
```

The array element c[13] is always set to 1, which, as you'll soon see, enables the program to treat an ace as the highest card in the deck. As you may recall, the hand[ ] array contains ID values of the cards in the hand. These values range from 0 (for the ace of diamonds) to 51 (for the king of hearts). The program performs modulus division to calculate the card's face value, and then uses the card's face value as an index into the c[] array, incrementing the count for that card type.

After sorting the cards, the program checks for a straight. To do this, the program finds the first card in the c[ ] array and then checks that five consecutive elements in c[ ] contain a value other than 0. Finding the first card is complicated by the fact that an ace, which is stored in c[0], can be counted as either the lowest or highest card in the deck. If an ace is used as the high card in a straight, the c[ ] array looks like figure 10.6.

1	0	0	0	0	0	0	0	0	1	1	1	1	1

Fig. 10.6
An ace-high straight in the *c[ ]* array

As you can see in figure 10.6, the c[ ] array contains a 1 in c[0], which is the hand's ace count, and a 1 in c[13], which enables an ace to be counted as a high card in a straight. The do-while loop that finds the first card in the hand takes this ace complication into account:

```
int first = -1;
x = ACE;
do
{
    if ((c[x]) && (x != ACE || c[TWO]))
       first = x;
    ++x;
}
while (first == -1);
```

In this loop, if c[ ] contains no ace, the program simply finds the first element of c[ ] that contains a value. That element is considered to hold the first card in a possible straight. If the c[ ] array indicates an ace (c[0] = 1), the ace is considered the first card of a possible straight only if the c[ ] array also indicates that the hand holds a two (c[1] = 1). Otherwise, the next element of c[ ] after c[0] that contains a card is considered the first card in a possible straight. In the case of figure 10.6, the first card would be `c[9]`, which holds the number of tens in the hand.

After finding the first card in a possible straight, the program examines the rest of the cards to see whether a straight exists:

```
int straight;
if (first > TEN)
   straight = FALSE;
else
{
   straight = TRUE;
   for (x=first; x<first+5; ++x)
      if (!c[x])
         straight = FALSE;
}
```

Here, if the first card is greater than `TEN` (that is, it's a jack, queen, or king), the hand cannot possibly hold a straight. Otherwise, the program sets the flag `straight` to TRUE and then checks each consecutive element of `c[ ]`, starting with `first`, for a value. If any of the five elements of `c[ ]` from `first` to `first+4` do not contain a value, there is no straight, and the program changes the flag `straight` to FALSE.

Finding the other poker hands is just a matter of scanning the `c[ ]` array for pairs and threes of a kind, and then grouping them into the best poker combination. First, the program sets a group of poker-hand flags to FALSE:

```
int pair = FALSE;
int twoPair = FALSE;
int threeOfAKind = FALSE;
int fourOfAKind = FALSE;
int fullHouse = FALSE;
```

The `for` loop then scans the `c[ ]` array:

```
for (x=ACE; x<KING+1; ++x)
```

It's important that the program check the hands in the right order. Otherwise, it might interpret a full house as only a pair or three of a kind. So, if the loop finds a 2 in an element of `c []`, it first checks whether another pair has already been discovered:

```
if ((c[x] == 2) && (pair))
{
   twoPair = TRUE;
   pair = FALSE;
}
```

If this is the second pair, the program sets `pair` to FALSE and `twoPair` to TRUE. The program looks for a full house similarly:

```
else if ((c[x] ==  2) && (threeOfAKind))
{
   fullHouse = TRUE;
   threeOfAKind = FALSE;
}
else if ((c[x] == 3) && (pair))
{
   fullHouse = TRUE;
   pair = FALSE;
}
```

Finally, the program checks for a pair, three of a kind, or four of a kind:

```
else if (c[x] == 2)
   pair = TRUE;
else if (c[x] == 3)
   threeOfAKind = TRUE;
else if (c[x] == 4)
   fourOfAKind = TRUE;
```

The last thing `GetBestHand( )` must do is return the best poker hand that it finds. The values of the various flags determine the return value:

```
if ((straight) && (flush))
   return STRAIGHTFLUSH;
else if (fourOfAKind)
   return FOUROFAKIND;
else if (fullHouse)
   return FULLHOUSE;
else if (flush)
   return FLUSH;
else if (straight)
   return STRAIGHT;
else if (threeOfAKind)
   return THREEOFAKIND;
else if (twoPair)
   return TWOPAIR;
else if (pair)
   return PAIR;
else
   return NOTHING;
```

You could probably optimize the code in `GetBestHand( )` quite a bit, but only at the cost of making it harder to understand. For example, the program can probably get by without a flag for each poker hand, but the flags help you see exactly what the program is doing.

High-Score Files

Game players love to beat old scores, and little gives them more pleasure in a game than to see their name and score up in lights. Poker Squares uses a high-score file that holds 15 names and scores in descending order. That is, the highest score is first in the file. The first time that someone plays Poker Squares, there is no high-score file, so the program creates one. The default high-score file contains nothing but 15 sets of the string "EMPTY" followed by a zero score. Each name string is padded with dots to a length of ten, and each score is padded with spaces to a length of four.

When a player finishes a hand of Poker Squares, the program loads the high-score file and checks whether the player's score beats one already in the file. If it does, the program asks for a new name; then the program inserts the new name and score into the file and writes the entire file back to disk.

The program handles the high-score file in the functions `ShowScoreFile( )`, `AddToScoreFile( )`, `OpenScoreFile( )`, `ReadScoreFile( )`, `WriteScoreFile( )`, and `CreateScoreFile( )`. You can easily modify these functions to create high-score files and displays for any of your games.

Note

Turbo C++ enables you to open files as text or binary data. The difference between these two file types is mainly the way that Turbo C++ treats the values 10 and 13. In ASCII, these values represent the carriage-return and line-feed characters, respectively. If you want your program to treat these values as carriage-return and line-feed characters, you must specify a text file when you call `fopen( )`. You do this by adding a "t" to the end of the mode string that's given as `fopen( )`'s second parameter. Although Poker Squares stores its high-score data as ASCII values, it doesn't rely on carriage returns or line feeds. Still, it opens the high-score file in text mode.

Summary

Poker Squares provides all the tools that you need to create many types of poker games. For example, you could write a version of a video poker machine similar to those found in casinos. Instead of keeping track of scores, you could start each player with a specific amount of money. The player who lasts the longest before going broke gets his or her name on the high-score board. Use your imagination—maybe you can invent a whole new kind of poker game!

In the next chapter, you leave behind board-style games and prepare to create arcade games, which require not only that you place images on the screen, but also that you move those images smoothly without disrupting whatever they pass over.

Chapter 11

Battle Bricks

One of the biggest challenges that you can take on as a game programmer is to write an action or arcade game. Imagine, for example, the hours that went into programming games like Prince of Persia, Lemmings, or Wing Commander. Action games require every ounce of power that you can extract from your computer. Keeping track of many moving objects while performing other game-program tasks is enough to bog down any but the most carefully written program.

Although Turbo C++ is an excellent programming language, it is not well suited for writing action games. Its graphics-handling functions are too limited, and a compiled C++ program is often too slow to handle multiple sprites (moving objects) on the screen. To write sophisticated action games on your PC, you should use assembly language, which is the only language that enables you to push your computer to the limits of its capabilities. Of course, this book is not about assembly language programming, so I'm not going to force you to learn it in this chapter. (Hurray!)

The good news is that, although sophisticated action games are too much for Turbo C++, you can use the language to write simple action games—if you minimize the number of moving objects and employ a few programming tricks to keep things hustling.

In this chapter, you design and write a Breakout-type arcade game called Battle Bricks. This game features only two moving objects (a ball and a paddle), so even a fairly slow language (compared to assembly language) like C++ is fast enough to handle it. You'll learn the basics of programming arcade games, and you'll also discover a sneaky trick for creating sound effects that don't stop the action in your game.

Playing Battle Bricks

Before examining the programming for Battle Bricks, you should play the game a few times so that you know how it works from the player's point of view. Later in this chapter, listings 11.1 and 11.2 present the main source code for the program. (In addition to these files, Battle Bricks uses the MOUS.H, MOUS.CPP, PCX.H, PCX.CPP, PROCS.H, and PROCS.CPP files.) Figure 11.1 shows the screen that the program displays when you compile and run it. (Please see this book's introduction for compiling instructions.)

Fig. 11.1 Battle Brick's main screen.

To start the game, press a mouse button. When you do, the ball starts bouncing around the screen. Your task is to keep the ball going by using your paddle to bounce the ball back at the wall. When the ball hits a brick in the wall, the brick is destroyed. The objective is to destroy the entire wall and make the king surrender his castle.

You get 10 points for every brick that you destroy. However, after you hit one of the two green bricks that have plus signs on them, you get 20 points per brick—until you lose the current ball, at which point the score values return to normal.

The king near the top of the castle doesn't affect the game in any way. He does, however, perform a few amusing antics. For example, when the ball manages to get past the last row in the wall, the king ducks. Also, when you lose a ball, the king (who is not exactly a good sport) taunts you by sticking out his tongue. Finally, when you manage to destroy the entire front wall, the king ducks down behind the rear wall and surrenders by waving a white flag.

You get five balls. After you lose them all, you can start a new game by pressing the left mouse button, or you can quit the game by pressing the right mouse button.

Programming Battle Bricks

Now that you've played Battle Bricks, let's see how you write the game program. As you've seen, Battle Bricks is a relatively simple action game that requires few movable objects. Still, to make the program workable in Turbo C++, you have to employ a few programming tricks.

Moderating the Game's Speed

As you already know, the toughest task in a game like Battle Bricks is to keep everything moving at a reasonable speed. If the ball moves too slowly, the game will be too easy. Conversely, if the paddle moves too slowly, the player will be unable to keep the ball in action.

To keep the game's actions running smoothly, you must program a loop that continually updates the ball's and paddle's positions. Battle Brick's main game loop looks like this:

```
void GameLoop(void)
{
   WaitForReady();
   while (!done)
   {
      MoveBall();
      BonusSound();
      MovePaddle();
   }
}
```

Here, the call to the function `WaitForReady()` keeps the game from starting until the player clicks a mouse button. Then the `while` loop iterates constantly throughout the entire game, moving the ball, updating the sound, and moving the paddle. The flag `done`, which controls the `while` loop, becomes TRUE only when the player quits the game.

Moving the Ball

Another programming challenge in Battle Bricks is to keep the ball moving while at the same time checking the ball's position and performing whatever actions the ball's position indicates. Each time through the game loop, the ball moves one pixel horizontally and vertically, after which the ball's position is compared to the positions that trigger some sort of action, like hitting a wall or a brick.

The function `MoveBall()` updates the ball's position according to its current x,y vectors (which are stored in `ballVecX` and `ballVecY`) and calls the required functions to handle any actions initiated by the ball's position:

```
void MoveBall(void)
{
   int brickGridX, brickGridY;
   int brickPixelX, brickPixelY;

   // Erase the ball.
   setfillstyle(SOLID_FILL, C_MEDIUMGREEN);
   bar(ballX, ballY, ballX+BALLWIDTH, ballY+BALLHEIGHT);

   // Update the ball's coordinates.
   ballX += ballVecX;
   ballY += ballVecY;

   // Check for several actions based on the ball position.
   HandleBallActions();

   // If the ball is in the brick area...
   if ((ballY < 210) && (ballY > 113-BALLHEIGHT))
   {
      // Find whether the ball has hit a brick.
      FindBrick(brickGridX, brickGridY,
         brickPixelX, brickPixelY);

      // If the ball has hit a brick, destroy the brick.
      if (brickGridX != -1)
         DestroyBrick(brickGridX, brickGridY,
            brickPixelX, brickPixelY);
   }

   // Draw the ball in its new position.
   putimage(ballX, ballY, ballImage, COPY_PUT);
   delay(speed);

   // If there are no more bricks, the king surrenders.
   if (brickCount == 0)
      KingSurrenders();
}
```

The function first erases the ball from the screen. It then calculates the ball's new coordinates by adding the values of `ballVecX` and `ballVecY` to `ballX` and `ballY`, respectively. The variables `ballX` and `ballY` are the ball's current screen coordinates. The variables `ballVecX` and `ballVecY` contain values that change the ball's position by the number of pixels stored in the variables. For example, when `ballVecX` and `ballVecY` are each –1, the ball moves left and up, because adding `ballVecX` and `ballVecY` to `ballX` and `ballY` decrements the ball's x,y coordinates. Similarly, if `ballVecX` is 1 and `ballVecY` is –1, the ball moves right and up. Figure 11.2 summarizes the effect of `ballVecX` and `ballVecY` on the ball's movement.

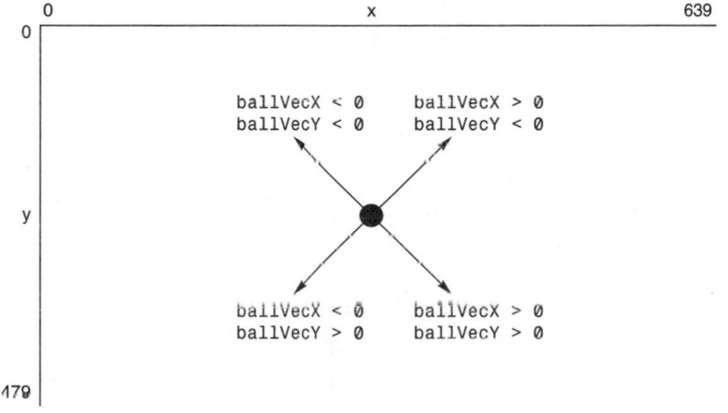

Fig. 11.2 Vectors and the ball's movement.

In most cases, `ballVecX` and `ballVecY` are either 1 or –1, which causes the ball to move horizontally and vertically one pixel at a time. However, in one special case that you'll see later in this chapter, `ballVecX` becomes either 2 or –2, which causes the ball to move farther horizontally than vertically.

Note

One way to make an object move faster on the screen is to move it more than one pixel at a time. However, if you try to move the object too far at once, the object's motion will be jerky rather than fluid. Such a jerky motion can be disorienting to the player and make the game hard to play. To ensure smooth motion, move your objects in small steps rather than large ones.

After updating the ball's position, the `MoveBall()` function calls `HandleBallActions()`, which compares the ball's position to certain predetermined locations on the screen and performs whatever actions are initiated when the ball is in one of those positions. You'll examine the `HandleBallActions()` function soon. For now, just be aware that this function handles such actions as bouncing the ball off the walls or the paddle, and making the king duck when the ball gets past the wall of bricks.

Next, `MoveBall()` checks whether the ball is in the brick grid area. If it is, then the program must determine whether the ball has hit a brick. The function `FindBrick()` handles this task. If the ball hits a brick, `FindBrick()` returns TRUE, with the brick's coordinates in the given integer variables. If the ball doesn't hit a brick, `FindBrick()` returns FALSE.

If the ball has hit a brick, a call to `DestroyBrick()` not only removes the brick from the screen, but also updates the player's score, calculates the ball's new direction, and checks whether the brick that the ball hit is a score-doubling brick (one of the two green bricks with a plus sign). If it is, `DestroyBrick()` turns on the score doubler.

After handling all the actions that the ball might initiate, `MoveBall()` draws the ball in its new location and calls `delay(speed)` to slow the animation a little. Believe it or not, even with all the conditions that the program must check each time the ball is moved, the program still runs too fast (at least on a 40MHz 386) for human reactions to keep up with it. The larger the value of speed, the slower the ball moves, so you can manipulate `speed` to make the game run faster or slower.

After redrawing the ball, `MoveBall()` checks the brick count to determine whether there are still bricks on the screen. If `brickCount` equals 0, the player has destroyed the entire wall, and the function `KingSurrenders()` shows the king waving a white flag.

Note

You may notice that, as the ball in Battle Bricks moves, it tends to flicker a little. This flickering is a side effect of the way that the program displays the ball on the screen. Because the ball moves only one or two pixels at a time, the positions of the old ball and the new ball overlap, and this overlap causes the flickering effect.

In the case of Battle Brick's ball, you can barely perceive the flicker, because the ball is so small. However, when you try to move larger objects, you may find that the flicker becomes annoying. To overcome this flickering effect, you must either switch between two screens that vary only in the position of the moving object, or draw the overlapping areas of the moving object so that the program does not continually erase and redraw those areas. The first method does not slow a program much, but you cannot accomplish it in high-resolution VGA. To employ the second method without bogging down the program, you would probably have to use assembly language.

Performing Actions Triggered by the Ball

Everything that happens in Battle Bricks is governed by the ball's position. For example, if the ball is about to overlap a wall, it must reverse its horizontal or vertical direction so that it appears to bounce off the wall. Other actions in the game are equally important. After all, you can't have the ball passing through bricks or the player's paddle any more than you can have it burrowing its way through a wall. Every time the ball strikes an object, the ball must bounce away so that the object looks solid.

Checking for Actions. As stated previously, the function `HandleBallActions()` checks the ball's location and then initiates any actions that the location specifies:

```
void HandleBallActions(void)
{
   // If the ball missed the paddle...
   if (ballY > 460)
      StartNewBall();

   CheckWalls();
   CheckPaddle();
   CheckKing();
}
```

`HandleBallActions()` first checks that the ball hasn't moved beyond the paddle at the bottom of the screen. If it has, `HandleBallActions()` calls `StartNewBall()` to put a new ball into play (assuming, of course, that the player hasn't already used all five balls). `HandleBallActions()` then calls `CheckWalls()`, `CheckPaddle()`, and `CheckKing()` to determine whether the ball has struck a wall, struck the paddle, or is in a location that makes the king duck.

Bouncing the Ball off of the Walls. The function `CheckWalls()` bounces the ball off a wall:

```
{
   // If the ball is hitting a side wall...
   if ((ballX < 130) || (ballX > 509-BALLWIDTH))
   {
      // Reverse the ball's horizontal direction.
      ballVecX = -ballVecX;

      // Make an appropriate sound.
      WallSound();

      // Make sure the ball doesn't get stuck in the wall.
      if (ballX < 130)
         ballX = 130;
      else
         ballX = 509-BALLWIDTH;
   }

   // If the ball is hitting the upper wall,
   // just reverse the vertical direction.
   if (ballY < 100)
   {
      ballVecY = -ballVecY;
      WallSound();
   }
}
```

If the ball's x coordinate indicates that it's hitting a side wall, `CheckWalls()` reverses the ball's x vector. For example, if `ballVecX` is –1 when the ball hits the left wall (`ballVecX` would have to be –1 because the ball is moving to the left), `CheckWalls()` changes `ballVecX` to 1, which starts the ball moving to the right, away from the wall. After reversing the ball's horizontal direction, `CheckWalls()` calls `WallSound()` to make the bouncing sound, and then checks the ball's x coordinate to ensure that the ball doesn't get stuck in the left or right wall. The function must check this because sometimes the ball moves horizontally two pixels at a time rather than just one.

If the ball reaches the castle's top wall—that is, if the ball moves as high up as it can go—`CheckWalls()` reverses the ball's y vector and calls `WallSound()` to generate the appropriate sound effect.

Note

To keep things simple, the background over which the ball in Battle Bricks must pass is a solid color. This makes it easy to erase the ball, because then the program needs only a block of background color to replace the ball's image. You may have seen in some games objects that pass over detailed graphics without disturbing the graphics, in much the same way that your mouse pointer can move around the screen without changing its display. These objects are called *sprites*. To move a sprite over a background image, you must first save the background image before you draw the sprite, and then restore the background image after the sprite moves. To keep your program running fast, you'll probably need to use an assembly language routine to save and transfer these images.

Bouncing the Ball off of the Paddle. The program must enable the player to bounce the ball off of his paddle so that he can keep the ball in play. The function `CheckPaddle()` handles this action:

```
void CheckPaddle(void)
{
   // If the ball is hitting the paddle...
   if ((ballY+BALLHEIGHT == 448) &&
       (ballX+BALLWIDTH >= paddleX) &&
       (ballX <= paddleX+PADDLEWIDTH))
   {
      // If the ball is on the left tip of the paddle,
      // double the horizontal angle to the left.
      if (ballX+BALLWIDTH < paddleX+PADDLEWIDTH/6)
      {
         ballVecX = -2;
         speed = 3;
      }
      // If the ball is on the right tip of the paddle,
      // double the horizontal angle to the right.
      else if (ballX > paddleX+PADDLEWIDTH-PADDLEWIDTH/6)
      {
         ballVecX = 2;
         speed = 3;
      }
      // If the ball is on the left-inner surface of the
      // paddle, set the normal left angle.
      else if (ballX+BALLWIDTH < paddleX+PADDLEWIDTH/3)
      {
         ballVecX = -1;
         speed = 2;
      }
      // If the ball is on the right-inner surface of the
      // paddle, set the normal right angle.
      else if (ballX > paddleX+PADDLEWIDTH-PADDLEWIDTH/3)
```

```
            {
                ballVecX = 1;
                speed = 2;
            }
            // Reverse the vertical direction
            // and make the paddle sound.
            ballVecY = -ballVecY;
            PaddleSound();
        }
    }
```

This function first checks that the ball is just above the paddle. If it is, the function must determine exactly which area of the paddle the ball is about to hit, because this determines the ball's angle and direction. Changing the ball's angle with the paddle gives the player more control over where the ball goes, and also keeps the ball from getting stuck in boring patterns.

It is in `CheckPaddle()` that `ballVecX` may become 2 or –2 rather than 1 or –1. This happens when the ball strikes the paddle on the left or right end. Note that when `ballVecX` becomes 2 or –2, `speed` becomes 3 rather than 2. This slows the ball slightly to make up for the fact that the ball is now moving horizontally two pixels at a time. Figure 11.3 summarizes the paddle's effects on the ball.

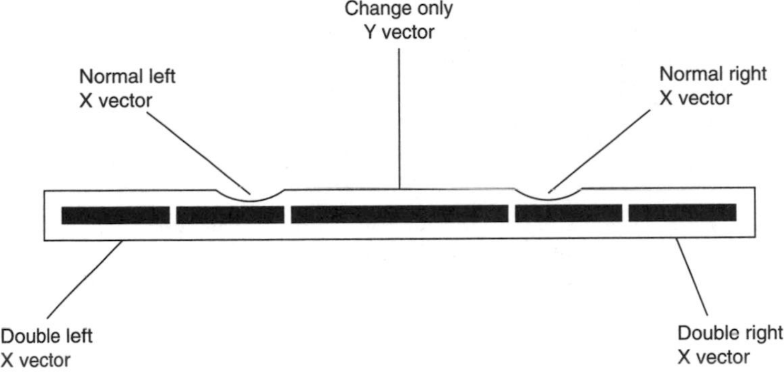

Fig. 11.3
How the paddle affects the ball.

Finally, no matter where exactly the ball strikes the paddle, `CheckPaddle()` reverses the ball's y vector and calls `PaddleSound()` to generate the sound of the ball striking the paddle.

Note

The ball in Battle Bricks is round, yet the image that contains the ball is square. You can't see the corners of the square because they are the same color as the background over which the ball must pass. Rectangular images present a problem when you try to move a sprite over a detailed screen image. You simply cannot allow the corners to show.

To hide the corners, you must create an image mask. In areas where you want to display the background color, the corresponding areas of the image mask should contain 1s; in areas where you want to display the sprite's image, that area of the image mask should contain 0s. You then AND this mask with screen memory, which effectively cuts a hole in the screen exactly the same shape as the sprite (not the sprite's rectangular area). You fill the hole with the sprite's image by ORing the sprite's image with screen memory.

Unfortunately, Turbo C++'s `putimage()` function does not include a writing mode for ANDing data to the screen. Therefore, to create a nonrectangular sprite, you must write your own image-transfer functions, almost certainly in assembly language. When you consider that you must handle not only images and masks but must also save and restore the background over which the sprite passes, you can see that moving a sprite takes a great deal of computing power.

Making the King Duck. The function `CheckKing()` makes the king duck:

```
void CheckKing(void)
{
   // If the ball is near the king and the
   // king is not already ducking, display the
   // ducking king image.
   if ((ballY < 113) && (!ducking))
   {
      putimage(290, 0, king2Image, COPY_PUT);
      ducking = TRUE;
   }
   // If the ball has moved away from the king
   // and the king is ducking, display the regular
   // king image.
   else if ((ballY > 250) && (ducking))
   {
      putimage(290, 0, king1Image, COPY_PUT);
      ducking = FALSE;
   }
}
```

Here, if the ball gets past the castle's front wall, the function displays an image of the king ducking. When the ball returns to the middle of the screen, `CheckKing()` redisplays the normal king graphic.

Hitting a Brick

The most complex function in the program is `FindBrick()`. This function determines whether the ball has hit a brick. To make this task a little easier, the program treats the ball as a 10-by-10 square rather than a round object. Trying to calculate whether a round object is overlapping another object is far too difficult to be worth the effort.

To determine whether the ball has struck a brick, the program first must answer several questions:

- Which candidate bricks are the ball's corners overlapping?
- Is the ball striking the side, top, or bottom of a brick?
- Which candidate brick is the ball overlapping the most?
- Is the candidate brick with the most overlap still on-screen?

To understand the preceding questions, you must first know the difference between an actual brick and a candidate brick. An *actual brick* is a brick that is currently displayed on-screen because the ball has not yet struck it. A *candidate brick* is a location in which a brick may or may not be. In other words, candidate bricks make up the entire brick grid, as shown in figure 11.4. However, a candidate brick may or may not contain an actual brick.

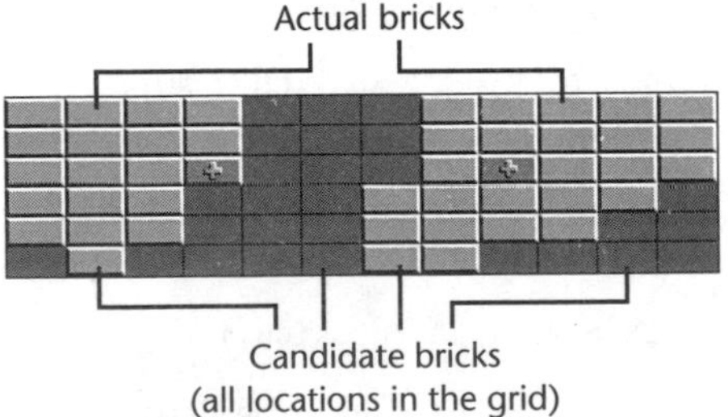

Fig. 11.4 Candidate bricks and actual bricks.

The first step in determining whether the ball has struck a brick is to determine which candidate bricks the ball's corners are overlapping. For example, in figure 11.5 the ball overlaps four candidate bricks, only one of which is an actual brick.

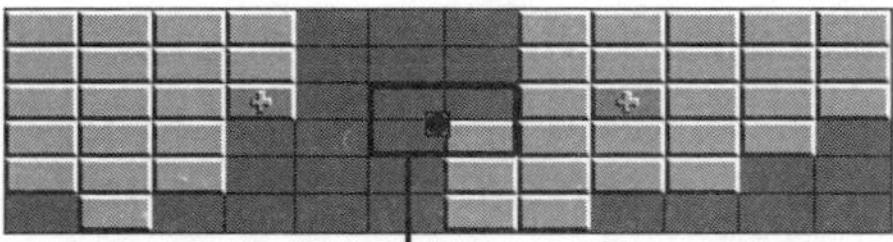

Fig. 11.5
The ball is overlapping four candidate bricks, but only one actual brick.

Except when the ball is in the first or last rows of the grid, the ball always overlaps four candidate bricks. Therefore, `FindBrick()` always calculates the x,y screen coordinates for four candidate bricks first, and handles any exceptions later:

```
brickX[0] =
   ((ballX-128)/BRICKWIDTH)*BRICKWIDTH+128;
brickY[0] =
    ((ballY-114)/BRICKHEIGHT)*BRICKHEIGHT+114;
brickX[1] =
   ((ballX+BALLWIDTH-128)/BRICKWIDTH)*BRICKWIDTH+128;
brickY[1] =
    ((ballY-114)/BRICKHEIGHT)*BRICKHEIGHT+114;
brickX[2] =
   ((ballX+BALLWIDTH-128)/BRICKWIDTH)*BRICKWIDTH+128;
brickY[2] =
    ((ballY+BALLHEIGHT-114)/BRICKHEIGHT)*BRICKHEIGHT+114;
brickX[3] =
   ((ballX-128)/BRICKWIDTH)*BRICKWIDTH+128;
brickY[3] =
    ((ballY+BALLHEIGHT-114)/BRICKHEIGHT)*BRICKHEIGHT+114;
```

As you can see, the program stores the x,y coordinates of the candidate bricks in the `brickX[]` and `brickY[]` arrays, which makes it easy to access the coordinates in a loop.

After calculating these coordinates, `FindBrick()` determines whether the ball's position indicates that the ball is hitting a candidate brick's side or a candidate brick's top or bottom:

```
if (ballVecY < 0)
    leftOrRightSide = (ballY-113) % BRICKHEIGHT;
else
    leftOrRightSide = (ballY+BALLHEIGHT-115) % BRICKHEIGHT;
```

If the ball's upper-left corner is located somewhere between the top and bottom of a candidate brick, the modulus division stores a remainder in the flag `leftOrRightSide`, making it TRUE. Otherwise, `leftOrRightSide` ends up set to 0, making it FALSE.

A `for` loop then iterates through the four sets of coordinates in the `brickX[]` and `brickY[]` arrays, checking whether the candidate bricks in question actually exist and which candidate brick the ball is overlapping the most. In the loop, the program first calculates the current candidate brick's grid locations, which are its row and column positions in the brick grid:

```
gridX = (brickX[x]-128)/BRICKWIDTH;
gridY = (brickY[x]-114)/BRICKHEIGHT;
```

You can also use the grid coordinates `gridX` and `gridY` as indexes into the global `bricks[][]` array, which contains values that indicate which bricks are still displayed on-screen. Two constants, `BRICK` and `EMPTY`, indicate the presence or absence of a brick in the grid. For example, if `bricks[0][1]` is equal to `EMPTY`, the first brick in the second row is no longer displayed on-screen. On the other hand, if `bricks[3][5]` is equal to `BRICK`, then the fourth brick in the sixth row is still displayed on-screen.

The program uses `gridX` and `gridY` to determine whether the current candidate brick's grid coordinates are valid and whether a brick is actually in that location:

```
if ((gridX>-1) && (gridX<12) && (gridY>-1) && (gridY<6)
   && (bricks[gridX][gridY]==BRICK))
```

If everything checks out okay, the program checks whether the ball is hitting the brick on one of its sides:

```
if (leftOrRightSide)
```

If it is, the program calculates the amount of overlap for the upper and lower pairs of candidate bricks:

```
overlapY1 = brickY[2]-ballY;
overlapY2 = BALLHEIGHT - overlapY1;
```

If one of three sets of conditions is met, `FindBrick()` determines that the ball is hitting an actual brick. Those conditions are as follows:

- The brick below the current brick does not exist:

  ```
  (gridY==5) || (bricks[gridX][gridY+1]==EMPTY)
  ```

- The current candidate brick is the upper brick of the pair, and the upper overlap is larger:

  ```
  (x<2) && (overlapY1 > BALLHEIGHT/2)
  ```

- The current candidate brick is the lower of the pair, and the lower overlap is the larger:

  ```
  (x>1) && (overlapY2 > BALLHEIGHT/2)
  ```

If any of the preceding sets of conditions is met, `FindBrick()` sets `pixelX` and `pixelY` (which are references to the calling function's `brickPixelX` and `brickPixelY`) to the coordinates stored in `brickX[x]` and `brickY[x]`, and then returns from the function:

```
pixelX = brickX[x];
pixelY = brickY[x];
return 1;
```

`FindBrick()` checks horizontal pairs of candidate bricks in almost exactly the same way:

```
else
{
   // Get the amounts that the ball overlaps
   // the left and right candidate brick locations.
   overlapX1 = brickX[1]-ballX;
   overlapX2 = BALLWIDTH - overlapX1;

   // If the right brick doesn't exist...
   if (((gridX==11) ||
       (bricks[gridX+1][gridY]==EMPTY)) ||
   // ...or the ball mostly overlaps
   // the left brick...
       ((x==0 || x==3) &&
          (overlapX1 > BALLWIDTH/2)) ||
   //...or the ball mostly overlaps
   // the right brick...
       ((x==1 || x==2) &&
          (overlapX2 > BALLWIDTH/2)))
   {
      // Return the brick's coordinates.
      pixelX = brickX[x];
      pixelY = brickY[x];
      return 1;
   }
}
```

Destroying Bricks

The whole point of Battle Bricks is to destroy the castle's front wall, so just bouncing the ball off a brick isn't good enough. Instead the ball must both destroy the brick and bounce away. This extra complication is taken care of in the function `DestroyBrick()`:

```
void DestroyBrick(int brickGridX, int brickGridY,
   int brickPixelX, int brickPixelY)
{
   // Move ball back off brick;
   ballX -= ballVecX;
   ballY -= ballVecY;

   // Remove the brick from the brick array.
   bricks[brickGridX][brickGridY] = EMPTY;
```

```
        // Change the ball's direction based on whether the
        // ball hit the side, top, or bottom of the brick.
        if ((ballY-114) % BRICKHEIGHT)
           ballVecX = -ballVecX;
        else
           ballVecY = -ballVecY;

        // Create the brick sound.
        BrickSound();

        // Erase the brick from the screen.
        bar(brickPixelX, brickPixelY,
            brickPixelX+BRICKWIDTH-1,
            brickPixelY+BRICKHEIGHT-1);

        // Decrement the number of remaining bricks.
        --brickCount;

        // Calculate and display the new score.
        score += 10 * scoreMultiplier;
        char s[10];
        sprintf(s, "%d", score);
        setfillstyle(SOLID_FILL, C_DARKGRAY);
        bar(25, 424, 90, 434);
        setcolor(C_WHITE);
        settextjustify(CENTER_TEXT, TOP_TEXT);
        outtextxy(64, 424, s);

        // If a score-doubler brick has been struck,
        // activate the score doubler.
        if ((brickGridY*12 + brickGridX) == 27 ||
            (brickGridY*12 + brickGridX) == 32)
        {
           settextjustify(CENTER_TEXT, TOP_TEXT);
           setcolor(C_RED);
           outtextxy(64, 375, "DOUBLER!");
           outtextxy(576, 375, "DOUBLER!");
           scoreMultiplier = 2;
           bonusSound = TRUE;
        }
     }
```

Because the ball's coordinates currently overlap that of the brick (which is how the program knows that the ball is hitting the brick), `DestroyBrick()` first adjusts the ball's position to move it off the brick. The function then sets the brick's entry in the `bricks[]` array to `EMPTY`, and changes the ball's horizontal or vertical direction based on whether the ball hit the side, top, or bottom of the brick. Then `DestroyBrick()` calls `BrickSound()` to generate the appropriate sound effect, and calls `bar()` to erase the brick from the screen. `DestroyBrick()` then decrements the brick count and increments the player's score.

The function calculates the score for the brick by multiplying the base score of 10 by the variable `scoreMultiplier`, which is 1 when the score doubler is off and 2 when the score doubler is on. After calculating the new score, `DestroyBrick()` displays the score in the SCORE box. Finally, `DestroyBrick()` checks whether the brick that the ball hit was one of the score doublers. If it was, the program turns on the score doubler by setting `scoreMultiplier` to 2 and `bonusSound` to TRUE, which activates the score doubler's sound effect.

Creating Sound without Halting the Action

All the other sound-effect functions that you've seen in this book return only after the sound effect is complete. For board-style games, this is no problem, because the short delay does not affect the game in any way. However, in a game in which objects are moving constantly, you can't have everything stop dead for a second or two just so you can generate a sound effect. The action must keep going, sound or no sound.

So, `BonusSound()` is an unusual sound function, quite unlike the other sound-effect functions in the program:

```
void BonusSound(void)
{
   static int freq = 0;

   if (bonusSound)
   {
      freq += 10;
      if (freq == 1000)
      {
         freq = 0;
         nosound();
         bonusSound = FALSE;
      }
      else
         sound(freq);
   }
}
```

As you saw earlier in this chapter, the main program loop calls the function `BonusSound()` each time through the loop, in the same way that it calls `MoveBall()` and `MovePaddle()`. When the flag `bonusSound` is FALSE, the function `BonusSound()` does nothing but return to the main loop. However, when `bonusSound` is TRUE, `BonusSound()` updates the bonus sound effect each time that it's called.

The first time that the main game loop calls `BonusSound()` when `bonusSound` is TRUE, the program increments the static variable `freq` by 10. The function then starts the sound effect by calling `sound(freq)`, after which it returns to the game loop. The next time that the game loop calls `BonusSound()`, the function again adds 10 to `freq` and calls `sound(freq)`, which results in a sound that is higher in pitch. Each subsequent call to `BonusSound()` raises the sound's pitch until `freq` equals 1,000. At that point, the function sets `freq` back to 0, calls `nosound()` to turn off the sound, and sets the `bonusSound` flag to FALSE, which prevents `BonusSound()` from creating any sound until the next time that the `bonusSound` flag gets set to TRUE.

This technique enables the program to create a sound effect while letting all the action in the program continue unabated. To accomplish such a programming feat, you usually have to rely on interrupts to update the sound "behind the program's back." In fact, the function `BonusSound()` operates much like an interrupt, except the code that modifies the sound is part of your main program rather than an interrupt handler stored somewhere else in memory.

Note

When you declare a variable in a function as `static`, its value remains unchanged between calls to the function. That is, a `static` variable always remembers its last value. This differs from `auto` (automatic) variables, which are allocated when the function is called and deallocated when the function returns. Although a `static` variable remains unchanged between function calls, it is still accessible only within the function in which you declare it. Variables of `static` duration are not used very often in C++ programs, but they can be valuable in special situations.

Moving the Paddle

Battle Bricks does not provide an on-screen mouse pointer. (The mouse pointer gets turned off in `main()`.) Instead, the paddle represents the mouse's position on the screen. However, you cannot move the paddle vertically like the mouse pointer. The paddle can move horizontally only. Moreover, the paddle can move horizontally only as far as the "walls" of the playing area (the area in which the player must control the ball) allow it.

Restricting mouse movement to only horizontal changes is easy: You ignore the mouse's y coordinate. Restricting the mouse's horizontal movement to fit within the game area is almost as easy. Just call the mouse object's SetLimit() function, which Battle Bricks does in its InitGame() function:

```
mouse.SetLimits(128, 511-PADDLEWIDTH, 0, 479);
```

The paddle itself is nothing more than a wide line. Turbo C++ can draw such a wide line, so you don't have to build the line from several smaller ones. To get the wide line, the program calls Borland's setlinestyle() function in main():

```
setlinestyle(SOLID_LINE, 0, THICK_WIDTH);
```

The last function called in the game's main loop is MovePaddle(), the function that controls the paddle:

```
void MovePaddle(void)
{
   int mx, my;

   // Get the mouse's coordinates.
   mouse.Event();
   mouse.GetXY(mx, my);

   // If the mouse has moved, draw the paddle in its
   // new position and save the position in paddleX.
   if (mx != paddleX)
   {
      ErasePaddle();
      DrawPaddle();
      paddleX = mx;
   }
}
```

First, MovePaddle() calls the mouse object's Event() and GetXY() member functions to retrieve the current mouse coordinates. The function then compares the mouse's x coordinate to paddleX, which holds the paddle's current x coordinate. If the two values differ, the user has moved the mouse, and the program must update the paddle's position. MovePaddle() updates the paddle position by calling ErasePaddle() to erase the paddle from its old position, calling DrawPaddle() to draw the paddle in its new position and then setting paddleX equal to the mouse's new x coordinate.

`ErasePaddle()` simply draws a solid bar of background color over the paddle:

```
void ErasePaddle(void)
{
   setfillstyle(SOLID_FILL, C_MEDIUMGREEN);
   bar(128, 449, 511, 451);
}
```

The function `DrawPaddle()`, on the other hand, redisplays the paddle by drawing it in its new location:

```
void DrawPaddle(void)
{
   setcolor(C_DARKBLUE);
   moveto(paddleX, 450);
   lineto(paddleX+PADDLEWIDTH, 450);
}
```

Even with everything else going on in the program, Turbo C++ keeps up pretty well with paddle movement. Although the movement may not be as fluid as that which you might achieve with an assembly language routine, this Turbo C++ program does the job handsomely. You won't ever miss the ball because the paddle didn't move fast enough.

Tearing Down the Walls

When the player manages to destroy all the bricks in the wall, the king surrenders his castle (at least until the next wall gets built). The function that handles this mini-animation is `KingSurrenders()`:

```
void KingSurrenders(void)
{
   // Erase the ball.
   setfillstyle(SOLID_FILL, C_MEDIUMGREEN);
   bar(ballX, ballY, ballX+BALLWIDTH, ballY+BALLHEIGHT);

   // Display the king waving a white flag.
   for (int x=0; x<6; ++x)
   {
      putimage(290, 0, king3Image, COPY_PUT);
      delay(400);
      putimage(290, 0, king4Image, COPY_PUT);
      delay(400);
   }

   // Restore the king's regular image.
   setfillstyle(SOLID_FILL, C_DARKGREEN);
   bar(290, 0, 400, 30);
   putimage(290, 0, king1Image, COPY_PUT);

   // Wait for the player to click a mouse button.
   WaitForReady();
```

```
      // Construct a new wall.
      StartNewWall();
   }
```

This function first erases the ball from the screen. It then iterates through a `for` loop six times. In the loop, the program displays the first frame of the animation and then calls `delay()` to keep that frame on the screen for about a half a second. Then the program displays the second animation frame, also delaying for about a half a second before going on to the next iteration of the loop. Figure 11.6 shows the two frames in the animation sequence.

Fig. 11.6
The frames of the surrender animation.

After the loop finishes, the program draws a solid bar over the last frame of the animation and redraws the original king image. The program must first erase the animation frame because the animation frames are larger than the king image that normally sits in that location on the wall. After restoring the regular king on the wall, `KingSurrenders()` calls `WaitForReady()` to give the player a chance to collect his wits and steel his nerves for the next round. When the player presses a mouse button, `WaitForReady()` returns, and `KingSurrenders()` calls `StartNewWall()` to build a new wall, after which the game is once again under way.

Like the other animation sequences in this book, the surrender animation sequence consists of only two frames. However, the results are pretty effective: It really looks as though the king has ducked down behind his wall and is waving a white flag. This demonstrates how easily you can spice up a program with simple animation. One short function is all it takes to create such an animation sequence. If you're feeling ambitious, you can produce more complex animation sequences by creating four or more frames.

Note

In some game programs, you may want to combine animation with movement, so that a moving object—such as a spinning flying saucer, for example—changes its form as it moves. You can achieve such an effect fairly easily: You need only display the frames of the animation one after the other as the object moves. The only extra overhead in the program is a variable to keep track of which image is currently displayed.

The Complete Program

Listings 11.1 and 11.2 are the main program listings for Battle Bricks. As mentioned earlier in this chapter, the program also uses the MOUS.H, MOUS.CPP, PCX.H, PCX.CPP, PROCS.H, and PROCS.CPP files, which you've seen in several previous programs. You can find all the program's images in the file BATLBRIK.PCX, which is shown in figure 11.7.

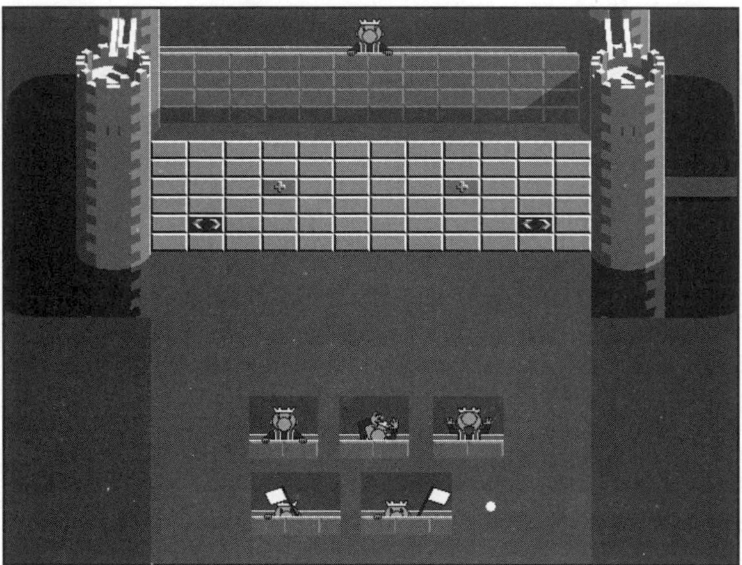

Fig. 11.7 The images for Battle Bricks.

Listing 11.1 BATTLEBR.H—the Header File for Battle Bricks

```
///////////////////////////////////////////////////////////////////
// BATTLEBR.H: Header file for Battle Bricks.
///////////////////////////////////////////////////////////////////

#ifndef __BATTLEBR_H
#define __BATTLEBR_H

enum { EMPTY, BRICK };

enum { FALSE, TRUE };

enum { C_BLACK, C_DARKGRAY, C_MEDIUMGRAY, C_LIGHTGRAY,
       C_DARKGREEN, C_MEDIUMGREEN, C_MEDIUMBLUE, C_LIGHTBLUE,
       C_LIGHTBROWN, C_DARKBLUE, C_LIGHTGREEN, C_FLESH,
       C_RED, C_DARKBROWN, C_LIGHTYELLOW, C_WHITE };
```

```
const BALLWIDTH = 10;
const BALLHEIGHT = 10;
const BRICKWIDTH = 32;
const BRICKHEIGHT = 16;
const PADDLEWIDTH = 60;

// Function prototypes.
void GameLoop(void);
void MoveBall(void);
void MovePaddle(void);
void CheckWalls(void);
void CheckPaddle(void);
void CheckKing(void);
void HandleBallActions(void);
int FindBrick(int &gridX, int &gridY,
   int &pixelX, int &pixelY);
void DestroyBrick(int brickGridX, int brickGridY,
   int brickPixelX, int brickPixelY);
void KingSurrenders(void);
void DrawPaddle(void);
void ErasePaddle(void);
void StartNewWall(void);
void StartNewBall(void);
void InitGame(void);
void InitBricks(void);
void LoadImages(void);
void DeleteImages(void);
void ShowGameScreen(void);
void DrawScoreBoxes(void);
void WaitForReady(void);
void GameOver(void);
void BrickSound(void);
void WallSound(void);
void PaddleSound(void);
void BonusSound(void);
void LoseBallSound(void);

#endif
```

Listing 11.2 BATTLEBR.CPP—the Main Program File for Battle Bricks

```
///////////////////////////////////////////////////////////////
// BATTLEBR.CPP: Battle Bricks by Clayton Walnum.
// Developed with Turbo C++.
///////////////////////////////////////////////////////////////

#include <graphics.h>
#include <conio.h>
#include "mous.h"
#include "pcx.h"
#include "procs.h"
#include "battlebr.h"
```

(continues)

Listing 11.2 Continued

```
// Global variables.
int ballX, ballY, ballVecX, ballVecY, ducking;
int paddleX, brickCount, speed, done, score;
int ballCount, scoreMultiplier, bonusSound;
int bricks[12][6];

// Pointers to the image buffers.
char *ballImage, *king1Image, *king2Image, *doublerImage;
char *king3Image, *king4Image, *king5Image, *brickImage;

///////////////////////////////////////////////////////////
// main()
///////////////////////////////////////////////////////////
int main(void)
{
   StartGraphics();
   LoadImages();
   setlinestyle(SOLID_LINE, 0, THICK_WIDTH);
   ShowGameScreen();
   InitGame();
   InitMouse();
   mouse.HideMouse();
   GameLoop();
   DeleteImages();
   closegraph();

   return 1;
}

///////////////////////////////////////////////////////////
// GameLoop()
//
// This function is the main game loop. It keeps repeating
// until the player quits the game.
///////////////////////////////////////////////////////////
void GameLoop(void)
{
   WaitForReady();
   while (!done)
   {
      MoveBall();
      BonusSound();
      MovePaddle();
   }
}

///////////////////////////////////////////////////////////
// MoveBall()
//
// This function updates the ball's position, and
// checks for actions that must occur when the ball
// is in certain locations.
///////////////////////////////////////////////////////////
```

```
void MoveBall(void)
{
   int brickGridX, brickGridY;
   int brickPixelX, brickPixelY;
   int hitBrick;

   // Erase the ball.
   setfillstyle(SOLID_FILL, C_MEDIUMGREEN);
   bar(ballX, ballY, ballX+BALLWIDTH, ballY+BALLHEIGHT);

   // Update the ball's coordinates.
   ballX += ballVecX;
   ballY += ballVecY;

   // Check for several actions based on the ball position.
   HandleBallActions();

   // If the ball is in the brick area...
   if ((ballY < 210) && (ballY > 113-BALLHEIGHT))
   {
      // Find whether the ball has hit a brick.
      hitBrick = FindBrick(brickGridX, brickGridY,
         brickPixelX, brickPixelY);

      // If the ball has hit a brick, destroy the brick.
      if (hitBrick)
         DestroyBrick(brickGridX, brickGridY,
            brickPixelX, brickPixelY);
   }

   // Draw the ball in its new position.
   putimage(ballX, ballY, ballImage, COPY_PUT);
   delay(speed);

   // If there are no more bricks, the king surrenders.
   if (brickCount == 0)
      KingSurrenders();
}

///////////////////////////////////////////////////////////
// MovePaddle()
//
// This function moves the paddle if the player has moved
// the mouse.
///////////////////////////////////////////////////////////
void MovePaddle(void)
{
   int mx, my;

   // Get the mouse's coordinates.
   mouse.Event();
   mouse.GetXY(mx, my);
```

(continues)

Listing 11.2 Continued.

```
    // If the mouse has moved, draw the paddle in its
    // new position and save the position in paddleX.
    if (mx != paddleX)
    {
       ErasePaddle();
       DrawPaddle();
       paddleX = mx;
    }
}

///////////////////////////////////////////////////////////
// FindBrick()
//
// Find whether the ball has hit a brick. If so, the
// brick's screen coordinates are returned in pixelX and
// pixelY, and the brick's grid coordinates are returned
// in gridX and gridY.
///////////////////////////////////////////////////////////
int FindBrick(int &gridX, int &gridY,
    int &pixelX, int &pixelY)
{
    int brickX[4], brickY[4];
    int leftOrRightSide;
    int overlapY1, overlapY2, overlapX1, overlapX2;

    // Find the screen coordinates for up to
    // four candidate bricks.
    brickX[0] =
      ((ballX-128)/BRICKWIDTH)*BRICKWIDTH+128;
    brickY[0] =
       ((ballY-114)/BRICKHEIGHT)*BRICKHEIGHT+114;
    brickX[1] =
      ((ballX+BALLWIDTH-128)/BRICKWIDTH)*BRICKWIDTH+128;
    brickY[1] =
       ((ballY-114)/BRICKHEIGHT)*BRICKHEIGHT+114;
    brickX[2] =
      ((ballX+BALLWIDTH-128)/BRICKWIDTH)*BRICKWIDTH+128;
    brickY[2] =
       ((ballY+BALLHEIGHT-114)/BRICKHEIGHT)*BRICKHEIGHT+114;
    brickX[3] =
      ((ballX-128)/BRICKWIDTH)*BRICKWIDTH+128;
    brickY[3] =
       ((ballY+BALLHEIGHT-114)/BRICKHEIGHT)*BRICKHEIGHT+114;

    // Determine whether the ball might be hitting
    // the side, top, or bottom of a brick.
    if (ballVecY < 0)
       leftOrRightSide = (ballY-113) % BRICKHEIGHT;
    else
       leftOrRightSide = (ballY+BALLHEIGHT-115) % BRICKHEIGHT;

    // Check all four possible candidate bricks.
    for (int x=0; x<4; ++x)
    {
```

```
// Get the grid location, and thus the indexes
// into the bricks[] array, for the brick.
gridX = (brickX[x]-128)/BRICKWIDTH;
gridY = (brickY[x]-114)/BRICKHEIGHT;

// If the grid locations are valid and the
// candidate brick is still on the screen...
if ((gridX>-1) && (gridX<12) && (gridY>-1) && (gridY<6)
   && (bricks[gridX][gridY]==BRICK))
{
   // If the ball is in a position where it may
   // be hitting the right or left side of a brick...
   if (leftOrRightSide)
   {
      // Get the amounts that the ball overlaps
      // the top and bottom candidate brick locations.
      overlapY1 = brickY[2]-ballY;
      overlapY2 = BALLHEIGHT - overlapY1;

      // If the bottom brick doesn't exist...
      if (((gridY==5) ||
          (bricks[gridX][gridY+1]==EMPTY)) ||
      // ... or the ball mostly overlaps
      // the top brick...
          ((x<2) && (overlapY1 > BALLHEIGHT/2)) ||
      // ... or the ball mostly overlaps the
      // bottom brick...
          ((x>1) && (overlapY2 > BALLHEIGHT/2)))
      {
         // Return the brick's coordinates.
         pixelX = brickX[x];
         pixelY = brickY[x];
         return 1;
      }
   }
   // ...else if the ball might be hitting
   // the top or bottom of a brick...
   else
   {
      // Get the amounts that the ball overlaps
      // the left and right candidate brick locations.
      overlapX1 = brickX[1]-ballX;
      overlapX2 = BALLWIDTH - overlapX1;

     // If the right brick doesn't exist...
     if (((gridX==11) ||
          (bricks[gridX+1][gridY]==EMPTY)) ||
      // ...or the ball mostly overlaps
      // the left brick...
          ((x==0 || x==3) &&
         (overlapX1 > BALLWIDTH/2)) ||
      //...or the ball mostly overlaps
      // the right brick...
         ((x==1 || x==2) &&
         (overlapX2 > BALLWIDTH/2)))
      {
```

(continues)

Listing 11.2 Continued

```
                // Return the brick's coordinates.
                pixelX = brickX[x];
                pixelY = brickY[x];
                return 1;
             }
          }
       }
    }
    // Indicate that the ball is not hitting a brick.
    return 0;
}

////////////////////////////////////////////////////////////
// HandleBallActions()
//
// This function determines whether the ball's current
// position should trigger some action. Actions are
// missing the paddle, hitting the paddle, bouncing off
// a wall, or bouncing near the king.
////////////////////////////////////////////////////////////
void HandleBallActions(void)
{
   // If the ball missed the paddle...
   if (ballY > 460)
      StartNewBall();

   CheckWalls();
   CheckPaddle();
   CheckKing();
}

////////////////////////////////////////////////////////////
// CheckKing()
//
// This function makes the king duck if the ball gets past
// the wall of bricks. When the ball moves past the bricks
// in the other direction, this function restores the
// king's image to its regular form.
////////////////////////////////////////////////////////////
void CheckKing(void)
{
   // If the ball is near the king and he
   // is not already ducking, display the
   // ducking king image.
   if ((ballY < 113) && (!ducking))
   {
      putimage(290, 0, king2Image, COPY_PUT);
      ducking = TRUE;
   }
   // If the ball has moved away from the king
   // and he is ducking, display the regular
   // king image.
   else if ((ballY > 250) && (ducking))
   {
```

```
      putimage(290, 0, king1Image, COPY_PUT);
      ducking = FALSE;
   }
}

////////////////////////////////////////////////////////////
// CheckPaddle()
//
// This function determines whether the ball has hit the
// paddle. The angle of the ball changes based on the
// part of the paddle that the ball hits.
////////////////////////////////////////////////////////////
void CheckPaddle(void)
{
   // If the ball is hitting the paddle...
   if ((ballY+BALLHEIGHT == 448) &&
       (ballX+BALLWIDTH >= paddleX) &&
       (ballX <= paddleX+PADDLEWIDTH))
   {
      // If the ball is on the left tip of the paddle,
      // double the horizontal angle to the left.
      if (ballX+BALLWIDTH < paddleX+PADDLEWIDTH/6)
      {
         ballVecX = -2;
         speed = 3;
      }
      // If the ball is on the right tip of the paddle,
      // double the horizontal angle to the right.
      else if (ballX > paddleX+PADDLEWIDTH-PADDLEWIDTH/6)
      {
         ballVecX = 2;
         speed = 3;
      }
      // If the ball is on the left-inner surface of the
      // paddle, set the normal left angle.
      else if (ballX+BALLWIDTH < paddleX+PADDLEWIDTH/3)
      {
         ballVecX = -1;
         speed = 2;
      }
      // If the ball is on the right-inner surface of the
      // paddle, set the normal right angle.
      else if (ballX > paddleX+PADDLEWIDTH-PADDLEWIDTH/3)
      {
         ballVecX = 1;
         speed = 2;
      }
      // Reverse the vertical direction
      // and make the paddle sound.
      ballVecY = -ballVecY;
      PaddleSound();
   }
}
```

(continues)

Listing 11.2 Continued

```
///////////////////////////////////////////////////////////
// CheckWalls()
//
// This function determines whether the ball has struck a
// wall. If it has, the ball's horizontal or vertical
// angle is reversed.
///////////////////////////////////////////////////////////
void CheckWalls(void)
{
   // If the ball is hitting a side wall...
   if ((ballX < 130) || (ballX > 509-BALLWIDTH))
   {
      // Reverse the ball's horizontal direction.
      ballVecX = -ballVecX;

      // Make an appropriate sound.
      WallSound();

      // Make sure the ball doesn't get stuck in the wall.
      if (ballX < 130)
         ballX = 130;
      else
         ballX = 509-BALLWIDTH;
   }

   // If the ball is hitting the upper wall,
   // just reverse the vertical direction.
   if (ballY < 100)
   {
      ballVecY = -ballVecY;
      WallSound();
   }
}

///////////////////////////////////////////////////////////
// DestroyBrick()
//
// This function destroys the brick that the ball has hit.
// It also calculates the player's new score and activates
// the score doubler when the ball hits a score-doubler
// brick.
///////////////////////////////////////////////////////////
void DestroyBrick(int brickGridX, int brickGridY,
   int brickPixelX, int brickPixelY)
{
   // Move the ball back off of the brick.
   ballX -= ballVecX;
   ballY -= ballVecY;

   // Remove the brick from the brick array.
   bricks[brickGridX][brickGridY] = EMPTY;
```

```
   // Change the ball's direction based on whether the
   // ball hit the side, top, or bottom of the brick.
   if ((ballY-114) % BRICKHEIGHT)
      ballVecX = -ballVecX;
   else
      ballVecY = -ballVecY;

   // Create the brick sound.
   BrickSound();

   // Erase the brick from the screen.
   bar(brickPixelX, brickPixelY,
       brickPixelX+BRICKWIDTH-1,
       brickPixelY+BRICKHEIGHT-1);

   // Decrement the number of remaining bricks.
   --brickCount;

   // Calculate and display the new score.
   score += 10 * scoreMultiplier;
   char s[10];
   sprintf(s, "%d", score);
   setfillstyle(SOLID_FILL, C_DARKGRAY);
   bar(25, 424, 90, 434);
   setcolor(C_WHITE);
   settextjustify(CENTER_TEXT, TOP_TEXT);
   outtextxy(64, 424, s);

   // If a score-doubler brick is struck,
   // activate the score doubler.
   if ((brickGridY*12 + brickGridX) == 27 ||
       (brickGridY*12 + brickGridX) == 32)
   {
      settextjustify(CENTER_TEXT, TOP_TEXT);
      setcolor(C_RED);
      outtextxy(64, 375, "DOUBLER!");
      outtextxy(576, 375, "DOUBLER!");
      scoreMultiplier = 2;
      bonusSound = TRUE;
   }
}

////////////////////////////////////////////////////////////
// StartNewBall()
//
// This function starts a new ball after the player misses
// the ball with the paddle.
////////////////////////////////////////////////////////////
void StartNewBall(void)
{
   // Erase the old paddle in case the ball
   // nicked either end of the paddle.
   ErasePaddle();
```

(continues)

Listing 11.2 Continued

```
    // Display the king sticking out his tongue.
    putimage(290, 0, king5Image, COPY_PUT);

    // Make the appropriate sound effect.
    LoseBallSound();

    // Initialize some variables for the new ball.
    ballY = 300;
    ballVecY = -1;
    scoreMultiplier = 1;

    // Erase the score-doubler displays.
    setfillstyle(SOLID_FILL, C_DARKGREEN);
    bar(5, 375, 125, 385);
    bar(517, 375, 635, 385);

    // Decrement and display the ball count.
    setfillstyle(SOLID_FILL, C_DARKGRAY);
    bar(564, 424, 620, 434);
    setcolor(C_WHITE);
    --ballCount;
    char s[10];
    sprintf(s, "%d", ballCount);
    outtextxy(578, 424, s);

    // Redisplay the paddle.
    DrawPaddle();

    // Restore the king's regular image.
    putimage(290, 0, king1Image, COPY_PUT);

    // Check whether the game is over.
    if (ballCount == 0)
        GameOver();
}

///////////////////////////////////////////////////////////////
// DrawPaddle()
//
// This function draws the paddle at its current location.
///////////////////////////////////////////////////////////////
void DrawPaddle(void)
{
    setcolor(C_DARKBLUE);
    moveto(paddleX, 450);
    lineto(paddleX+PADDLEWIDTH, 450);
}

///////////////////////////////////////////////////////////////
// ErasePaddle()
//
// This function erases the paddle.
///////////////////////////////////////////////////////////////
```

```
void ErasePaddle(void)
{
   setfillstyle(SOLID_FILL, C_MEDIUMGREEN);
   bar(128, 449, 511, 451);
}

////////////////////////////////////////////////////////////
// KingSurrenders()
//
// This function makes the king surrender when the player
// has destroyed all the bricks in the wall.
////////////////////////////////////////////////////////////
void KingSurrenders(void)
{
   // Erase the ball.
   setfillstyle(SOLID_FILL, C_MEDIUMGREEN);
   bar(ballX, ballY, ballX+BALLWIDTH, ballY+BALLHEIGHT);

   // Display the king waving a white flag.
   for (int x=0; x<6; ++x)
   {
      putimage(290, 0, king3Image, COPY_PUT);
      delay(400);
      putimage(290, 0, king4Image, COPY_PUT);
      delay(400);
   }

   // Restore the king's regular image.
   setfillstyle(SOLID_FILL, C_DARKGREEN);
   bar(290, 0, 400, 30);
   putimage(290, 0, king1Image, COPY_PUT);

   // Wait for the player to click a mouse button.
   WaitForReady();

   // Construct a new wall.
   StartNewWall();
}

////////////////////////////////////////////////////////////
// GameOver()
//
// This function ends the game when the player has no balls
// left.
////////////////////////////////////////////////////////////
void GameOver(void)
{
   ErasePaddle();

   // Display the Game Over box.
   setfillstyle(SOLID_FILL, C_MEDIUMBLUE);
   bar(225, 114, 415, 209);
   setcolor(C_WHITE);
   settextjustify(CENTER_TEXT, TOP_TEXT);
```

(continues)

Listing 11.2 Continued

```
      outtextxy(320, 120, "GAME OVER");
      outtextxy(320, 128, "---------");
      outtextxy(320, 142, "Press the left mouse");
      outtextxy(320, 156, "button to play again.");
      outtextxy(320, 170, "Press the right mouse");
      outtextxy(320, 184, "button to quit.");
      settextjustify(LEFT_TEXT, TOP_TEXT);

      // Wait for the player to click a mouse button.
      while (!mouse.Event()) {}

      // Retrieve the value of the button the player pressed.
      int button = mouse.GetButton();
      mouse.ButtonUp();

      // If the player clicked the left button, start a new
      // game. Otherwise, exit from Battle Bricks.
      if (button == LEFT)
      {
         InitGame();
         DrawScoreBoxes();
         WaitForReady();
         StartNewWall();
      }
      else
         done = TRUE;
   }

   ////////////////////////////////////////////////////////////
   // StartNewWall()
   //
   // This function begins a new wall of bricks.
   ////////////////////////////////////////////////////////////
   void StartNewWall(void)
   {
      // Initialize some variables.
      ballY = 300;
      ballVecY = -1;

      // Build the new wall.
      InitBricks();
   }

   ////////////////////////////////////////////////////////////
   // WaitForReady()
   //
   // This function displays a message box and pauses the game
   // until the player clicks a mouse button.
   ////////////////////////////////////////////////////////////
```

```
void WaitForReady(void)
{
   // Save the area of the screen that the
   // message box will cover.
   unsigned size = imagesize(225, 114, 415, 209);
   char *image = new char[size];
   getimage(225, 114, 415, 209, image);

   // Draw the message box.
   setfillstyle(SOLID_FILL, C_MEDIUMBLUE);
   bar(225, 114, 415, 209);
   settextjustify(CENTER_TEXT, TOP_TEXT);
   setcolor(C_WHITE);
   outtextxy(320, 150, "Press any mouse");
   outtextxy(320, 165, "button when ready.");
   settextjustify(LEFT_TEXT, TOP_TEXT);

   // Wait for a mouse-button click.
   while (!mouse.Event()) {}
   mouse.ButtonUp();

   // Restore the screen, erasing the message box.
   putimage(225, 114, image, COPY_PUT);
   delete image;
}

///////////////////////////////////////////////////////////
// InitGame()
//
// This function initializes the game variables
// to their starting values, draws the paddle, and
// constructs the starting wall.
///////////////////////////////////////////////////////////
void InitGame(void)
{
   ballX = 300;
   ballY = 300;
   ballVecX = +1;
   ballVecY = -1;
   paddleX = 300;
   ballCount = 5;
   score = 0;
   done = FALSE;
   ducking = FALSE;
   scoreMultiplier = 1;
   bonusSound = FALSE;
   mouse.SetLimits(128, 511-PADDLEWIDTH, 0, 479);
   speed = 2;
   DrawPaddle();
   InitBricks();
}
```

(continues)

Listing 11.2 Continued

```
////////////////////////////////////////////////////////////////
// InitBricks()
//
// This function initializes the bricks[] array. It also
// displays the bricks on the screen and sets the brick
// count to its starting value.
////////////////////////////////////////////////////////////////
void InitBricks(void)
{
   int x, y, brickPixelX, brickPixelY;

   // Set the brick count.
   brickCount = 72;

   // Initialize and draw the new wall.
   for (x=0; x<12; ++x)
      for (y=0; y<6; ++y)
      {
         bricks[x][y] = BRICK;
         brickPixelX = x * BRICKWIDTH + 128;
         brickPixelY = y * BRICKHEIGHT + 114;
         putimage(brickPixelX, brickPixelY,
            brickImage, COPY_PUT);
      }

   // Display the bonus bricks.
   putimage(224, 146, doublerImage, COPY_PUT);
   putimage(384, 146, doublerImage, COPY_PUT);
}

////////////////////////////////////////////////////////////////
// LoadImages()
//
// This function loads the game's image files.
////////////////////////////////////////////////////////////////
void LoadImages(void)
{
   LoadImage("BALL.IMA", ballImage);
   LoadImage("KING1.IMA", king1Image);
   LoadImage("KING2.IMA", king2Image);
   LoadImage("KING3.IMA", king3Image);
   LoadImage("KING4.IMA", king4Image);
   LoadImage("KING5.IMA", king5Image);
   LoadImage("BRICK.IMA", brickImage);
   LoadImage("DOUBLER.IMA", doublerImage);
}

////////////////////////////////////////////////////////////////
// DeleteImages()
//
// This function removes the game's images from memory.
////////////////////////////////////////////////////////////////
```

```
void DeleteImages(void)
{
   delete ballImage;
   delete king1Image;
   delete king2Image;
   delete king3Image;
   delete king4Image;
   delete king5Image;
   delete brickImage;
   delete doublerImage;
}

///////////////////////////////////////////////////////////////
// ShowGameScreen()
//
// This function loads and displays the main game screen.
///////////////////////////////////////////////////////////////
void ShowGameScreen(void)
{
   PCX pcx("BATTLEBR.PCX");
   pcx.OpenPCXFile();
   pcx.ShowPCX();
   DrawScoreBoxes();
}

///////////////////////////////////////////////////////////////
// DrawScoreBoxes()
//
// This function draws the SCORE and BALLS boxes, which
// display the current score and the number of remaining
// balls, respectively.
///////////////////////////////////////////////////////////////
void DrawScoreBoxes(void)
{
   setfillstyle(SOLID_FILL, C_DARKGRAY);
   bar(20, 400, 100, 440);
   setcolor(C_WHITE);
   settextjustify(CENTER_TEXT, TOP_TEXT);
   outtextxy(64, 408, "SCORE");
   outtextxy(64, 424, "0");
   bar(532, 400, 620, 440);
   outtextxy(578, 408, "BALLS");
   outtextxy(578, 424, "5");
}

///////////////////////////////////////////////////////////////
// The following functions create the game's various
// sound effects.
///////////////////////////////////////////////////////////////
void BrickSound(void)
{
   sound(2000);
   delay(10);
   nosound();
}
```

(continues)

Listing 11.2 Continued

```
void WallSound(void)
{
   sound(50);
   delay(10);
   nosound();
}

void PaddleSound(void)
{
   sound(300);
   delay(10);
   nosound();
}

void BonusSound(void)
{
   static int freq = 0;

   if (bonusSound)
   {
      freq += 10;
      if (freq == 1000)
      {
         freq = 0;
         nosound();
         bonusSound = FALSE;
      }
      else
         sound(freq);
   }
}

void LoseBallSound(void)
{
   sound(300);
   delay(500);
   nosound();
   delay(1000);
}
```

Summary

Although Turbo C++ is too slow and graphically limited for sophisticated, fast-action games, with a little ingenuity and elbow grease, you can still use Turbo C++ to create simple arcade games. The tricks are to minimize the number of moving objects and to construct sound-effect functions that don't bring the program's action to a halt. Of course, the better you optimize your code, the faster your program runs. There are probably several ways that you can make Battle Bricks run faster. Give it a try.

You also might want to make the game easier for children to play. One way you can do this is to widen the paddle, by changing the constant `PADDLEWIDTH` from 60 to perhaps 80. You also can control the speed of the ball, by changing the values that are assigned to the global variable `speed` throughout the program.

In the next chapter, the final chapter in this book, you learn one way that computers can actually compete with human players in a strategy game. Along the way, you'll design and write a modern version of an ancient Egyptian board game.

Chapter 12

Crystals

Here you are at the last chapter already! Where did all the time go? You've covered many game-programming subjects, from basic game-design considerations all the way up to simple animation and arcade games. The only thing that's been left out of your game-programming education is how to make a computer think. By "think," I mean how you can provide a human player with a good computer opponent.

The solutions to this problem are, of course, as varied as the games to which you can apply them. The approach that you take to solve the problem can also vary. For example, do you want to program your computer to "understand" the strategy behind a game? Or do you just want the computer to fake its way through a game, by calculating the results of moves before it makes them?

The first approach is the most difficult, not only because of the programming challenge, but also because the game opponent that you produce will be only as good as you are at playing the game. In fact, the game opponent will actually be a significantly poorer player than you, because it's unlikely that you can translate your creative-thinking process into equally effective computer code. Unless you are a chess champion, you shouldn't try to program your chess strategies into a chess game, because your game will disappoint players who are more experienced than you.

The second approach that you can take to provide a computer player—letting the computer cheat a bit by using its calculating power—is the easiest approach to take. After you create a computer player in this way, you can plug some of the holes in the way that the computer plays by adding strategy routines. Once you have created a competent player, adding your own strategies can only make the player routines better.

In this chapter, then, you create a strategy game called Crystals, which pits a human player against the computer. The game provides two skill levels: one that's fairly easy to beat and another that requires much more skill.

Introducing Crystals

Thousands of years ago, long before playing cards, dice, and video games, people entertained themselves using whatever items they could find lying around. Unfortunately, not all the world's locales offer as much a variety of natural resources as others. For instance, the ancient Egyptians, being in the middle of the desert, had to be a little more creative in coming up with game materials than, say, the Native Americans who lived in the lush forests of North America. Everywhere that those poor Egyptians looked, it was sand and stone, sand and stone.

Not to be put off by such petty matters, the Egyptians came up with a game called "Oh-Wa-Ree" (the spelling varies widely, depending on the source), which was played with nothing more than a bunch of pebbles and some pits dug in the sand. This game became so popular that it is still played even today. Crystals, this chapter's program, is a version of that ancient Egyptian game. As you begin to appreciate the hidden complexities of this basically simple game, you probably will become as fascinated with it as millions of people through the ages have been.

Playing Crystals

When you first run the program (see this book's introduction for compiling instructions), you see the screen shown in figure 12.1. The message box on the screen requests the number of crystals that you want to place in each pit at the start of the game. The standard amount is four, but you can try any number from three to nine.

Fig. 12.1
The opening screen for the Crystals program.

After you enter the number of crystals per pit, the screen shown in figure 12.2 appears, asking you to choose a difficulty level. Press the left mouse button for an easy game and the right mouse button for a hard game.

Fig. 12.2
Choosing the skill level.

The playing board (fig. 12.3) consists of two rows of eight pits each. The top row belongs to the human player, and the bottom row belongs to the computer. Each pit starts with the number of crystals that you chose at the start, as shown in figure 12.1. The object of the game is to maneuver the crystals so that you capture more than your opponent does. A move consists of picking up the crystals from a pit in your row (just click the pit with your mouse) and then "sowing" them, one by one, in each succeeding pit until you have played all of them. The game performs the sowing action automatically when you select a pit.

Fig. 12.3
The playing board.

In the original version of Oh-Wa-Ree, the pits are arranged in a circle and the pebbles are sown clockwise. However, in this version, you sow the crystals from left to right in each row. When you sow a crystal in the last pit of the bottom row, the play continues at the first pit of the top row; likewise, when you sow the last pit of the top row, play continues at the first pit of the bottom row.

If the pit in which you end is empty before you drop your last crystal into it, your turn is over. If the pit contains exactly three crystals (two plus the last one that you sowed), you capture the crystals in that pit; the crystals are removed from the board, placed in your storage pit, and added to your score. If the pit in which you finish already contains other crystals (unless, of course, the total is three), you must pick up all of them and continue (the program does this automatically; you don't actually have to do anything), sowing the crystals around the board until you run out again.

As play progresses, whenever the total number of crystals in any pit is three, the crystals in that pit are immediately captured by the player in whose row the pit resides (unless the play ends in the pit). When you end in an empty pit, it is the computer's turn. The play continues in this manner until one player captures half or more of the total crystals, or until the number of the remaining crystals matches the number in each pit at the start of the game. The player with the highest score wins.

Programming Crystals

Crystals is basically an easy game to program. All you need to do is to keep track of the number of crystals in each pit and move them around as required by the game rules. A very simple version of this program for two human players, without fancy graphics and a computer player, could probably be written in a couple of pages of code.

This version of Crystals includes fancy graphics, though, as well as a computer player. Still, at this point in the book, little of Crystal's code needs explaining. There's not much new here, and the code is heavily commented. The program's computer player, though, needs to be explored in depth.

Creating a Computer Player

Believe it or not, the computer player in Crystals knows absolutely nothing about strategy. It knows only how to count. That is, its strategy for winning a game is to run through, in its "mind," each of its possible moves and see which move produces the highest score. It also checks all the possible moves that the human player can make for each move that the computer takes. Finally, the computer player picks the move that gives it the most points while giving the human player the poorest opportunity to score points.

This programming strategy works well for a game like Crystals, which has only eight possible moves per player per turn. When a player's turn comes around, he can choose only one of eight pits and then sow its crystals in each successive pit until they are gone, according to the rules of the game. After the player chooses the pit, he can do nothing to change the outcome of his turn.

Although the Crystals computer player "looks forward" only two turns (which actually requires analyzing 72 turns, which includes, in addition to the eight possible human moves, eight computer responses, each of which in turn has eight possible human responses), you can create game programs that look forward any number of turns, depending on how much time you want the computer to "think" and how much memory you have available.

Note

A game like chess—whose board contains 16 possible moves for each player, each having 16 possible responses to each move (for a total of 256 responses)—requires considerably more time and memory to process the board. To look forward two moves requires analyzing 272 possible moves and responses. To look forward three moves requires that the computer analyze 4,368 moves and responses. And looking forward just four turns results in over 69,000 possible moves! (You calculate the total number of moves as follows: 161 + 162 + 163 + 164.)

Programming the Computer's Strategy

The computer's turn begins in the function `ComputerPlay( )`:

```
void ComputerPlay(void)
{
   int pitGridX, pitGridY, numCrystals;

   mouse.HideMouse();

   // Display the "Thinking" box.
   ShowThinking();

   // Find the best move.
   pitGridY = COMPUTER;
   pitGridX = FindMove();

   // Pick up and distribute crystals.
   numCrystals = PickUpCrystals(pitGridX, pitGridY);
   DistributeCrystals(numCrystals, pitGridX, pitGridY);

   // Make it the human's turn to play.
   player = HUMAN;

   mouse.ShowMouse();
}
```

This function contains little more than calls to other functions that actually do the work. `ComputerPlay( )` first hides the mouse pointer and then calls the function `ShowThinking( )` to display a message box on the screen. The message box just tells the human player that the computer player is about to take its turn. ComputerPlay( ) then sets the computer's pit row (pitGridY) to the computer's row and calls the function FindMove( ), which returns the pit number that will yield the best results for the computer's turn.

After finding the computer's move, the program calls the function PickUpCrystals( ), which removes the crystals from the pit on the screen and returns the number of crystals picked up in the variable numCrystals. The function call to DistributeCrystals( ) then performs the computer's turn, sowing the crystals around the playing board. Finally, ComputerPlay( ) sets the player to HUMAN, shows the mouse pointer, and ends.

The function FindMove( ) is one of several functions that provide the computer with its smarts:

```
int FindMove(void)
{
   int pitGridX;

   // If the skill level is set to a hard game,
   // find the best possible move...
   if (hardGame)
      pitGridX = CalcMoves();

   // ...otherwise, pick a random move, which
   // is any pit containing crystals.
   else
   {
      do
      {
         pitGridX = random(8);
      }
      while (board[pitGridX][COMPUTER] == 0);
   }

   // Return the chosen move's pit number.
   return pitGridX;
}
```

Here, the function first checks the flag hardGame to see whether the human player requested an easy or hard game. If the human chose a hard game, the program calls the function CalcMoves( ) to find the best possible move for the computer. Otherwise, the computer player simply picks a random pit (one that contains crystals) and starts its turn there.

It's in CalcMoves( ) that things start getting a bit more difficult to understand:

```
int CalcMoves(void)
{
   int compScores[8], comboScores[8], indexes[8];
```

```
        // Fill the two score tables with scores for
        // each of the eight possible moves.
        GetAllScores(compScores, comboScores);

        // Find the best possible score in the table.
        int bestComboScore = FindBestComboScore(comboScores);

        // Build a table of indexes to all scores
        // in comboScores that equal bestComboScore.
        int count;
        BuildBestComboIndexTable(bestComboScore,
           comboScores, indexes, count);

        // Find the highest starting score from among
        // the table of combination scores.
        int bestCompScore =
           FindBestCompScore(compScores, indexes, count);

        // Choose a random move from the best moves.
        int moveX =
           SelectMove(bestCompScore, compScores, indexes, count);

        return moveX;
    }
```

At the top of the function's body, you can see that the program uses three scoring arrays to keep track of the results of each move's analysis. A little later in this chapter, you'll see what the `indexes[ ]` array does. The `compScores[ ]` array holds the net point value for each of the computer's eight possible moves. The program calculates this net value by subtracting any scores that the move generates for the human player from any scores that the move generates for the computer player.

For example, suppose that the computer player is analyzing the move starting at pit 2 (which is actually the third pit, because the pit numbers start at zero). If, after sowing crystals around the board, the human player gains six points (because two pits in the human's row were brought up to three crystals, but were not captured by the computer player), and the computer player gains nine points, that move's net point value for the computer player would be three. The program would then store the value 3 in `compScores[2]`.

The `comboScores[ ]` array contains the net point value of a move after the computer analyzes the human player's possible responses. To calculate this net value, the program subtracts from the score stored in `compScores[ ]` the highest possible net score for the human player's next move.

If all this sounds confusing, take a look at the following algorithm, which summarizes how the computer calculates the values for the `compScores[ ]` and `comboScores[ ]` arrays:

1. Set `pitGridX` to 0 and `pitGridY` to the player's row.
2. Sow the crystals in pit `pitGridX` around the board, keeping track of scores for both the human and computer players.
3. Subtract the human's score gain from the computer's score gain, and store this net point value in `compScores[pitGridX]`.
4. Check each of the human's eight possible responses for the move taken in step 2 and return the highest net point value that the human player can achieve.
5. Subtract from `compScores[pitGridX]` the human net point value generated in step 4, and store the result in `comboScores[pitGridX]`.
6. Increment `pitGridX`, and, if `pitGridX` is less than 8, go back to step 1. Otherwise, the algorithm ends.

The program implements the preceding algorithm in the function `GetAllScores( )`, which `CalcMoves()` calls to fill the `compScores[ ]` and `comboScores[ ]` arrays with their score values. After filling the score arrays, the `comboScores[ ]` array contains the final net scores (which I call combination scores, because they combine both the computer's move and the human player's response) for each of the computer's eight possible moves. The program calls the function `FindBestComboScore( )` to find the highest-rated move in the `comboScores[ ]` array. `FindBestComboScore( )` returns this value into the variable `bestComboScore`.

`CalcMoves( )` then calls `BuildBestComboIndexTable( )`, which scans the `comboScores[ ]` array, looking for all scores that equal `bestComboScore`. Remember, several moves may result in scores equal to `bestComboScore`. To create a more unpredictable computer player, the program eventually chooses randomly from the moves whose net scores equal `bestComboScore`. After calling `BuildBestComboIndexTable( )`, the `indexes[ ]` array contains indexes into the `comboScores[ ]` array. These indexes point to all values in the `comboScores[ ]` array that equal `bestComboScore`.

Next, `CalcMoves( )` calls `FindBestCompScore( )`, which scans the `compScores[ ]` array and returns the highest score that it finds. Why does the program need this value? After all, the `comboScores[ ]` array already takes the `compScores[ ]` into consideration, right? Yes, but the `comboScores[ ]` array stores net score values that assume that the human player will respond with the best possible move. However, the human player will not necessarily choose the best possible move. So, the computer should pick not the move that yields the highest combination score, but rather the move that yields the best combination score *and* that also has the highest possible score in `compScores[ ]`.

To understand this logic better, look at figure 12.4. In this figure, the highest possible point value in the `comboScores[ ]` array is 3. (A –1 indicates that no crystals are in the pit, so no move is possible.) However, the computer can choose from six different moves, all of which yield a net point value of 3. The six best scores in the `comboScores[ ]` array are at array indexes 0, 2, 3, 4, 5, and 6. Now look at the `compScores[ ]` array. The scores in this array indicate the net gain for the computer player without considering the human player's response. If you look at the scores in `compScores[ ]` at indexes 0, 2, 3, 4, 5, and 6, you'll see that the highest net score for the computer's move is 9.

The information that you now have indicates that, if the computer player

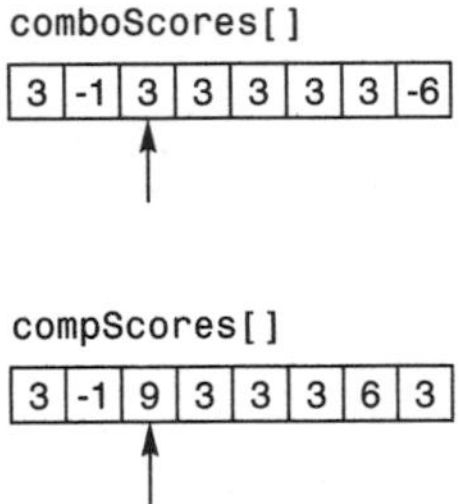

Fig. 12.4 Using the score arrays.

chooses pit number 2 (counting from 0), and the human player responds with the best possible move, the computer will get three more points than the human player. Because `compScores[2]` is 9, this means that the player's best response can get six points, because 9 – 6 = 3, which is the value in `comboScores[2]`. However, if the human player fails to choose the best move, the computer player can net up to nine points, rather than just three, for the move starting at pit 2, depending on how many points the human player's response actually generates. That nine points is better than six or three, which are the net point values for other moves in the `compScores[ ]` array.

Getting back to the source code, `CalcMoves( )` now calls `SelectMove( )`, which returns the pit number that the computer player should choose for its current move.

Handling the Score Arrays

Of all the functions called in `CalcMoves( )`, `GetAllScores( )` and `SelectMove( )` are the only ones of real interest. The other functions just perform calculations for `CalcMoves( )`. The function `GetAllScores( )` provides the score arrays with their values:

```
void GetAllScores(int *compScores, int *comboScores)
{
   int tempBoard[8][2], tempScores[2];
   int numCrystals, humanScore, pitGridX, pitGridY;

   // Set the score arrays to all -1s.
   memset(compScores, 0xff, 16);
   memset(comboScores, 0xff, 16);

   // Loop through all eight possible moves.
   for (int x=0; x<8; ++x)
   {
      // Make a working copy of the current playing board.
      memcpy(tempBoard, board, sizeof(tempBoard));

      // If the current pit contains crystals...
      if (tempBoard[x][1] != 0)
      {
         // Reset the temporary score array.
         tempScores[HUMAN] = 0;
         tempScores[COMPUTER] = 0;

         // Set the current pit's grid coordinates.
         pitGridY = COMPUTER;
         pitGridX = x;

         // Remove the crystals from the current pit.
         numCrystals = tempBoard[pitGridX][pitGridY];
         tempBoard[pitGridX][pitGridY] = 0;

         // Distribute the crystals around the
         // temporary playing board.
         while (numCrystals)
         {
            GetNextGridXY(pitGridX, pitGridY);
            TestPutCrystalInPit(pitGridX, pitGridY,
               numCrystals, tempBoard, tempScores, COMPUTER);
         }

         // Calculate the move's net point value.
         compScores[x] =
            tempScores[COMPUTER] - tempScores[HUMAN];

         // Get the best possible score for the
         // human player's next turn.
         humanScore = RunHumanTurn(tempBoard);
```

```
            // Calculate this move's combo score.
            comboScores[x] = compScores[x] - humanScore;
        }
    }
}
```

This function uses two local arrays, `tempBoard[ ][ ]` and `tempScores[ ]`, to keep track of its calculations. The array `tempBoard[ ][ ]` is a copy of the contents of the global `board[ ]` array, which contains the current status of the game board. Because the computer-player algorithm is only testing moves at this point, it can't change the contents of the global `board[ ]` array. Instead, it does all its work in the `tempBoard[ ][ ]` array.

`GetAllScores( )` first sets each element of the `compScores[ ]` and `comboScores[ ]` arrays, which were passed into the function, to –1 (`0xff`). As mentioned previously, a –1 indicates that no move is possible at the pit. `GetAllMoves( )` fills in only those array elements that actually have moves, so that the others are left with a –1.

Next, `GetAllScores( )` must loop through all eight of the computer player's possible moves. It does this with a `for` loop. Within the loop, the program copies the `board[ ]` array into the `tempBoard[ ]` array. This ensures that each move starts with the current contents of the game board. Then, an `if` statement checks whether the current pit contains crystals. If it doesn't, the entire contents of the `for` loop (except the `if` line, of course) are skipped, leaving a –1 in the `compScores[ ]` and `comboScores[ ]` arrays.

If the current pit contains crystals, the program initializes the `tempScores[]` array to zeros and sets the pit's grid coordinates. Then, in the temporary playing board stored in `tempBoard[ ][ ]`, the program distributes the crystals in the current pit. (The game screen displays none of this activity. The computer player is not actually making a move, but simply weighing all its possible moves.) The function `GetNextGridXY( )` calculates the next pit to receive a crystal, and `TestPutCrystalInPit( )` places the crystal in the current pit in the temporary game board and calculates any points scored. (The program stores the scores in the `tempScores[ ]` array.) `TestPutCrystalInPit( )` also adds crystals to the computer's "hand" (`numCrystals`) whenever appropriate (the computer's "hand" being the crystals that the computer picks up to sow around the board).

After distributing all the crystals for a move, the program calculates the current move's net computer score by subtracting `tempScores[HUMAN]` from `tempScores[COMPUTER]`. It then calls `RunHumanTurn( )` to determine the point value of the human player's best response. This value is stored in the variable `humanScore`. Finally, the program calculates the combination net score by subtracting `humanScore` from `compScores[x]` and storing the result in `comboScores[x]`.

The `for` loop continues until it has analyzed all eight moves and filled all the score arrays.

Using Recursion with the Computer Player

The functions `GetAllScores( )` and `RunPlayerTurn( )` are pretty similar. To keep the code easy to understand, I made no effort to combine them into a single function. However, if you were to combine them, the result would be a *recursive algorithm*, which is an algorithm that starts over before a previous run of the algorithm completes. If the Crystals program featured a combined version of `GetAllScores( )` and `RunPlayerTurn( )`, the program would first call the combined function to analyze the computer player's current turn. But before the program could finish analyzing that turn, it would have to analyze the player's turn, which would result in another call to the combined function before the first call is returned.

Although this type of programming may sound complicated, recursion in such a case provides some hidden benefits. A carefully crafted recursive algorithm can look forward any number of turns, instead of looking forward just two turns like the Crystals program. By looking ahead further, you can create a virtually unbeatable computer player.

Selecting the Move

`SelectMove( )` is the function that finally determines exactly which move the computer player should pick:

```
int SelectMove(int bestCompScore,
   int *compScores, int *indexes, int count)
{
   int index = -1;
   int r;

   do
   {
      // Get a random move index.
      r = random(count+1);
      index = indexes[r];

      // Check whether the chosen move index has
      // the best computer score, as well as the
      // best combo score. The random(3) adds a
      // little unpredictability to the computer's
      // move choice.
```

```
        if ((random(3) > 0) &&
            (compScores[index] != bestCompScore))
           index = -1;
    }
    while (index == -1);

    return index;
}
```

This function chooses a random index from the `indexes[ ]` array. As you already have learned, the `indexes[ ]` array contains indexes into the `comboScores[ ]` array. These indexes point to any scores in the array that equal `bestComboScore`. `SelectScore( )` checks whether the computer score at the chosen index in `compScores( )` is equal to `bestCompScore`. If it is, the function has found the computer's best move. If it isn't, the `random(3) > 0` in the `if` statement's conditional means that the chances are one in three that the computer player will choose the random move, even if it doesn't yield the highest value in `compScores[ ]`. This extra complication keeps the computer player from becoming too mechanical and predictable.

In any case, `SelectMove( )` returns the computer player's selected move. The move is then processed exactly as the human player's is. That is, you see the crystals being distributed around the game board just as you do when the human player uses the mouse to select a pit.

The speed of the computer-player algorithm is amazing. If the `ShowThinking( )` function did not insert a one-second pause, the computer player's move would begin almost instantly after the human player's move.

The Listings for Crystals

Listings 12.1 and 12.2 are the source code for Crystals. In addition to these files, Crystals uses the PROCS.H, PROCS.CPP, PCX.H, PCX.CPP, MOUS.H, and MOUS.CPP files that you developed in earlier chapters.

Listing 12.1 CRYSTALS.H—the Header File for Crystals

```
///////////////////////////////////////////////////////////////////
// CRYSTALS.H: Header file for Crystals.
///////////////////////////////////////////////////////////////////

#ifndef __CRYSTALS_H
#define __CRYSTALS_H
```

```
// Enumerations and constants.
enum { FALSE, TRUE };
enum { HUMAN, COMPUTER };

// Function prototypes.
void PlayGame(void);
void HumanPlay(void);
void ComputerPlay(void);
void DistributeCrystals(int numCrystals,
   int pitGridX, int pitGridY);
int PickUpCrystals(int pitGridX, int pitGridY);
void PutCrystalInPit(int pitGridX,
   int pitGridY, int &numCrystals);
void GetPit(int &pitGridX, int &pitGridY);
int ClickIsOnValidPit(int mx, int my,
   int pitGridX, int pitGridY);
int FindMove(void);
int CalcMoves(void);
void CalcScore(int pitGridX, int pitGridY, int numCrystals);
int SelectMove(int bestCompScore,
   int *compScores, int *indexes, int count);
void TestPutCrystalInPit(int pitGridX,
   int pitGridY, int &numCrystals,
   int tempBoard[8][2], int *tempScores, int player);
void GetAllScores(int *compScores, int *comboScores);
int FindBestCompScore(int *compScores,
   int *indexes, int count);
void BuildBestComboIndexTable(int bestComboScore,
   int *comboScores, int *indexes, int &count);
void DrawMessageBox(int x1, int y1,
   int x2, int y2, char *&image);
int RunHumanTurn(int tempBoard[8][2]);
int FindBestComboScore(int *comboScores);
void ShowThinking(void);
void ShowCrystal(int pitGridX, int pitGridY);
void StoreCrystals(int winner);
void GameOver(void);
void LoadImages(void);
void ShowGameScreen(void);
void InitGame(void);
void GetDifficulty(void);
void SetNumCrystalsInPit(void);
void StartNewBoard(void);
void DeleteImages(void);
void DrawScoreBoxes(void);
void CalcPitGridCoords(int mx, int my,
   int &pitGridX, int &pitGridY);
void GetNextGridXY(int &pitGridX, int &pitGridY);
int HaveMove(int player);
void CrystalSound(void);
void ScoreSound(void);

#endif
```

Listing 12.2 CRYSTALS.CPP—the Implementation File for Crystals

```
//////////////////////////////////////////////////////////////
// CRYSTALS.CPP: Crystals by Clayton Walnum
// Developed with Turbo C++.
//////////////////////////////////////////////////////////////

#include <graphics.h>
#include <conio.h>
#include <stdlib.h>
#include "procs.h"
#include "pcx.h"
#include "mous.h"
#include "crystals.h"

// Image pointers.
char *crystalImage, *pitImage, *storagePitImage;

// Crystal positions.
int crystalXY[] =
   { 7, 6, 23, 15, 15, 24, 12, 12, 24, 5, 3, 22, 26, 22,
    16, 3, 8, 26, 2, 2, 6, 26, 17, 17, 10, 9, 21, 18,
    19, 21, 16, 16, 20, 9, 7, 18, 18, 22, 20, 7, 22, 22,
    6, 6, 10, 22, 21, 21 };

// Global variables and arrays.
int board[8][2], scores[2];
int player, done, crystalCount, numCrystalsInPit;
int numCrystalsInGame, hardGame;

//////////////////////////////////////////////////////////////
// main()
//////////////////////////////////////////////////////////////
int main(void)
{
   StartGraphics();
   ShowGameScreen();
   LoadImages();
   InitGame();
   InitMouse();
   done = FALSE;
   while (!done)
      PlayGame();
   DeleteImages();
   closegraph();

   return 1;
}
```

```
///////////////////////////////////////////////////////////
// PlayGame()
//
// This function loops through each player's turn until
// the current game is over. The game is over when one
// player has captured half the crystals or when the
// number of remaining crystals matches the starting
// number of crystals in each pit.
///////////////////////////////////////////////////////////
void PlayGame(void)
{
   while ((crystalCount > numCrystalsInPit) &&
          (scores[HUMAN] < numCrystalsInGame/2) &&
          (scores[COMPUTER] < numCrystalsInGame/2))
   {
      if ((player == HUMAN) && (HaveMove(HUMAN)))
         HumanPlay();
      else if (HaveMove(COMPUTER))
         ComputerPlay();
   }
   GameOver();
}

///////////////////////////////////////////////////////////
// HumanPlay()
//
// This function handles the human player's turn.
///////////////////////////////////////////////////////////
void HumanPlay(void)
{
   int pitGridX, pitGridY, numCrystals;

   // Have the player choose a pit.
   GetPit(pitGridX, pitGridY);

   mouse.HideMouse();

   // Pick up the crystals from the chosen pit.
   numCrystals = PickUpCrystals(pitGridX, pitGridY);

   // Distribute the crystals around the board.
   DistributeCrystals(numCrystals, pitGridX, pitGridY);

   mouse.ShowMouse();

   // Make it the computer's turn to play.
   player = COMPUTER;
}
```

(continues)

Listing 12.2 Continued

```
////////////////////////////////////////////////////////////
// ComputerPlay()
//
// This function handles the computer's turn.
////////////////////////////////////////////////////////////
void ComputerPlay(void)
{
   int pitGridX, pitGridY, numCrystals;

   mouse.HideMouse();

   // Display the "Thinking" box.
   ShowThinking();

   // Find the best move.
   pitGridY = COMPUTER;
   pitGridX = FindMove();

   // Pick up and distribute crystals.
   numCrystals = PickUpCrystals(pitGridX, pitGridY);
   DistributeCrystals(numCrystals, pitGridX, pitGridY);

   // Make it the human's turn to play.
   player = HUMAN;

   mouse.ShowMouse();
}

////////////////////////////////////////////////////////////
// DistributeCrystals()
//
// This function distributes the crystals one by one
// around the playing board.
////////////////////////////////////////////////////////////
void DistributeCrystals(int numCrystals,
   int pitGridX, int pitGridY)
{
   // As long as the player has crystals...
   while (numCrystals)
   {
      // Calculate the next pit.
      GetNextGridXY(pitGridX, pitGridY);

      // Put a crystal in the pit and calculate
      // any score resulting from the move.
      PutCrystalInPit(pitGridX, pitGridY, numCrystals);
   }
}

////////////////////////////////////////////////////////////
// PickUpCrystals()
//
// This function removes the crystals from the current
// pit and places them in the player's hand.
////////////////////////////////////////////////////////////
```

```
int PickUpCrystals(int pitGridX, int pitGridY)
{
   int numCrystals = board[pitGridX][pitGridY];
   board[pitGridX][pitGridY] = 0;
   int pitPixelX = pitGridX * 56 + 104;
   int pitPixelY = pitGridY * 64 + 197;
   mouse.HideMouse();
   putimage(pitPixelX, pitPixelY, pitImage, COPY_PUT);
   mouse.ShowMouse();
   return numCrystals;
}

///////////////////////////////////////////////////////////
// PutCrystalInPit()
//
// This function places a crystal from the player's hand
// into a pit and determines the result of the move.
///////////////////////////////////////////////////////////
void PutCrystalInPit(int pitGridX,
   int pitGridY, int &numCrystals)
{
   // Remove the crystal from the player's hand
   // and place it into the pit.
   --numCrystals;
   ++board[pitGridX][pitGridY];

   // Generate the crystal-dropping sound and
   // display the crystal in the pit.
   CrystalSound();
   ShowCrystal(pitGridX, pitGridY);

   // Calculate any score produced by the crystal.
   CalcScore(pitGridX, pitGridY, numCrystals);

   // If there are crystals in the pit and none in the
   // player's hand, pick up the crystals in the pit.
   if ((board[pitGridX][pitGridY] > 1) && (!numCrystals))
   {
      delay(300);
      numCrystals = PickUpCrystals(pitGridX, pitGridY);
   }
   delay(400);
}

///////////////////////////////////////////////////////////
// CalcScore()
//
// This function determines whether the current pit
// contains three crystals, and if so, awards the score to
// the appropriate player.
///////////////////////////////////////////////////////////
void CalcScore(int pitGridX, int pitGridY, int numCrystals)
{
   int winner;
```

(continues)

Listing 12.2 Continued

```
        // If the pit contains three crystals...
        if (board[pitGridX][pitGridY] == 3)
        {
           // Generate the scoring sound.
           ScoreSound();

           // Subtract three crystals from
           // the total crystal count.
           crystalCount -= 3;

           // If the player's hand is empty or the three
           // crystals are in the player's row, the player
           // gets the score.
           if ((numCrystals == 0) || (pitGridY == player))
           {
              scores[player] += 3;
              winner = player;
           }
           // Otherwise, the opponent gets the score.
           else
           {
              scores[!player] += 3;
              winner = !player;
           }

           // Draw an empty pit.
           int pitPixelX = pitGridX * 56 + 104;
           int pitPixelY = pitGridY * 64 + 197;
           putimage(pitPixelX, pitPixelY, pitImage, COPY_PUT);

           // Show the captured crystals in the
           // appropriate storage pit.
           StoreCrystals(winner);

           // Zero out the now empty pit.
           board[pitGridX][pitGridY] = 0;

           // Update the score display.
           DrawScoreBoxes();
        }
     }

     ///////////////////////////////////////////////////////////
     // ShowCrystal()
     //
     // This function displays a new crystal in a pit.
     ///////////////////////////////////////////////////////////
     void ShowCrystal(int pitGridX, int pitGridY)
     {
        // Can show only up to 24 crystals.
        if (board[pitGridX][pitGridY] < 25)
        {
```

```
      // Calculate an index into the
      // crystal-position array.
      int index = board[pitGridX][pitGridY] - 1;

      // Calculate the screen coordinates
      // of the current pit.
      int pitPixelX = pitGridX * 56 + 104;
      int pitPixelY = pitGridY * 64 + 197;

      // Display the crystal.
      putimage(pitPixelX + crystalXY[index*2],
         pitPixelY + crystalXY[index*2+1],
         crystalImage, COPY_PUT);
   }
}

////////////////////////////////////////////////////////////
// StoreCrystals()
//
// This function places captured crystals into the
// appropriate player's storage pit.
///////////////////////////////////////////////////////////
void StoreCrystals(int winner)
{
   int storagePitX, storagePitY, xPos, yPos;

   // Set y screen coordinate for the correct storage pit.
   storagePitY = 200;
   if (winner == HUMAN)
      storagePitX = 40;
   else
      storagePitX = 560;

   // Place three crystals at random locations
   // in the storage pit.
   for (int x=0; x<3; ++x)
   {
      xPos = storagePitX + random(25);
      yPos = storagePitY + random(90);
      putimage(xPos, yPos, crystalImage, COPY_PUT);
   }
}

///////////////////////////////////////////////////////////
// The following functions give the computer player
// its "intelligence."
///////////////////////////////////////////////////////////

///////////////////////////////////////////////////////////
// FindMove()
//
// This function finds a move for the computer player,
// taking into consideration the selected skill level.
///////////////////////////////////////////////////////////
```

(continues)

Listing 12.2 Continued

```
int FindMove(void)
{
   int pitGridX;

   // If the skill level is set to a hard game,
   // find the best possible move...
   if (hardGame)
      pitGridX = CalcMoves();

   // ...otherwise, pick a random move, which
   // is any pit containing crystals.
   else
   {
      do
      {
         pitGridX = random(8);
      }
      while (board[pitGridX][COMPUTER] == 0);
   }

   // Return the chosen move's pit number.
   return pitGridX;
}

///////////////////////////////////////////////////////////
// CalcMoves()
//
// This function finds the best possible move (within
// reasonable limits) for the computer player.
///////////////////////////////////////////////////////////
int CalcMoves(void)
{
   int compScores[8], comboScores[8], indexes[8];

   // Fill the two score tables with scores for
   // each of the eight possible moves.
   GetAllScores(compScores, comboScores);

   // Find the best possible score in the table.
   int bestComboScore = FindBestComboScore(comboScores);

   // Build a table of indexes to all scores
   // in comboScores that equal bestComboScore.
   int count;
   BuildBestComboIndexTable(bestComboScore,
      comboScores, indexes, count);

   // Find the highest starting score in
   // the table of combination scores.
   int bestCompScore =
      FindBestCompScore(compScores, indexes, count);
```

```
    // Choose a random move from the best moves.
    int moveX =
       SelectMove(bestCompScore, compScores, indexes, count);

    return moveX;
}

/////////////////////////////////////////////////////////////
// SelectMove()
//
// This function selects a random move from the highest-
// rated moves, whose indexes are stored in the indexes[]
// array. The best move will have both the highest
// computer score and highest combo score.
/////////////////////////////////////////////////////////////
int SelectMove(int bestCompScore,
    int *compScores, int *indexes, int count)
{
    int index = -1;
    int r;

    do
    {
       // Get a random move index.
       r = random(count+1);
       index = indexes[r];

       // Check whether the chosen move index has
       // the best computer score, as well as the
       // best combo score. The random(3) adds a
       // little unpredictability to the computer's
       // move choice.
       if ((random(3) > 0) &&
           (compScores[index] != bestCompScore))
          index = -1;
    }
    while (index == -1);

    return index;
}

/////////////////////////////////////////////////////////////
// FindBestCompScore()
//
// This function finds the best score stored in the
// compScores[] array. The compScores array holds the net
// point value of each of the computer's eight possible
// moves, before considering the human's move.
/////////////////////////////////////////////////////////////
int FindBestCompScore(int *compScores,
    int *indexes, int count)
{
    int bestScore = -100;
    for (int x=0; x<count; ++x)
       if (compScores[indexes[x]] > bestScore)
```

(continues)

Listing 12.2 Continued

```
         bestScore = compScores[indexes[x]];
   return bestScore;
}

////////////////////////////////////////////////////////////
// BuildBestComboIndexTable()
//
// This function wins the award for longest function name
// in my programming career! This function builds a table
// of indexes into the comboScores[] array. The indexes
// mark all scores in the array that are equal to the
// best combo score.
////////////////////////////////////////////////////////////
void BuildBestComboIndexTable(int bestComboScore,
   int *comboScores, int *indexes, int &count)
{
   count = -1;
   for (int x=0; x<8; ++x)
      if (comboScores[x] == bestComboScore)
         indexes[++count] = x;
      else
         indexes[++count] = -1;
}

////////////////////////////////////////////////////////////
// GetAllScores()
//
// This function analyzes each of the computer's possible
// moves, creating two arrays of score values. Computer
// scores (compScores[]) are each move's net point value.
// To calculate the net point value, this function
// subtracts any points that the move generates for the
// human player from any points generated for the computer
// player. Combo scores (comboScores[]) are net point
// values that result from subtracting the best possible
// score that the human player can get on his next move
// from the computer score for that move.
////////////////////////////////////////////////////////////
void GetAllScores(int *compScores, int *comboScores)
{
   int tempBoard[8][2], tempScores[2];
   int numCrystals, humanScore, pitGridX, pitGridY;

   // Set the score arrays to all -1s.
   memset(compScores, 0xff, 16);
   memset(comboScores, 0xff, 16);

   // Loop through all eight possible moves.
   for (int x=0; x<8; ++x)
   {
      // Make a working copy of the current playing board.
      memcpy(tempBoard, board, sizeof(tempBoard));
```

```
      // If the current pit contains crystals...
      if (tempBoard[x][1] != 0)
      {
         // Reset the temporary-score array.
         tempScores[HUMAN] = 0;
         tempScores[COMPUTER] = 0;

         // Set the current pit's grid coordinates.
         pitGridY = COMPUTER;
         pitGridX = x;

         // Remove the crystals from the current pit.
         numCrystals = tempBoard[pitGridX][pitGridY];
         tempBoard[pitGridX][pitGridY] = 0;

         // Distribute the crystals around the
         // temporary playing board.
         while (numCrystals)
         {
            GetNextGridXY(pitGridX, pitGridY);
            TestPutCrystalInPit(pitGridX, pitGridY,
               numCrystals, tempBoard, tempScores, COMPUTER);
         }

         // Calculate the move's net point value.
         compScores[x] =
            tempScores[COMPUTER] - tempScores[HUMAN];

         // Get the best possible score for the
         // human player's next turn.
         humanScore = RunHumanTurn(tempBoard);

         // Calculate this move's combo score.
         comboScores[x] = compScores[x] - humanScore;
      }
   }
}

///////////////////////////////////////////////////////////
// FindBestComboScore()
//
// This function finds the best combo score in the
// comboScores[] array.
///////////////////////////////////////////////////////////
int FindBestComboScore(int *comboScores)
{
   int bestScore = -100;
   for (int x=0; x<8; ++x)
      if ((comboScores[x] > bestScore) &&
          (comboScores[x] != -1))
         bestScore = comboScores[x];
   return bestScore;
}
```

(continues)

Listing 12.2 Continued

```
///////////////////////////////////////////////////////////
// RunHumanTurn()
//
// This function determines the best possible score for
// the human player, using the temporary game board set
// up by the GetAllScores() function. For each computer
// turn tried in GetAllScores(), this function runs all
// possible responses by the human player.
///////////////////////////////////////////////////////////
int RunHumanTurn(int tempBoard[8][2])
{
   int bestScore, numCrystals, score;
   int pitGridX, pitGridY;
   int tempBoard2[8][2];
   int tempScores[2];

   // Initialize the best score to a low value.
   bestScore = -100;

   // Run through all eight possible moves.
   for (int x=0; x<8; ++x)
   {
      // Get a working copy of the current
      // temporary game board.
      memcpy(tempBoard2, tempBoard, sizeof(tempBoard2));

      // Run the turn only if the current
      // pit contains crystals.
      if (tempBoard2[x][0] != 0)
      {
         // Reset the temporary scores.
         tempScores[HUMAN] = 0;
         tempScores[COMPUTER] = 0;

         // Set the current pit's grid coordinates.
         pitGridY = HUMAN;
         pitGridX = x;

         // Remove the crystals from the current pit.
         numCrystals = tempBoard2[pitGridX][pitGridY];
         tempBoard2[pitGridX][pitGridY] = 0;

         // Distribute the crystals around the
         // temporary game board.
         while (numCrystals)
         {
            GetNextGridXY(pitGridX, pitGridY);
            TestPutCrystalInPit(pitGridX, pitGridY,
               numCrystals, tempBoard2, tempScores, HUMAN);
         }

         // Calculate the net point value for this turn.
         score = tempScores[HUMAN] - tempScores[COMPUTER];
```

```
            // Determine if the new score is a new high score.
            if (score > bestScore)
               bestScore = score;
         }
      }

      // Return the high score.
      return bestScore;
}

////////////////////////////////////////////////////////////
// TestPutCrystalInPit()
//
// This function determines the result of placing a crystal
// in a pit of the temporary playing board.
////////////////////////////////////////////////////////////
void TestPutCrystalInPit(int pitGridX,
   int pitGridY, int &numCrystals,
   int tempBoard[8][2], int *tempScores, int player)
{
   // Remove the crystal from those in hand and
   // increment the number of crystals in the current pit.
   --numCrystals;
   ++tempBoard[pitGridX][pitGridY];

   // Check whether a player has scored.
   if (tempBoard[pitGridX][pitGridY] == 3)
   {
      if ((numCrystals == 0) || (pitGridY == 1))
         tempScores[player] += 3;
      else
         tempScores[!player] += 3;
      tempBoard[pitGridX][pitGridY] = 0;
   }

   // Check whether the player should pick up
   // the crystals in the pit.
   if ((tempBoard[pitGridX][pitGridY] > 1) &&
       (!numCrystals))
   {
      numCrystals = tempBoard[pitGridX][pitGridY];
      tempBoard[pitGridX][pitGridY] = 0;
   }
}

////////////////////////////////////////////////////////////
// END OF COMPUTER PLAYER ROUTINES.
////////////////////////////////////////////////////////////

////////////////////////////////////////////////////////////
// GetPit()
//
// This function enables the human player to choose a pit
// with his mouse.
////////////////////////////////////////////////////////////
```

(continues)

Listing 12.2 Continued

```
void GetPit(int &pitGridX, int &pitGridY)
{
   int mx, my;

   do
   {
      while (!mouse.Event()) {}
      mouse.GetXY(mx, my);
      CalcPitGridCoords(mx, my, pitGridX, pitGridY);
   }
   while (pitGridX == -1);
}

///////////////////////////////////////////////////////////
// CalcPitGridCoords()
//
// This function takes a set of mouse coordinates and
// calculates the grid coordinates of the pit that
// the user clicked. If the player's mouse click is
// invalid, the function returns a -1 in pitGridX.
///////////////////////////////////////////////////////////
void CalcPitGridCoords(int mx, int my,
   int &pitGridX, int &pitGridY)
{
   pitGridX = (mx - 104) / 56;
   pitGridY = (my - 198) / 64;
   if (!ClickIsOnValidPit(mx, my, pitGridX, pitGridY))
      pitGridX = -1;
}

///////////////////////////////////////////////////////////
// GetNextGridXY()
//
// This function calculates the grid coordinates of the
// next pit on the playing board.
///////////////////////////////////////////////////////////
void GetNextGridXY(int &pitGridX, int &pitGridY)
{
   ++pitGridX;
   if (pitGridX == 8)
   {
      pitGridX = 0;
      pitGridY = !pitGridY;
   }
}

///////////////////////////////////////////////////////////
// ClickIsOnValidPit()
//
// This function checks whether the current mouse click
// is on one of the human player's pits.
///////////////////////////////////////////////////////////
int ClickIsOnValidPit(int mx, int my,
   int pitGridX, int pitGridY)
```

```
{
   if ((mx>102) && (mx<532) && (my>198) && (my<240) &&
       (mx < 104+pitGridX*56+42) &&
       (my < 198+pitGridY*64+42) &&
       (board[pitGridX][HUMAN] > 0))
      return 1;
   else
      return 0;
}

////////////////////////////////////////////////////////////
// HaveMove()
//
// This function checks whether any crystals are in
// the current player's row. Without crystals, the player
// cannot move.
////////////////////////////////////////////////////////////
int HaveMove(int player)
{
   int haveMove = FALSE;
   for (int x=0; x<8; ++x)
      if (board[x][player] > 0)
         haveMove = TRUE;
   return haveMove;
}

////////////////////////////////////////////////////////////
// InitGame()
//
// This function initializes the game variables to their
// starting values, and draws various elements of the
// screen display.
////////////////////////////////////////////////////////////
void InitGame(void)
{
   randomize();
   scores[HUMAN] = 0;
   scores[COMPUTER] = 0;
   player = HUMAN;
   DrawScoreBoxes();
   SetNumCrystalsInPit();
   crystalCount = numCrystalsInGame;
   StartNewBoard();
   GetDifficulty();
}

////////////////////////////////////////////////////////////
// StartNewBoard()
//
// This function sets up a new game board, drawing the
// on-screen images and initializing the board[] array.
////////////////////////////////////////////////////////////
void StartNewBoard(void)
{
   mouse.HideMouse();
```

(continues)

Listing 12.2 Continued

```
   // Draw empty storage pits.
   putimage(40, 197, storagePitImage, COPY_PUT);
   putimage(560, 197, storagePitImage, COPY_PUT);

   // Draw the crystals in each pit.
   for (int x=0; x<8; ++x)
   {
      // Draw an empty pit in the upper and lower row.
      putimage(x*56+104, 197, pitImage, COPY_PUT);
      putimage(x*56+104, 261, pitImage, COPY_PUT);

      // Draw the correct number of crystals in the
      // pits and initialize the board[] array.
      for (int y=0; y<numCrystalsInPit; ++y)
      {
         putimage(104+x*56+crystalXY[y*2],
            198+crystalXY[y*2+1],
            crystalImage, COPY_PUT);
         putimage(104+x*56+crystalXY[y*2],
            262+crystalXY[y*2+1],
            crystalImage, COPY_PUT);
         if (y<2)
            board[x][y] = numCrystalsInPit;
      }
   }
   mouse.ShowMouse();
}

///////////////////////////////////////////////////////////
// GetDifficulty()
//
// This function displays a message box requesting the
// difficulty level for the game. A left mouse button click
// selects an easy game and a right click selects the hard
// game.
///////////////////////////////////////////////////////////
void GetDifficulty(void)
{
   char *image;

   // Draw an empty message box.
   mouse.HideMouse();
   DrawMessageBox(225, 190, 415, 265, image);

   // Add text to the message box.
   settextjustify(CENTER_TEXT, TOP_TEXT);
   setcolor(5);
   outtextxy(320, 195, "DIFFICULTY");
   outtextxy(320, 203, "----------");
   outtextxy(320, 220, "Left Button = EASY");
   outtextxy(320, 235, "Right Button = HARD");
   settextjustify(LEFT_TEXT, TOP_TEXT);
```

```
   // Wait for the player to click a mouse button.
   while (!mouse.Event()) {}

   // Restore the screen.
   putimage(225, 190, image, COPY_PUT);
   delete image;

   // Retrieve the value of the button the player pressed.
   int button = mouse.GetButton();
   mouse.ButtonUp();

   // If the player clicked the left button, start a new
   // game. Otherwise, exit from Crystals.
   if (button == LEFT)
      hardGame = FALSE;
   else
      hardGame = TRUE;
   mouse.ShowMouse();
}

////////////////////////////////////////////////////////////
// SetNumCrystalsInPit()
//
// This function enables the human player to decide how
// many crystals will be in each pit at the start of the
// game.
////////////////////////////////////////////////////////////
void SetNumCrystalsInPit(void)
{
   char *image;

   // Draw an empty message box.
   mouse.HideMouse();
   DrawMessageBox(225, 190, 415, 265, image);

   // Add text to the message box.
   settextjustify(CENTER_TEXT, TOP_TEXT);
   setcolor(5);
   outtextxy(320, 212, "How many crystals");
   outtextxy(320, 227, "in each pit?");
   outtextxy(320, 242, "(3 - 9)");
   settextjustify(LEFT_TEXT, TOP_TEXT);

   // Get a valid key press from the player.
   char ch;
   int gotValidKey = FALSE;
   while (!gotValidKey)
   {
      ch = getch();
      if ((ch >= '3') && (ch <= '9'))
         gotValidKey = TRUE;
   }
```

(continues)

Listing 12.2 Continued

```
   // Calculate the game's crystal counts.
   numCrystalsInPit = ch - '0';
   numCrystalsInGame = numCrystalsInPit * 16;

   // Restore the screen.
   putimage(225, 190, image, COPY_PUT);
   delete image;

   mouse.ShowMouse();
}

////////////////////////////////////////////////////////////
// GameOver()
//
// This function ends the game and gives the player a
// chance to start another game or quit.
////////////////////////////////////////////////////////////
void GameOver(void)
{
   char *image;

   // Display a blank message box.
   mouse.HideMouse();
   DrawMessageBox(225, 360, 415, 435, image);

   // Add text to the message box.
   setcolor(5);
   settextjustify(CENTER_TEXT, TOP_TEXT);
   outtextxy(320, 365, "GAME OVER");
   outtextxy(320, 373, "----------");
   outtextxy(320, 385, "Press the left mouse");
   outtextxy(320, 397, "button to play again.");
   outtextxy(320, 409, "Press the right mouse");
   outtextxy(320, 421, "button to quit.");
   settextjustify(LEFT_TEXT, TOP_TEXT);

   // Wait for the player to click a mouse button.
   while (!mouse.Event()) {}

   // Restore the screen.
   putimage(225, 360, image, COPY_PUT);
   delete image;

   // Retrieve the value of the button the player pressed.
   int button = mouse.GetButton();
   mouse.ButtonUp();

   // If the player clicked the left button, start a new
   // game. Otherwise, exit from Crystals.
   if (button == LEFT)
      InitGame();
   else
```

```
      done = TRUE;
   mouse.ShowMouse();
}

////////////////////////////////////////////////////////////
// ShowThinking()
//
// This function displays a message box telling the player
// that the computer is thinking.
////////////////////////////////////////////////////////////
void ShowThinking(void)
{
   char *image;

   // Draw an empty message box.
   mouse.HideMouse();
   DrawMessageBox(225, 190, 415, 265, image);

   // Add text to the message box.
   settextjustify(CENTER_TEXT, TOP_TEXT);
   setcolor(5);
   outtextxy(320, 218, "The computer is");
   outtextxy(320, 233, "thinking...");
   settextjustify(LEFT_TEXT, TOP_TEXT);

   // Wait so that the player can read the message.
   delay(1000);

   // Restore the screen, erasing the message box.
   putimage(225, 190, image, COPY_PUT);
   delete image;

   mouse.ShowMouse();
}

////////////////////////////////////////////////////////////
// DrawMessageBox()
//
// This function draws an empty message box on the screen,
// after saving the image that the box will cover.
////////////////////////////////////////////////////////////
void DrawMessageBox(int x1, int y1,
   int x2, int y2, char *&image)
{
   // Save the area of the screen that the
   // message box will cover.
   unsigned size = imagesize(x1, y1, x2, y2);
   image = new char[size];
   getimage(x1, y1, x2, y2, image);
```

(continues)

Listing 12.2 Continued

```
    // Draw the message box.
    setfillstyle(SOLID_FILL, 3);
    bar(x1, y1, x2, y2);
}

////////////////////////////////////////////////////////////
// LoadImages()
//
// This function loads the crystal image from disk and
// grabs other images from the screen display.
////////////////////////////////////////////////////////////
void LoadImages(void)
{

    // Load the crystal image from disk.
    LoadImage("CRYSTAL.IMA", crystalImage);

    // Create pit images from the screen display.
    unsigned size = imagesize(104, 197, 144, 237);
    pitImage = new char[size];
    getimage(104, 197, 144, 237, pitImage);
    size = imagesize(40, 197, 80, 299);
    storagePitImage = new char[size];
    getimage(40, 197, 80, 299, storagePitImage);
}

////////////////////////////////////////////////////////////
// DeleteImages()
//
// This function removes the game's images from memory.
////////////////////////////////////////////////////////////
void DeleteImages(void)
{
    delete crystalImage;
    delete pitImage;
    delete storagePitImage;
}

////////////////////////////////////////////////////////////
// ShowGameScreen()
//
// This function loads and displays the main game screen.
////////////////////////////////////////////////////////////
void ShowGameScreen(void)
{
    mouse.HideMouse();
    PCX pcx("CRYSTALS.PCX");
    pcx.OpenPCXFile();
    pcx.ShowPCX();
    mouse.ShowMouse();
}
```

```
///////////////////////////////////////////////////////////
// DrawScoreBoxes()
//
// This function draws the score boxes.
///////////////////////////////////////////////////////////
void DrawScoreBoxes(void)
{
   char s[10];

   mouse.HideMouse();
   setfillstyle(SOLID_FILL, 2);
   bar(20, 400, 108, 440);
   setcolor(15);
   settextjustify(CENTER_TEXT, TOP_TEXT);
   outtextxy(64, 408, "HUMAN");
   sprintf(s, "%d", scores[HUMAN]);
   outtextxy(64, 424, s);
   bar(532, 400, 620, 440);
   outtextxy(578, 408, "COMPUTER");
   sprintf(s, "%d", scores[COMPUTER]);
   outtextxy(578, 424, s);
   mouse.ShowMouse();
}

///////////////////////////////////////////////////////////
// The following functions are the game's sound effects.
///////////////////////////////////////////////////////////

void CrystalSound(void)
{
   sound(3000);
   delay(10);
   nosound();
}

void ScoreSound(void)
{
   int x, z;

   for (z=0; z<2; ++z)
   {
      for (int x=0; x<20; ++x)
      {
         if (x % 2)
            sound(600+z*100);
         else
            sound(1600+z*200);
         delay(20);
      }
   }
   nosound();
}
```

Summary

Creating a computer opponent probably turned out to be an easier process than you expected. Of course, the computer player in Crystals has an advantage that the human player lacks: It can look forward at every possible set of two moves and find the best one. Imagine how long it would take you to think through 72 different moves. Without an additional playing board to keep track of things, you most likely couldn't do it.

This marks the end of your exploration into the fascinating world of game programming. With any luck, one of your masterpieces soon will grace the shelves of computer software stores, or maybe be offered on networks as shareware. No matter what you do with your games after you finish them, though—even if you keep them only for family and friends—you'll probably never have more fun programming your computer.

Appendix A

An Object-Oriented Programming Refresher

Programming languages, like spoken languages, evolve over time. They are constantly refined and focused to meet the ever-changing needs of their users. The C++ language that you use today—possibly the most powerful high-level language in existence—is an amalgamation of all the techniques developed over the years. Therefore, let's start exploring C++ object-oriented programming by briefly looking at the history of programming languages.

From Switches to Objects

Way back in the dark ages of computing, technicians programmed computers by flipping banks of switches, with each switch representing a single bit of information. In those days, even the creation of simple programs required agonizing patience and precision. As the need for more sophisticated programs grew, however, so did the need for better ways to write these programs. The need to make computer programming quicker and simpler spurred the invention of assembly language and—shortly thereafter—high-level languages like FORTRAN.

With the advent of high-level languages, programming became accessible to more people; writing code was no longer the exclusive domain of highly trained scientists. As a result, computing was used in increasingly complex roles. It was soon clear, however, that a more efficient way of programming was needed, one that would eliminate the obscure and complex "spaghetti code" that the early languages produced.

Programmers needed a new way of using high-level languages, one that enabled them to partition their programs into logical sections that represented the general tasks to be completed. Thus, the structured-programming paradigm was born. Structured programming encourages a top-down approach to programming, in which the programmer focuses on the general functions that a program must accomplish rather than the details of how those functions are implemented. When programmers think and program in top-down fashion, they can more easily handle large projects without producing the tangled code that results from GOTO-ridden programs. Moreover, programmers can write black-box routines, which are general functions that can be reused in many programs.

Today, the need for efficient programming is more important than ever. The size of the average computer program has grown dramatically, and now consists of hundreds of thousands of code lines. With these huge programs, reusability is even more critical. Again, a better way of programming is needed—and that better way is object-oriented programming.

An Obvious, Yet Brilliant, Solution

The world consists of many objects, most of which manipulate other objects or data. For example, a car is an object that manipulates its speed and direction to transport people to a different location. This car object encapsulates all the functions and data that it needs to get its job done. It has a switch to turn it on, a wheel to control its direction, and brakes to slow it down. These functions directly manipulate the car's data, including direction, position, and speed.

When you travel in a car, however, you don't have to know the details of how these operations work. To stop a car, for example, you simply step on the brake pedal. You don't have to know how the pedal stops the car. You simply know that it works.

All these functions and data work together to define the object called a car. You're not likely to confuse a car with a dishwasher, a tree, or a playground. A car is a complete unit—an object with unique properties.

You can also think of a computer program as consisting of objects. Instead of thinking of a piece of code that, for example, draws a rectangle on-screen, and another piece of code that fills the rectangle with text, and still another piece of code that enables you to move the rectangle around the screen, you can think of a single object: a window. This window object contains all the code that it needs to operate. Moreover, it also contains all the data that it needs. This is the philosophy behind object-oriented programming.

Object-Oriented Programming

Object-oriented programming enables you to think of program elements as objects. In the case of a window object, you don't need to know the details of how it works, nor do you need to know about the window's private data. You need to know only how to call the various functions that make the window operate. Consider the car object discussed in the previous section. To drive a car, you don't have to know the details of how a car works. You need to know only how to drive it. What's going on under the hood is none of your business. (And, if you casually try to make it your business, plan to face an amused mechanic who will have to straighten out your mess!)

If this were all there is to object-oriented programming, you wouldn't have gained much over structured-programming techniques. After all, with structured programming, you can create black-box routines, which you can then use without knowing how they work. Obviously, there must be much more to object-oriented programming than just hiding the details of a process.

Encapsulation

One major difference between conventional procedural programming and object-oriented programming is a handy thing called encapsulation. Encapsulation enables you to hide inside the object both the data and the functions that act on that data. After you do this, you can control access to the data, forcing programs to retrieve or modify data only through the object's interface. In strict object-oriented design, an object's data is always private to the object. Other parts of a program should never have direct access to that data.

How does this data-hiding differ from a structured-programming approach? After all, you can always hide data inside functions, just by making that data local to the function. A problem arises, however, when you want to make the data of one function available to other functions. The way to do this in a structured program is to make the data global to the program, which gives any function access to it. It seems that you could use another level of scope—one that would make your data global to the functions that need it—but still prevent other functions from gaining access. Encapsulation does just that.

The best way to understand object-oriented programming is to compare a structured program to an object-oriented program. Let's extend the car-object metaphor by writing a program that simulates a car trip. The first version of the program, shown in listing A.1, uses a typical structured design.

Listing A.1 CAR1.CPP—a Program That Simulates a Car Trip

```
#include <iostream.h>
#include <stdlib.h>
#include <conio.h>
#include <time.h>

#define HOME 10

void StartCar(void)
{
  cout << "Car started.\n";
  getch();
}

int SteerCar(int destination, int &position)
{
  cout << "Driving...\n";
  getch();
  if (++position == destination) return 1;
  return 0;
}

void BrakeCar(void)
{
  cout << "Braking.\n";
  getch();
}

void ReverseCar(int &forward, int &position)
{
  if (forward)
  {
    cout << "Backing up.\n";
    getch();
    --position;
    forward = 0;
  }
  else forward = 1;
}

void TurnOffCar(void)
{
  cout << "Turning off car.\n";
  getch();
}
```

```
int FindObstacle(void)
{
  int r = random(4);
  if (r) return 0;
  return 1;
}

int position = 0, destination = HOME;
int at_destination = 0;
int obstacle, forward = 1;

void main()
{
  randomize();
  StartCar();
  while (!at_destination)
  {
    at_destination = SteerCar(destination, position);
    obstacle = FindObstacle();
    if (obstacle && !at_destination)
    {
      cout << "Look out! There's something in the road!\n";
      getch();
      BrakeCar();
      ReverseCar(forward, position);
      ReverseCar(forward, position);
    }
  }
  cout << "Ah, home at last.\n";
  TurnOffCar();
}
```

Examine this program, starting with `main()`. The call to `Randomize()` initializes the random number generator, which is used to simulate obstacles in the road. Then the function `StartCar()` simply prints the message "Car started," letting the user know that the trip is about to begin.

The program simulates the trip with a `while` loop that iterates until `at_destination` becomes true, returning a value of 1. In the loop, the car moves forward by calling the function `SteerCar()`. This function prints the message "Driving..." and moves the car one unit closer to the destination. When the integer `position` is equal to the destination, this function returns a 1, which indicates that the trip is over. Otherwise, it returns 0.

Of course, the car's driver must always watch for obstacles. The function `FindObstacle()` acts as the driver's eyes by looking for obstacles and reporting what it finds. In this function, each time the random-number generator comes up with a 0, `FindObstacle()` informs the driver that something is blocking the route, by returning 1 rather than 0.

If the car reaches an obstacle, the function `BrakeCar()` puts on the brakes and the function `ReverseCar()` backs up the car. Both functions print an appropriate message; however, `ReverseCar()` also sets the car's position back one unit—unless it was already moving backward, in which case it just reverses the direction again, setting the car back in the forward direction. (The variable `forward` keeps track of the car's current direction.) The second call to `ReverseCar()` gets the car moving forward again. Finally, when the car reaches its destination, the function `TurnOffCar()` ends the program. Here is the output from a typical run of the program:

```
Car started.
Driving...
Driving...
Driving...
Driving...
Look out! There's something in the road!
Braking.
Backing up.
Driving...
Driving...
Driving...
Driving...
Driving...
Look out! There's something in the road!
Braking.
Backing up.
Driving...
Driving...
Driving...
Ah, home at last.
Turning off car.
```

Note that when the program is running, you must press a key after each message is printed on-screen.

Listing A.2 is the object-oriented version of the program. This version includes the same functions and data. However, now everything unique to a car is encapsulated as part of the `Car` class.

Listing A.2 CAR2.CPP—the Object-Oriented Version of the Car-Driving Program

```
#include <iostream.h>
#include <stdlib.h>
#include <conio.h>
#include <time.h>
```

```
#define HOME 10

class Car
{
  int test, position, forward;

public:
  Car(int destination);
  void StartCar(void) { cout<<"Car started.\n"; getch(); }
  int SteerCar(void);
  void BrakeCar(void) { cout<<"Braking.\n"; getch(); }
  void ReverseCar(void);
  void TurnOffCar(void) { cout<<"Turning off car.\n"; getch(); }
};

Car::Car(int destination)
{
  randomize();
  test = destination;
  forward = 1;
  position = 0;
}

int Car::SteerCar(void)
{
  cout << "Driving...\n";
  getch();
  if (++position == test) return 1;
  return 0;
}

void Car::ReverseCar(void)
{
  if (forward)
  {
    cout << "Backing up.\n";
    getch();
    --position;
    forward = 0;
  }
  else forward = 1;
}

int FindObstacle(void)
{
  int r = random(4);
  if (r) return 0;
  return 1;
}

int obstacle, at_destination = 0;
Car car(HOME);

void main()
{
  randomize();
  car.StartCar();
  while (!at_destination)
```

(continues)

Listing A.2 Continued

```
      {
        at_destination = car.SteerCar();
        obstacle = FindObstacle();
        if (obstacle && !at_destination)
        {
          cout << "Look out! There's something in the road!\n";
          getch();
          car.BrakeCar();
          car.ReverseCar();
          car.ReverseCar();
        }
      }
      cout << "Ah, home at last.\n";
      car.TurnOffCar();
    }
```

Instead of using global variables as in the first version, this version encapsulates much of the data into the class `Car`. Because of this encapsulation, this version passes fewer variables to the functions that make up the car. This points out a subtle stylistic difference between structured programming and object-oriented programming. The first version of the program passes variables into functions—even though those variables are global—so the programmer has a clear idea of what data the function uses. This is a form of self-documentation; the style of the code says something about what the code does.

In an object, the encapsulated data members are global to the object's function members, yet they are local to the object. They are not global variables. Because objects represent smaller portions of an entire program, you need not pass data members into member functions to help document a function's purpose. Objects are usually concise enough that this type of self-documentation is unnecessary. In listing A.2, no variables are passed into functions (except into the class's constructor).

Another advantage of the object-oriented approach used in listing A.2 is that the car object is clearly defined. All the data and functions required for a car (at least, all that are needed for this simple computer car) are encapsulated into the class. That means that the main program is less cluttered. It also means that the code is more logically organized. In listing A.1, you have no clear idea of what makes up a car. The functions and data needed for the entire program are defined on the same level. For example, although starting a car is clearly a function of a car, finding an obstacle is not. (If you don't agree, go out to your car, climb in, and press the find-obstacle button.) Yet the scope of both the `StartCar()` and `FindObstacle()` functions is the same. This is also true of the data. Although the car's destination, position, and direction are all information that helps define a car, obstacles are not. You don't need an obstacle to drive a car; you do need a destination, a position, and a direction.

In listing A.2, every element that makes up a car is part of the class. To drive the car, the program doesn't need to deal with the car's data members, because the class takes care of them. The only data that the program needs from `Car` is whether the car has arrived at its destination. The only function left in the main program is `FindObstacle()`, the one function in the program that has nothing to do with being a car. In all these ways, encapsulation makes the programming task more logical and organized.

Classes as Data Types

Classes are really nothing more than user-defined data types. As with any data type, you can have as many instances of the class as you want. For example, you can have more than one car in the car program, each with its own destination.

For example, one standard data type is an integer. It's absurd to think that a program can have only one integer. You can declare many integers, just about all you want. The same is true of classes. After you define a new class, you can create many instances of the class. Each instance (called an *object*) normally has full access to the class's member functions and gets its own copy of the data members. In the car-simulation program, you can create two cars, each with its own destination, as in the following example:

```
Car car1[10], car2[20];
```

Although these cars derive from the same class, they are completely separate objects. The object `car2` has to go twice as far as `car1` to reach its destination.

Header and Implementation Files

In listing A.2, all the program code is in a single file. This makes it easy to compare the first version with the second. When using object-oriented programming techniques, however, the standard practice is to place each class into two files of its own. The first, the *header file*, contains the class's definition. Usually, the header file contains all the information that you need to use the class. The traditional extension for a header file is .H. The actual implementation of a class's functions (the functions' program code) goes into the *implementation file*, which usually has the extension .CPP.

Listings A.3 and A.4 are the header and implementation files, respectively, for the `Car` class. Note that, by adding the keyword `protected` to the data member section, you modify the class definition slightly. This modification enables derived classes to inherit the data members. (The next section discusses inheritance.)

Listing A.3 CAR.H—the Header File for the *Car* Class

```
#ifndef __CAR_H
#define __CAR_H

#include <iostream.h>
#include <stdlib.h>
#include <conio.h>
#include <time.h>

class Car
{
protected:
  int test, position, forward;

public:
  Car(int destination);
  void StartCar(void)
    { cout<<"Car started.\n"; getch(); }
  int SteerCar(void);
  void BrakeCar(void)
    { cout<<"Braking.\n"; getch(); }
  void ReverseCar(void);
  void TurnOffCar(void)
    { cout<<"Turning off car.\n"; getch(); }
};

#endif
```

Listing A.4 CAR.CPP—the Implementation File for the *Car* Class

```
#include "car.h"

Car::Car(int destination)
{
  randomize();
  test = destination;
  forward = 1;
  position = 0;
}
```

```
int Car::SteerCar(void)
{
  cout << "Driving...\n";
  getch();
  if (++position == test) return 1;
  return 0;
}

void Car::ReverseCar(void)
{
  if (forward)
  {
    cout << "Backing up.\n";
    getch();
    --position;
    forward = 0;
  }
  else forward = 1;
}
```

Inheritance

Inheritance enables you to create a class that is similar to a previously defined class, but one that still has some of its own properties. Consider the car-simulation program. Suppose that you want to create a car that has a high-speed passing gear. In a traditional program, you would have to modify the code extensively, and would probably introduce bugs into a tested program. To avoid these hassles, use the object-oriented approach: Create a new class by inheritance. This new class inherits all the data and function members from the base class. (You can control the level of inheritance with the `public`, `private`, and `protected` keywords.)

Listings A.5 and A.6 show the header and implementation files for a new class of car, `PassingCar`. This car inherits the member functions and data from its base class, `Car`, and adds two member functions of its own. The constructor, `PassingCar()`, does nothing but pass parameters to the base class's constructor. The member function `pass()`, however, is unique to `PassingCar`. This is the function that gives the new car its passing gear. (Ignore the keyword `virtual` for now. You'll learn about virtual functions in the next section.)

Listing A.5 PASSCAR.H—the Header File for *PassingCar*

```
#ifndef __PASSCAR_H
#define __PASSCAR_H

#include "car.h"

class PassingCar: public Car
{
public:
  PassingCar::PassingCar(int destination): Car(destination) {}
  virtual int Pass(void);
};

#endif
```

Listing A.6 PASSCAR.CPP—the Implementation File for *PassingCar*

```
#include "passcar.h"

int PassingCar::Pass(void)
{
  cout << "Passing...\n";
  getch();
  position += 2;
  if (position >= test) return 1;
  return 0;
}
```

Notice in listing A.6 that `Pass()` is similar to `Car`'s `SteerCar()` function. The functions differ only in that `Pass()` increments the car's position by two units rather than one, which results in the simulation of a faster speed. Remember that although `PassingCar` has a new passing gear (implemented in the `Pass()` function), it still has access to `SteerCar()`.

Listing A.7, a new version of the simulation's main program, gives `PassingCar` a test drive. When you run the program, `PassingCar` reaches its destination a little faster because after it backs up, it makes up time by going into passing gear. By using inheritance, this program creates a new kind of car with only a few lines of code. The original class remains unchanged (except for the addition of the `protected` keyword). Impressed?

Listing A.7 CAR3.CPP—a New Version of the Car-Driving Program That Gives *PassingCar* a Test Drive

```
#include "passcar.h"
#define HOME 10

int FindObstacle(void)
{
  int r = random(4);
  if (r) return 0;
  return 1;
}

int obstacle, at_destination = 0;
PassingCar car2(HOME);

void main()
{
  randomize();
  car2.StartCar();
  while (!at_destination)
  {
    at_destination = car2.SteerCar();
    obstacle = FindObstacle();
    if (obstacle && !at_destination)
    {
      cout << "Look out! There's something in the road!\n";
      getch();
      car2.BrakeCar();
      car2.ReverseCar();
      car2.ReverseCar();
      at_destination = car2.Pass();
    }
  }
  cout << "Ah, home at last.\n";
  car2.TurnOffCar();
}
```

Polymorphism

The last major feature of object-oriented programming is polymorphism. By using polymorphism, you can create new objects that perform the same functions as the base object, but which perform one or more of these functions in a different way. For example, when the previous program used inheritance, it created a new car with a passing gear. This isn't an example of polymorphism, because the original car doesn't have a passing gear. Adding the passing gear doesn't change the way that an inherited function works; it simply adds a new function. Suppose, however, that you want to create an even faster passing gear without having to change the existing classes? You can do that easily with polymorphism.

Listings A.8 and A.9 show the header and implementation files for a new class, called `FastCar`. A `FastCar` is exactly like a `PassingCar`, except that it uses its passing gear a little differently: A `FastCar` moves three units forward (rather than two) when passing. To do this, the program changes the way that an already existing member function works relative to the derived class. This is polymorphism. When you create a polymorphic function, you must preface its definition with the keyword `virtual`.

Listing A.8 FASTCAR.H—the Header File for *FastCar*

```
#ifndef __FASTCAR_H
#define __FASTCAR_H

#include "passcar.h"

class FastCar: public PassingCar
{
public:
  FastCar(int destination):
    PassingCar(destination) {}
  virtual int Pass(void);
};

#endif
```

Listing A.9 FASTCAR.CPP—the Implementation File for *FastCar*

```
#include "fastcar.h"

int FastCar::Pass(void)
{
  cout << "High-speed pass!\n";
  getch();
  position += 3;
  if (position >= test) return 1;
  return 0;
}
```

Now look at listing A.10, the new main program for the car simulation. To take full advantage of polymorphism, the program allocates the new `FastCar` dynamically—that is, it creates a pointer to the base class and then uses the `new` operator to create the object. Remember that you can use a pointer to a base class to access any derived classes. Note also that the immediate base class for `FastCar` is not `Car`, but rather `PassingCar`, because this is the first class that declares the virtual function Pass. If you try to use Car as a base class, the compiler complains, informing you that Pass is not a member of Car. One way around this is to give Car a virtual Pass function, too. This would make all the car classes consistent with the base class (which would probably be the best program design).

Listing A.10 CAR4.CPP—the New Main Program for the Car Simulation

```
#include "fastcar.h"
#define HOME 10

int FindObstacle(void)
{
  int r = random(4);
  if (r) return 0;
  return 1;
}

int obstacle, at_destination = 0;
PassingCar *car3;

void main()
{
  randomize();
  car3 = new FastCar(10);
  car3->StartCar();
  while (!at_destination)
  {
    at_destination = car3->SteerCar();
    obstacle = FindObstacle();
    if (obstacle && !at_destination)
    {
      cout << "Look out! There's something in the road!\n";
      getch();
      car3->BrakeCar();
      car3->ReverseCar();
      car3->ReverseCar();
      at_destination = car3->Pass();
    }
  }
  cout << "Ah, home at last.\n";
  car3->TurnOffCar();
}
```

It's often best to use pointers with polymorphism because the point of polymorphism is to enable you to access different types of objects through a common pointer to a base class. You might want to do this, for example, to iterate through an array of objects. To see polymorphism work, change the line

```
car3 = new FastCar(10)
```

to

```
car3 = new PassingCar(10).
```

When you run the new version, your car once again will be using the slower passing gear, even though both cars use a pointer to the class `PassingCar`.

Object-Oriented and C++ Programming Usage and Style

Now that you've reviewed the basics of object-oriented programming and have discovered some of the ways that it makes programming easier, it's time to learn some usage and style considerations that are unique to the object-oriented paradigm and C++.

When To Use Virtual Functions

Using virtual functions, you can create classes that, like the simple graphics demonstration in a previous section, perform the same general functions as the base class, but perform those functions differently for each derived class. However, virtual functions are often misused.

Before using a virtual function, consider how the classes in the hierarchy differ. Do they need to perform different actions? Or do the classes require only different values? For example, in the `Shape` class that is demonstrated in the next section, the program uses virtual functions so that each class can draw its shape properly. Every shape object must know how to draw itself; however, every object needs to do it differently. Because drawing a shape is an action, it's appropriate to use virtual functions to accomplish it. It's inappropriate, however, to use a virtual function to assign a color to an object. Although each shape object has its own color attribute, the color attribute is a value rather than an action, and so it is best represented by a data member in the base class. Using polymorphism to set an object's color is like trying to kill a mosquito with a machine gun.

Make sure that when you use virtual functions, you are creating classes that differ in action rather than value.

Classes: From General to Specific

Getting started with object-oriented programming can be a daunting experience. It's unlike other programming methods and requires adherence to a new set of principles. The process of designing a class is rarely as easy as demonstrated in the car-simulation example, because classes are often based on abstractions rather than physical objects like automobiles. This makes it difficult to determine which parts of a program belong in the object and which don't. Moreover, a complex program includes many classes, many of which are derived from classes that may have been derived from still other classes. And each class may have many data and function members. Obviously, designing classes requires some thought and the careful application of the object-oriented programming philosophy.

The first step in designing a class is to determine the most general form of an object in that class. For example, suppose that you're writing a graphics program and you need a class to organize the types of shapes that it can draw. (In this new class, you'll draw only points and rectangles, to keep things simple.) Determining the most general class means determining what the objects in the class have in common. Two things that come to mind are color and position. These attributes become data members in the base class. Now, what functions must a shape perform? Each shape object needs a constructor and a way to draw itself on-screen. Because drawing a point is different from drawing a square, you'll need to put polymorphism to work and use a virtual function for the drawing task.

Listing A.11 is the header file for the `Shape` class. This class needs no implementation file because the class is fully implemented in the header file. The constructor is implemented inline, and the pure virtual function `DrawShape()` requires no implementation, because it is only a placeholder for derived classes. (Pure virtual functions contain no actual code and must be implemented in the derived class. You can easily recognize a virtual function because of the `= 0` that follows the function's declaration.)

Listing A.11 SHAPE.H—the Header File for the *Shape* Class

```
#ifndef __SHAPE_H
#define __SHAPE_H

class Shape
{
protected:
  int color, sx, sy;

public:
  Shape(int x, int y, int c)
    { sx=x; sy=y; color=c; }
  virtual void DrawShape(void) = 0;
};

#endif
```

As you can see in listing A.11, `Shape` does nothing but initialize the data members `color`, `sx`, and `sy`, which are the color and x,y coordinates of the object. To do anything meaningful with the class, you must derive a new class for each shape that you want to draw. Start with the point. Listings A.12 and A.13 are the header and implementation files for this new class.

Listing A.12 POINT.H—the Header File for the *Point* Class

```
#ifndef __POINT_H
#define __POINT_H

#include <graphics.h>
#include "shape.h"

class Point: public Shape
{
public:
  Point(int x, int y, int c): Shape(x, y, c) {};
  virtual void DrawShape(void);
};

#endif
```

Listing A.13 POINT.CPP—the Implementation File for the *Point* Class

```
#include "point.h"

void Point::DrawShape(void)
{
  putpixel(sx, sy, color);
}
```

The constructor for this class does nothing but pass parameters to the base class's constructor. Because it is so short, it is implemented inline. The `DrawShape()` function, however, must draw the shape—in this case, the function draws a dot on-screen, at the coordinates specified by the `sx` and `sy` data members, and in the color specified by the `color` data member. This function is also short, so you could implement it inline as well. However, to keep the program construction parallel with the next example, the `Point` class has a separate implementation file.

Listing A.14 is the test program for the shape classes. Because polymorphism is used to create shape classes, and because each class derives from the `Shape` base class, the program can test a new shape class simply by changing the type of object created by the `new` statement. Run the program now. A dot should appear in the middle of your screen.

Listing A.14 TSTSHAPE.CPP—the Test Program for the Shape Classes

```
#include <graphics.h>
#include <iostream.h>
#include <conio.h>
#include "point.h"
// #include "rectngle.h"
// #include "barrec.h"

void main()
{
  int gdriver = VGA, gmode = VGAHI, errorcode;
  Shape *r;

  initgraph(&gdriver, &gmode, "");
  if ( (errorcode = graphresult()) != grOk)
    cout << "Graphics not initialized: " << errorcode << '\n';
  else {
    int maxx = getmaxx();
    int maxy = getmaxy();
    r = new Point(maxx/2, maxy/2,  WHITE);
    r->DrawShape();
    getch();
  }
  delete r;
  closegraph();
}
```

To make things interesting, let's add a second shape, `Rectngle`, to the classes. `Rectngle` also derives from `Shape`. Listings A.15 and A.16 show the files for this new class.

Listing A.15 RECTNGLE.H—the Header File for the *Rectngle* Class

```
#ifndef __RECTNGLE_H
#define __RECTNGLE_H

#include <graphics.h>
#include "shape.h"

class Rectngle: public Shape
{
protected:
  int x2, y2;

public:
  Rectngle(int x1, int y1, int w, int h, int c);
  virtual void DrawShape(void);
};

#endif
```

Listing A.16 RECTNGLE.CPP—the Implementation File for the *Rectngle* Class

```
#include "rectngle.h"

Rectngle::Rectngle(int x1, int y1, int w, int h, int c):
         Shape(x1, y1, c)
{
  x2 = sx + w;
  y2 =  sy + h;
}

void Rectngle::DrawShape(void)
{
  setcolor(color);
  rectangle(sx, sy, x2, y2);
}
```

To test this new class, in the main program, change the line

```
r = new Point(maxx/2, maxy/2, WHITE);
```

to

```
r = new Rectngle(maxx/2, maxy/2, 100, 100, WHITE);
```

Thanks to polymorphism, this is the only change that you need in the main program to draw a rectangle.

The class `Rectngle` is more complicated than the `Point` class. To draw a rectangle, the program needs the rectangle's width and height as well as its x,y coordinates. Therefore, `Rectngle`'s constructor does more than send parameters to the base class. It also initializes two extra data members, `x2` and `y2`. `Rectngle`'s `DrawShape()` function, too, is more complicated than `Point`'s, because drawing a rectangle takes more work than drawing a dot.

You started with an abstract shape that does nothing but initialize a couple of data members, and can now draw two simple shapes on-screen. Now you can move down another level, from the general shape of a rectangle to a more specific type: a rectangle with a colored bar at the top. This type of rectangle might, for example, be the starting point for a labeled window. Listings A.17 and A.18 are the source code for the `BarRec` class.

Listing A.17 BARREC.H—the Header File for the *BarRec* Object

```
#ifndef __BARREC_H
#define __BARREC_H

#include <graphics.h>
#include "rectngle.h"

class BarRec: public Rectngle
{
public:
  BarRec(int x1, int y1, int w, int h, int c):
        Rectngle(x1, y1, w, h, c) {}
  virtual void DrawShape(void);
};

#endif
```

Listing A.18 BARREC.CPP—the Implementation File for the *BarRec* Object

```
#include "barrec.h"

void BarRec::DrawShape(void)
{
  setcolor(color);
  rectangle(sx, sy, x2, y2);
  setfillstyle(SOLID_FILL, RED);
  bar(sx+2, sy+2, x2+-2, sy+15);
}
```

To test this new shape, change the new statement in the main program as follows:

```
r = new BarRec(maxx/2, maxy/2, 100, 100, WHITE);
```

Now, when you run the program, the new type of rectangle object appears on-screen.

You could easily continue creating new types of rectangles. For example, if you want a rectangle with both a bar at the top and a double-line border, you can derive from BarRec a new type of rectangle, with the new type using its own shape-drawing function to override BarRec's virtual DrawShape() function. (This new function would probably need to call its base class's DrawShape() function to draw the bar at the top and then do the extra drawing required for the double border.)

By using the general-to-specific method of creating classes, you end up with extremely flexible code. When you need to derive a new class, you have many classes from which to choose. Moreover, the classes are less complex than they would be if you tried to cram a lot of extra functionality into them. Remember that the more general you make your classes, the more flexible they are.

Single-Instance Classes

Object-oriented programming means power. When programmers first experience this power, they often find it irresistible. They soon begin to use objects for everything in their programs, without considering whether each use is appropriate. Remember that C++ is both an object-oriented language and a procedural language. In other words, C++ programmers get the best of both worlds, so they can develop a strategy for a particular programming problem that best suits the current task. That strategy may or may not include an object-oriented approach.

Classes are most powerful when used as the basis for many instances. For example, an object-oriented string class can help overcome C++'s limited string-handling capabilities. After developing the class, you're likely to have many instances of strings in your programs, each inheriting all the functionality of its class.

Nothing comes free, however. There is always a price. For example, to call an object's member functions, you must use a more complicated syntax than you need for ordinary function calls: You must supply the object and function name. Moreover, creating classes is a lot of work. Why go through all the extra effort if the advantages don't overcome the disadvantages?

Although classes are most appropriate when used to define a set of objects, sometimes creating a single-instance class is a reasonable strategy. For example, in Chapter 3, "Event-Driven Programming," you study a class for controlling a mouse. Although you'll never have more than one mouse operating simultaneously, writing mouse functions into a single-instance class enables the programmer to conveniently package and organize routines that he'll need often.

Generally, a single-instance class is appropriate for wrapping up a big idea, like a screen display, a mouse driver, or a graphics library. It may not, however, be appropriate for smaller uses that would suffer from the overhead inherent in using classes. Remember that although you're programming in C++, you can still use simpler data structures such as structures and arrays. When you need to create a new data type, don't automatically assume that the object-oriented approach is best. Often, it's not.

Summary

Mastering C++ programming—and object-oriented programming in particular—requires thought and practice. By following the guidelines presented in this appendix, you can design C++ programs that are easier to understand and maintain than programs written using traditional methods.

Appendix B

DOS Window Library Quick Reference

The following is a quick reference for the window library that you develop in Chapter 4, "Graphical Controls and Windows." Each class is listed, starting with the class's name and its base classes. An arrow indicates base classes. For example, the line

```
CapWindw <- Windw
```

indicates that the class `CapWindw` derives from the base class `Windw`.

The class's name and base classes are followed by a short description of the class, and sections that list the class's data members, member functions, inherited data members, and inherited member functions. Each data member and member function is fully described. In the case of inherited data members or inherited member functions, an arrow indicates the class from which the item is inherited. For example, the line

```
Windw -> int wx, wy, ww, wh
```

indicates that the data members `wx`, `wy`, `ww`, and `wh` are inherited from the class `Windw`.

Windw

This is a blank window with or without a border or screen-image buffering.

Data Members

```
int *buffer                                  Private
```

This is the pointer to the buffer that contains the screen image to restore when the window is erased. This buffer is active only if you create the window using `buf = 1`.

```
int border                                    Protected
```

A value of 1 means that the window has a border. A value of 0 that means the window has no border.

```
int buffered                                  Protected
```

A value of 1 means that the screen image behind the window is buffered and should be redrawn when the window is erased. A value of 0 means that the image is not buffered.

```
int wx, wy, ww, wh                            Protected
```

These are the window's x,y position, width, and height.

```
Evntmsg evntmsg                               Protected
```

This is the event-message structure for interactive windows.

Member Functions

```
Windw(int x, int y, int w, int h,
      int brd, int buf)                       Public
```

This is the basic window's constructor. When constructing a basic window, you must supply the x,y coordinate of its upper-left corner, the width and height in pixels, and Boolean values that indicate whether the window should have a border and whether the screen image behind the window should be buffered for redrawing.

```
~Windw(void)                                  Public
```

This is the basic window's destructor. If a window has image buffering turned on, the destructor restores the image to the screen and deletes the buffer. Otherwise, the destructor does nothing.

```
virtual void DrawWindow(void)                 Public
```

Call this function to draw a window on-screen. In addition to drawing the window's image, this function saves the screen image behind the window (if buffering is on, which is indicated by the value of `buffered`). Each derived window class should include its own virtual `DrawWindow()` function.

```
virtual void RunWindow(void)                  Public
```

Call this function to pass control to an interactive window. Control returns to your program only after the user exits the window. The user can exit the basic window by clicking the mouse or pressing any key. Each window class has its own virtual `RunWindow()` function.

```
void WindwError(char *s)                          Private
```

This function reports the error message pointed to by `s`, and then aborts the program. The error message is used for fatal errors, such as the incapability to create a new window.

Inherited Data Members

None.

Inherited Member Functions

None.

CapWindw <- Windw

This is a window with a caption bar at the top.

Data Members

```
char label[61]                                    Protected
```

This character array holds the caption to be displayed at the top of the window.

Member Functions

```
CapWindw(int x, int y, int w, int h,
       int brd, int buf, char *s)                 Public
```

This is the captioned window's constructor. When constructing a captioned window, you must supply the x,y coordinate of its upper-left corner, its width and height in pixels, and Boolean values that indicate whether the window should have a border and whether the screen image behind the window should be buffered for redrawing. You should also supply the text for the label to be displayed.

```
virtual void DrawWindow(void)                     Public
```

Call this function to draw a captioned window on-screen. This function first calls `Windw::DrawWindow()` to draw the basic window.

```
void SetCaption(char *s)                          Public
```

This function changes the label displayed at the top of the window. The new label is in the character array to which `s` points.

```
void DrawCapBar(void)                          Private
```

This function draws the caption bar on the window.

Inherited Data Members

```
Windw -> int wx, wy, ww, wh
int border, buffered
EvntMsg evntmsg
```

Inherited Member Functions

```
Windw -> RunWindow(void)
```

CapTWindw <- CapWindw <- Windw

This is a captioned window that can display two lines of text in the window's work area. The width of a captioned text window is determined by the width of the longest text line that it must display. The height is set to 150 pixels. This type of window is automatically displayed in the center of the screen.

Data Members

```
char *line1, *line2                            Protected
```

These are pointers to the two text lines to be displayed in the labeled text window.

```
int button                                     Protected
```

This is the value of the last pressed button. This field is not used in this class, but rather in classes derived from this class.

Member Functions

```
CapTWindw(char *s1, char *s2, char *s3)        Public
```

This is the captioned text window's constructor. It first calls the `CapWindw` constructor. When constructing a captioned text window, you should supply the text for the label (`*s1`) and the text for the work area of the window (`*s2` and `*s3`).

```
virtual void DrawWindow(void)                  Public
```

Call this function to draw a labeled text window on-screen. This function first calls `CapWindw::DrawWindow()` to draw the labeled window. It then draws its text in the window's work area.

```
int GetButton(void)                            Public
```

Call this function to retrieve the value of the `button` data member, which holds the value of the last button pressed. This function is not used in this class, but rather in classes derived from this class.

Inherited Data Members

```
Windw -> int wx, wy, ww, wh
int border, buffered
EvntMsg evntmsg
CapWindw -> char label[61]
```

Inherited Member Functions

```
CapWindw -> SetCaption(char *s)
Windw -> RunWindow(void);
```

OKWindw <- CapTWindw <- CapWindw <- Windw

This is a message box that can display two lines of text in the window's work area, along with an OK button at the bottom of the window. The width of an OK window is determined by the width of the longest text line that it must display. The height is set to 150 pixels. This type of window is automatically displayed in the center of the screen.

Data Members

```
Button *butn                                    Private
```

This is a pointer to the OK window's button.

Member Functions

```
OKWindw(char *s1, char *s2, char *s3)           Public
```

This is the OK window's constructor. It first calls the `CapTWindw` constructor. When constructing an OK window, you should supply the text for the label (`*s1`) and the text message for the work area of the window (`*s2` and `*s3`).

```
~OKWindw(void)                                  Public
```

This is the OK window's destructor. It deletes the window's button object from memory before deleting the OK window itself.

```
virtual void DrawWindow(void)                   Public
```

Call this function to draw an OK window on-screen. This function first calls `CapTWindw::DrawWindow()` to draw the captioned text window. It then draws the window's OK button.

```
virtual void RunWindow(void)                    Public
```

This function passes control of the program to the OK window and returns control to the program only when the user closes the OK window, either by choosing its OK button or pressing the Esc key to cancel the dialog.

Inherited Data Members

```
Windw -> int wx, wy, ww, wh
int border, buffered
EvntMsg evntmsg
CapWindw -> char label[61]
CapTWindw -> int button
char *line1, *line2
```

Inherited Member Functions

```
CapWindw -> SetCaption(char *s)
CapTWindw -> GetButton(void)
```

YesNoWindw <- CapTWindw <- CapWindw <- Windw

This is a message box that can display two lines of text in the window's work area, along with Yes and No buttons at the bottom of the window. The width of a Yes/No window is determined by the width of the longest text line that it must display. The height is set to 150 pixels. This type of window is automatically displayed in the center of the screen.

Data Members

```
Button *butn1, *butn2                         Private
```

These are pointers to the Yes/No window's buttons.

Member Functions

```
YesNoWindw(char *s1, char *s2, char *s3)      Public
```

This is the Yes/No window's constructor, which first calls the `CapTWindw` constructor. When constructing a Yes/No window, you should supply the text for the label (`*s1`) and the text message for the work area of the window (`*s2` and `*s3`).

```
~YesNoWindw(void)                             Public
```

This is the Yes/No window's destructor. It deletes the window's button objects from memory before deleting the window itself.

```
virtual void DrawWindow(void)                 Public
```

Call this function to draw a Yes/No window on-screen. This function first calls `CapTWindw::DrawWindow()` to draw the captioned text window. It then draws the window's Yes and No buttons.

```
virtual void RunWindow(void)                    Public
```

This function passes control of the program to the Yes/No window and returns control to the program only when the user closes the window, either by choosing one of its buttons or by pressing the Esc key to cancel the dialog.

Inherited Data Members

```
Windw -> int wx, wy, ww, wh
int border, buffered
EvntMsg evntmsg
CapWindw -> char label[61]
CapTWindw -> int button
char *line1, *line2
```

Inherited Member Functions

```
CapWindw -> SetCaption(char *s)
CapTWindw -> GetButton(void)
```

YesNoCanWindw <- CapTWindw <- CapWindw <- Windw

This is a message box that can display two lines of text in the window's work area, along with Yes, No, and Cancel buttons at the bottom of the window. The width of the Yes/No/Cancel window is determined by the width of the longest text line that it must display. The height is set to 150 pixels. This type of window is automatically displayed in the center of the screen.

Data Members

```
Button *butn1, *butn2, *butn3                   Private
```

These are pointers to the Yes/No/Cancel window's buttons.

Member Functions

```
YesNoCanWindw(char *s1, char *s2, char *s3      Public
```

This is the Yes/No/Cancel window's constructor, which first calls the `CapTWindw` constructor. When constructing a Yes/No/Cancel window, you should supply the text for the label (`*s1`) and the text message for the work area of the window (`*s2` and `*s3`).

```
~YesNoCanWindw(void)                            Public
```

This is the Yes/No/Cancel window's destructor. It deletes the window's button objects from memory before deleting the window itself.

```
virtual void DrawWindow(void)                           Public
```

Call this function to draw a Yes/No/Cancel window on-screen. This function first calls `CapTWindw::DrawWindow()` to draw the captioned text window. It then draws the window's Yes, No, and Cancel buttons.

```
virtual void RunWindow(void)                            Public
```

This function passes control of the program to the Yes/No/Cancel window and returns control to the program only when the user closes the window, either by choosing one of its buttons or by pressing Esc to cancel the dialog.

Inherited Data Members

```
Windw -> int wx, wy, ww, wh
int border, buffered
EvntMsg evntmsg
CapWindw -> char label[61]
CapTWindw -> int button
char *line1, *line2
```

Inherited Member Functions

```
CapWindw -> SetCaption(char *s)
CapTWindw -> GetButton(void)
```

InputWindw <- CapTWindw <- CapWindw <- Windw

This is an input dialog box that can display two lines of text in its work area, along with OK and Cancel buttons at the bottom of the window. The width of an input window is determined by the width of the longest text line that it must display. The height is set to 150 pixels. This type of window is automatically displayed in the center of the screen. Use this window to accept single-line text strings from the user. The user can enter up to 80 characters in the window's scrollable text-entry field.

Data Members

```
Button *butn1, *butn2                                Private
```

These are pointers to the input window's buttons.

```
char input[81]                                       Private
```

This character array holds the user's input line.

Member Functions

```
InputWindw(char *s1, char *s2, char *s3)          Public
```

This is the input window's constructor, which first calls the `CapTWindw` constructor. When constructing an input window, you should supply the text for the label (`*s1`) and the text message for the work area of the window (`*s2` and `*s3`).

```
~InputWindw(void)                                 Public
```

This is the input window's destructor. It deletes the window's button objects from memory before deleting the window itself.

```
virtual void DrawWindow(void)                     Public
```

Call this function to draw an input window on-screen. This function first calls `CapTWindw::DrawWindow()` to draw the captioned text window. It then draws the window's OK and Cancel buttons, as well as the text-entry field.

```
virtual void RunWindow(void)                      Public
```

This function passes control of the program to the input window and returns control to the program only when the user closes the window, either by choosing one of its buttons or by pressing Esc to cancel the dialog.

```
void GetInput(char *s)                            Public
```

Call this function to retrieve the string that the user enters. The function's single parameter is a pointer to an 81-element character array.

Inherited Data Members

```
Windw -> int wx, wy, ww, wh
int border, buffered
EvntMsg evntmsg
CapWindw -> char label[61]
CapTWindw -> int button
char *line1, *line2
```

Inherited Member Functions

```
CapWindw -> SetCaption(char *s)
CapTWindw -> GetButton(void)
```

Button <- Windw

This is an animated button control that contains a single-word label. The button's size is preset by the class.

Data Members

`char label[20]` Private

This character array holds the button's label. The character in the label that represents the button's hot key must be preceded by a caret (^), as in `^Quit`.

`unsigned hotkey` Private

This is the Ctrl-key that the user can press to select the button from the keyboard.

`int altkey` Private

This is the button's alternate hot key. This field is valid only with an OK button or a Cancel button, in which case it contains the raw key value (as returned from DOS) of the Enter or Esc key, respectively.

Member Functions

`Button(int x, int y, char *s)` Public

This is the button control's constructor, which first calls the `Windw` constructor. When constructing a `Button` object, you must supply the button's x,y coordinates and the button's label text.

`virtual void DrawWindow(void)` Public

Call this function to draw a button on-screen. This function first calls `Windw::DrawWindow()` to draw the basic window shape. It then draws the button's label, with the hot key underlined.

`void SetButtonText(char *s)` Public

Call this function to change the label displayed in a button control.

`int Clicked(EvntMsg evntmsg)` Public

This function returns TRUE if the user has chosen the button, or FALSE if he hasn't chosen it. If the user chose the button, this function also animates the button image.

`int ClickButton(void)` Public

This function animates the button control and is normally called by `Clicked()`.

Inherited Data Members

```
Windw -> int wx, wy, ww, wh
int border, buffered
EvntMsg evntmsg
```

Inherited Member Functions

```
Windw -> RunWindow(void)
```

Index

Symbols

A

B

C

D

E

F

G

H

I–J

K

L

M

N

O

P

Q

R

S

T

U

V

W

X–Z

Learn programming *By Example* with Que!

C By Example

Jack Purdum

This is the best way to learn C outside the classroom! Short chapters help beginners learn the language one small step at a time.

Version 1.0

$24.95 USA

0-88022-813-X, 650 pp., 7 3/8 9 1/8

More *By Example* Books from Que

Access Programming By Example
Version 1.1 for Windows
$27.95 USA
1-56529-305-3, 1,024 pp., 7 3/8 x 9 1/8

C++ By Example
Beginner/Intermediate Level
$24.95 USA
1-56529-038-0, 500 pp., 7 3/8 x 9 1/8

Paradox for Windows Programming By Example
Version 1.0 for Windows
$27.95 USA
1-56529-083-6, 500 pp., 7 3/8 x 9 1/8

Turbo C++ By Example
Version 3
$21.95 USA
0-88022-812-1, 650 pp., 7 3/8 x 9 1/8

Visual Basic 2 for Windows By Example, 2nd Edition
Version 2 for Windows
$24.95 USA
1-56529-167-0, 875 pp., 7 3/8 x 9 1/8

QBasic By Example
Version 1.0
$21.95 USA
0-88022-811-3, 650 pp., 7 3/8 x 9 1/8

Turbo Pascal By Example
Version 6
$21.95 USA
0-88022-908-X, 650 pp., 7 3/8 x 9 1/8

To Order, Call: (800) 428-5331
OR (317) 581-3500

Disk Installation Instructions

1. Insert the book disk into drive A.

2. From the DOS prompt, type **XCOPY A:*.* C:\TC /S** to copy the entire contents of the disk to your Turbo C++ directory.

3. Move to the chapter directory with which you want to work. For example, if you want to compile the programs for Chapter 2, type **CD C:\TC\CHAP02.**

4. Decompress the source code files by typing the name of the self-extracting file found in the chapter directory. For example, to extract the files for Chapter 2, type **CHAP02.**

Please refer to this book's introduction for information on compiling the programs included on the disk.

Licensing Agreement